绿色生产和消费法律制度研究

LÜSE SHENGCHAN HE XIAOFEI
FALÜ ZHIDU YANJIU

曹明德 等○著

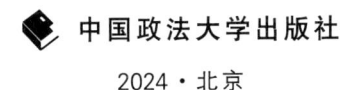

中国政法大学出版社

2024·北京

声　明　1. 版权所有，侵权必究。
　　　　2. 如有缺页、倒装问题，由出版社负责退换。

图书在版编目（CIP）数据

绿色生产和消费法律制度研究 / 曹明德等著.
北京：中国政法大学出版社, 2024.7. —— ISBN 978-7
-5764-1534-6

Ⅰ. D922.680.4

中国国家版本馆CIP数据核字第2024TE3958号

出 版 者	中国政法大学出版社	
地　　址	北京市海淀区西土城路25号	
邮　　箱	fadapress@163.com	
网　　址	http://www.cuplpress.com（网络实名：中国政法大学出版社）	
电　　话	010-58908435(第一编辑部) 58908334(邮购部)	
承　　印	固安华明印业有限公司	
开　　本	880mm×1230mm　1/32	
印　　张	11	
字　　数	276千字	
版　　次	2024年7月第1版	
印　　次	2024年7月第1次印刷	
定　　价	56.00元	

作者简介 Author

曹明德 中国政法大学民商经济法学院环境法研究所教授，钱端升讲座教授，博士生导师，环境与资源保护法学学科负责人、学术带头人，中国法学会环境资源保护法研究会副会长，北京市法学会环境资源法学研究会常务副会长，最高人民检察院专家咨询委员，世界自然保护联盟环境法学院理事（执委）。法学博士，博士后，《中国政法大学学报》主编。在气候变化法、生态法、环境侵权法等基础理论研究领域，以及污染防治、环境执法、环境监督管理等实践应用领域成果丰富，近年发表文章100余篇，在《中国法学》《法学研究》等权威期刊发表论文10余篇，在法学核心期刊发表论文近30篇，SSCI论文2篇，出版专著教材等9部。2006年被评为第五届全国十大青年法学家，2005年新世纪优秀人才支持计划入选者，2012年被评为"中达环境法学者"。《中国参与国际气候治理的法律立场和策略：以气候正义为视角》荣获教育部2020年第八届高等学校科学研究优秀成果奖（人文社会科学）二等奖，2019年北京市第十五届哲学社会科学优秀成果奖论文类二等奖，第八届钱端升法学研究成果二等奖。

郭兆晖 中央党校（国家行政学院）社会和生态文明部教研室

主任、教授,主要研究领域为生态经济、能源经济、资本理论。曾担任新华社建党百年、全国两会直播点评嘉宾,党的二十大大型专题片《领航》学术专家组成员,国家级重大出版项目《复兴文库》第五编第十卷主编。

王　慧　上海海事大学教授、硕士生导师,法学博士,经济学博士后,主要从事环境法、经济法教学研究工作。在《中外法学》《清华法学》《法制与社会发展》《法商研究》《法学》等期刊发表论文百余篇,在法律出版社等出版学术专著5部,主持国家级、省部级课题5项,入选上海市浦江人才计划、上海市首届青年法学法律人才库、上海涉外法律人才库。

乔　刚　西南政法大学教授,博士生导师,法学博士,主要研究领域为环境法、能源法、生态法。兼任西南政法大学西部生态法研究中心研究员、中国法学会环境资源法学研究会理事等职务。

毛　涛　工业和信息化部国际经济技术合作中心国际合作处处长、研究员。法学博士、应用经济学博士后,长期从事工业绿色发展、绿色供应链、应对气候变化等领域的法律政策研究工作,主持和参与课题40多项,出版专著2部、主编著作1部、参编著作7部、发表文章80余篇;牵头或参与30余项法律、政策或标准的起草、征求意见、论证等工作。工业和信息化部国际经济技术合作中心能源资源环境研究所首任所长。

田丹宇　国家应对气候变化战略研究和国际合作中心战略规划部副主任,研究员,中国环境科学学会碳达峰碳中和专委会副秘书长,法学博士。长期从事应对气候变化立法和低碳发展相关研究工作。获中国环境报2019年度优秀评论员称号,生态环境部"十三五"期间优秀调研报告三等奖。

葛　枫　上海典韵律师事务所律师，专注环境法律业务。法学博士。2013年~2021年，任环保公益机构自然之友法律团队负责人、政策顾问。具有丰富的环境法律实务经验和多年的环境法律研究经验。主要研究领域为环境公益诉讼、气候变化与能源法等。

张小平　中央财经大学法学院环境与资源法学教研室主任、副教授，主要研究领域为绿色金融法、气候变化法、能源法。参加《生态环境法·绿色发展编（专家建议稿）》的修改完善工作。

马　腾　首都经济贸易大学法学院，讲师，硕士生导师，主要研究领域为环境侵权、气候变化、能源转型等。

刘　燚　四川省司法厅法治调研处工作。法学博士，曾在核心期刊上发表论文数篇，多次参与国家社科基金重点项目、司法部部级课题项目研究。主要研究方向为环境法学，行政法学。

姜彩云　上海财经大学法学院博士研究生，环境与资源保护法学方向，主要研究领域为国际环境法、气候变化法。

姜　潇　北京城市学院讲师，法学博士，主要研究领域为环境法、环境政策与法律、能源法。

赵　君　沈阳工程学院经济管理与法学院讲师，法学博士，主要从事经济法、环境法的教学与科研工作。发表论文十余篇，在中国财政经济出版社出版专著1部，主持省部级课题6项。

刘子睿　中国安全生产科学研究院博士后，主要研究领域为环境法、生态法、行政法。

张亚峰　北京市人民检察院第四分院检察官助理，法学博士，主要研究领域为环境法、生态法、公益诉讼。

陈科睿 中国政法大学民商经济法学院博士研究生,主要研究领域为环境法、公益诉讼。

彭逸伦 俄亥俄州立大学莫里茨法学院争议解决中心研究助理,法学硕士,LL. M。

王作威 浙江六和律师事务所律师助理,法学硕士。

邱琼玉 法学硕士。

另,中国政法大学博士研究生张怡然、苏美玉、李方圆,中国政法大学硕士研究生乔真、田瑞参与了本书写作的资料搜集与书稿整理工作。

目录 Contents

第一章　绿色生产和消费法律制度产生的背景与发展现状 ……… 1
　第一节　绿色生产和消费兴起的背景——环境问题　/ 2
　第二节　绿色生产和消费发展概况　/ 13
　第三节　绿色生产和消费相关概念辨析　/ 19
　第四节　绿色生产和消费法律制度发展概览　/ 30

第二章　我国绿色生产和消费法律制度基本问题梳理 ………… 34
　第一节　我国绿色生产和消费立法问题梳理　/ 34
　第二节　我国绿色生产和消费法律实施问题梳理　/ 47

第三章　绿色生产和消费法律制度构建的理论基础 …………… 66
　第一节　绿色生产和消费的立法理念　/ 66
　第二节　绿色生产和消费法律制度的价值追求　/ 85
　第三节　绿色生产和消费法律制度的特征　/ 89

第四章　我国绿色生产法律制度的现状 ………………………… 94
　第一节　绿色生产的法律体系　/ 94
　第二节　我国绿色生产立法的现状　/ 98
　第三节　我国绿色生产法律制度现状　/ 113

第五章　我国绿色生产法律制度存在的问题 …………… 124
　　第一节　绿色生产立法存在缺陷　/ 124
　　第二节　绿色生产评价机制存在缺陷　/ 134
　　第三节　绿色生产激励机制存在缺陷　/ 140

第六章　绿色生产法律制度的域外经验及其启示 ………… 148
　　第一节　德国绿色生产立法及法律制度经验借鉴　/ 148
　　第二节　日本绿色生产立法及法律制度经验借鉴　/ 156
　　第三节　美国绿色生产立法及法律制度经验借鉴　/ 165
　　第四节　域外经验总结　/ 171

第七章　完善我国绿色生产法律制度的思考 ……………… 177
　　第一节　绿色生产法律制度的基本原则完善　/ 177
　　第二节　建立健全绿色生产法律体系　/ 181
　　第三节　完善绿色生产评价机制　/ 192
　　第四节　完善绿色生产激励机制　/ 198

第八章　消费绿色化的理论基础 …………………………… 204
　　第一节　消费绿色化的机理及其类型　/ 204
　　第二节　消费绿色化的法制基础及其创新需求　/ 224

第九章　我国政府绿色采购法律制度研究 ………………… 246
　　第一节　政府绿色采购与现行法律制度　/ 246
　　第二节　政府绿色采购法律制度的功能与存在问题　/ 251
　　第三节　政府绿色采购法律制度的域外经验与启示　/ 257
　　第四节　我国政府绿色采购法律制度完善建议　/ 264

第十章　我国绿色消费补贴法律制度研究 ………… 270
　　第一节　我国绿色消费补贴机理及其法制现状　/ 270
　　第二节　我国绿色消费补贴的法律规范问题　/ 283
　　第三节　域外绿色消费补贴法制及其启示　/ 287
　　第四节　我国绿色消费补贴法制完善建议　/ 290

第十一章　个人环境保护义务规范研究 ………………… 295
　　第一节　个人环保义务的逻辑起点：个人环境污染行为　/ 297
　　第二节　现行法下个人环保义务规范的不足及其解释　/ 302
　　第三节　完善个人环保义务法规范面临的挑战　/ 310
　　第四节　个人环保义务规范实现的前提：
　　　　　　合理划定个人环保义务的边界　/ 314

第十二章　个人环保义务实现的路径：
　　　　　　从法律规范到社会规范 ……………………… 318
　　第一节　以命令控制为中心的强制性规范　/ 318
　　第二节　基于经济激励的市场机制　/ 322
　　第三节　法律激活亲环境的社会规范　/ 326
　　第四节　法律促成亲环境的社会架构　/ 331
　　第五节　个人环保义务规范实现中的个人权利保护　/ 334

第一章

绿色生产和消费法律制度产生的背景与发展现状[1]

虽然绿色生产和绿色消费的概念、阶段、制度等表现形式都呈现出较大的差异性,但是,两者都有着共同的时代背景,即生态环境问题的恶化是推动绿色生产和绿色消费兴起的源动力。尤其是在全球经济化的情形下,非可持续性的消费习惯和生产方式已经导致了诸多严重的生态环境问题,包括能源消耗、环境污染、生态破坏等。上述种种问题不仅阻碍了经济的可持续性发展,也对社会文化造成了严重的威胁。有学者认为,人类生产和消费方式的转变所产生的负面效应正在威胁地球维持生命的能力[2]。直言之,非可持续性的生产和消费给生态环境带来的负面影响值得省思:如何应对日益恶化的环境和逐渐枯竭的资源问题;如何扭转环境污染末端治理的负面影响;如何处理生态环境风险不确定性的挑战。因此,绿色生产和绿色消费的提出是一种对环境资源法律体系以及社会发展理性的省思,其最重要的价值追求是通过生产和消费的结构性转型

---

[1] 为表述方便,本书中涉及的我国法律法规、部门规章直接使用简称,如《中华人民共和国律师法》简称为《律师法》,全书统一,不再一一说明。
[2] [圭亚那] 施里达斯·拉夫尔:《我们的家园——地球——为生存而结为伙伴关系》,夏堃堡等译,中国环境科学出版社1993年版,第152页。

来增进社会发展和社会体系的可持续性(sustainability)[1]。这种制度性的诉求一直都可以视为理性世界的制度图景[2],值得肯定。有学者认为,绿色生产和绿色消费不仅是人类社会发展到一定程度的必然结果,更是物质文明发展到一定时期的表现[3]。换言之,更优质的社会结构要求通过制度性建构来实现对生产和消费方式从不可持续性向可持续性的转变,而非选择以能源消耗、破坏生态环境为代价的发展模式。

因此,本部分将通过对环境问题、绿色生产和消费发展概况、绿色生产和消费相关概念的辨析以及绿色生产和消费法律制度的发展概况四个方面进行深度剖析,并在此基础上厘清绿色生产和消费法律制度产生的时代背景和发展的基本脉络。

第一节 绿色生产和消费兴起的背景——环境问题

虽然绿色生产和绿色消费制度演进和呈现形式是极其复杂的,但是两者有着共同的产生背景和动因,即不断恶化的生态环境问题。自20世纪中后期以来,随着社会经济和科学技术的高速增长,社会生产结构和消费方式也产生了根本性的变化,各种高消费、高能耗、高污染等不可持续性的发展方式已经成为主流趋势。这使得绿色生产和绿色消费成为一种新的制度选择。鲍曼认为,现代意义的社会可以分为生产社会和消费社会,两者都是社会经济发展的产

---

[1] James Greyson, "An Economic Instrument for Zero Waste, Economic Growth and Sustainability", *Journal of Cleaner Production*, 15 (2007), pp. 1382-1460.

[2] 参见汤艳梅、秦加军:《消费社会视阈下的生态环境保护研究》,载《甘肃理论学刊》2015年第3期。

[3] 参见[法]让·鲍德里亚:《消费社会》,刘成富、全志钢译,南京大学出版社2008年版,第23页。

物,其制度体系的非理性将会对社会产生负面的影响。反言之,消费社会和生产社会只有在可持续性的发展方式下才能实现统一[1]。由此可见,生态环境问题是绿色生产和绿色消费的直接原因。事实上,国内外的学界和实务界对于这种制度性选择和安排的必然性已经达成了共识。同时,由于环境问题在不同时期表现的差异性,绿色生产和绿色消费的制度发展表现出一定的差异性。因此,本部分将以生态环境问题的发展脉络为主线,着重剖析绿色生产和消费产生的背景以及原因,具体论证如下:

一、早期环境问题

本文所指的早期环境问题是指近现代之前的生态环境问题。在这一段漫长的历史阶段中,生态环境问题只是地方性的问题:一方面,人类的繁衍和发展分散于一定的区域内,并没有形成全球性的联系。即使是在丝绸之路的背景下,人类对生态环境的影响也没有打破地域的限制。另一方面,人类对生态环境的影响主要表现为对山地、林地、荒地等自然环境的改变和破坏,以满足其生存和发展的目的。然而,客观地来看,这种对生态环境的不合理使用也是导致近现代环境问题形成的主要因素之一。

事实上,环境问题古已有之,其归根到底就是一个资源分配和生存发展的问题。早期人类从以采集为生的游牧生活逐步过渡到以刀耕火种和养殖为生的定居生活。随着种植业、养殖业和渔业的发展,人类社会出现大分工,而人类从完全依赖大自然的恩赐过渡到自觉利用土地、生物、陆地水体和海洋等自然资源。人类稳定的族群生活使得人口数量迅速增加,人类社会生产生活所需的生产资料也随之大幅增加。由于生产力水平低,基于农业的需要,人类大面积砍伐森林、开垦草原来扩大耕种面积,开发各类土地,增加粮食

---

[1] See Bauman, *The Bauman Reader*, Blackwell publications, 2001, p.312.

收成，加上刀耕火种等落后的生产方式，使大量已开垦的土地生产力下降、水土流失加剧、土地肥力下降、生态环境不断恶化。由此可见，环境问题的出现几乎是一个必然；环境问题随着人类自身的发展而进行不同的演变。

以欧洲森林资源为例，随着人口的快速增长，人类对森林资源的砍伐呈现直线上升的趋势。有学者统计，10世纪到16世纪，欧洲的森林覆盖率已经降到20%[1]。人口的增长加剧了生态环境要素的压力，并改变了生态环境要素的禀赋以及系统样态。以意大利森林资源要素为例，意大利北部和中部地区的人口增长所导致的开荒运动使得该区域的森林和沼泽锐减75%以上[2]。现有研究表明，人类对生态环境资源要素的不合理利用已经使得生态环境系统产生了深远的影响。但是，在此阶段，这种对生态环境的影响仍然是地区性的，并没有形成全球性的生态环境问题。

正如域外的情形，中国人口的迁徙、增长对生态环境造成了深远的影响。早在商周时代，人口的增长加剧了对黄河流域生态环境的破坏。这种对生态环境的破坏也影响着社会迁徙以及政权的变更。生态环境问题一直以来都是推动社会变迁和转型的一个重要因素。学界对此有着相对统一的认知。以明清为例，学界普遍认为大规模的移民运动和人口的增加进一步加剧了对生态环境资源要素的不合理使用。有学者分析，明代以来，我国的生态环境进入"快速恶化期"，即人力要素已经打破了特定区域内的生态环境极限状态，表现为环境极限的恶化、抗灾能力的极限下降[3]。也有学者从人口迁移的角度分析，明清以来大规模的人口迁移运动不仅削弱了森

---

[1] 参见[英]克莱夫·庞廷：《绿色世界史：环境与伟大文明的衰落》，王毅、张学广译，上海人民出版社2002年版，第73页。

[2] 参见[美]J.唐纳德·休斯：《什么是环境史》，梅雪芹译，北京大学出版社2008年版，第41页。

[3] 参见高寿仙：《明代农业经济与农村社会》，黄山书社2006年版，第60页。

林的面积,也使动物物种资源要素进入衰退期,可谓"山尽开垦,物无所藏"[1]。这种对生态环境资源要素无底线的使用对中国社会产生了消极的影响。有学者总结,明清以来,生态环境逐渐不再丰饶,由此导致了社会动荡和国力的衰落[2]。

综上所述,早期的环境问题主要是生态破坏,污染很少;环境问题发生及影响的范围是局部的,且分布较为分散,其影响程度相对来说不突出。客观地来看,这种对生态环境的影响虽然是社会变迁和政治变更的重要因素之一,但是此阶段呈现出的生态环境问题很难称之为全球性、系统性的生态环境问题。

二、现代意义上的环境问题

工业文明时代的现代环境问题不同于人类早期小规模的、局部的环境问题,特别是20世纪40年代以来,全球性经济体系的初步形成和快速发展,使得生态环境问题越发呈现出复杂化、全球化以及系统化的趋势。有学者将其称为现代世界体系下的生态环境问题的全球化[3]。从发展的进程来看,现代意义上的环境问题可以分为三个阶段:第一阶段,主要是工业革命初期,即工业的现代化改变了人们长期以来的生活方式,也加剧了对生态环境的压力。第二阶段,工业革命带来技术的变化,不仅培育了新的消费习惯,也建构起新的生产方式。在此阶段,生态环境问题呈现全球化的趋势。第三阶段,是反思和转变阶段。此阶段,人们开始反思社会和技术的发展,积极寻求社会发展和生态环境的和谐相处,以积极应对复杂的生态环境风险。

---

[1] 参见张国雄:《明清时期的两湖移民》,陕西人民教育出版社1995年版,第33页。

[2] 参见张研:《17~19世纪中国的人口与生存环境》,黄山书社2008年版,第41页。

[3] 参见[英]威廉·贝纳特、彼得·科茨:《环境与历史:美国和南非驯化自然的比较》,包茂红译,译林出版社2008年版,第129页。

在第一阶段，工业革命启动了人类经济发展的飞跃历程，但也同时打开了环境资源污染的"潘多拉魔盒"。早期工业革命所带来的变化主要表现在三个方面：①早期生产方式的创新。工业技术革命所创造的技术便利改变了人们的生产和消费方式。以农业生产为例，新的农业技术不仅提高了农作物的生产效率，也为农业输入、传播、流转创造了可能性[1]。这极大地改变了人们的消费习惯，尤其体现在多样的饮食结构的出现。然而，这一阶段也产生了新的生态环境问题。新的技术方式的出现为生态环境系统带来了负面影响，包括马铃薯枯萎病、科罗拉多甲虫的出现、渡渡鸟的灭绝等。②新的生产方式的引入。再以农业生产为例，工业革命带来的技术性转变改变了长期以来的农业生产方式。尤其是化学产业的引入，给生态环境造成了严重的负面影响。以磷酸盐矿肥料为例，其生产过程不仅仅对生态环境造成了严重影响，其挥发方式也对全球性的环境问题产生了重要的作用[2]。③生产方式的转变改变了生态环境的空间样态。通过技术创新的广泛应用，生态环境问题不仅仅拘束于地方性，并已经呈现出全球性、区域性的趋势。以酸雨为例，早在19世纪中期，英国工业化产生的酸雨不仅使得本国已经遭受到严重的危害，也对德国、法国、卢森堡等国造成了严重的影响。

在第二阶段，生产方式和消费方式的转变加剧了生态环境的进一步恶化，使严重的污染事件频发。以伦敦烟雾事件为例，相关统计表明，截至1952年12月底，有超过4000人死于家庭取暖、工厂和加工厂等燃烧煤炭所产生的二氧化硫和粉尘等[3]。新的科学

---

[1] 参见[英]马丁·阿尔布劳：《全球时代》，高湘泽、冯玲译，商务印书馆2001年版，第17页。

[2] 参见陈劲松：《现代化的进程与环境问题》，载《甘肃社会科学》2007年第1期。

[3] 参见[日]山本良一、Think the Earth Project 主编：《2℃改变世界》，王天民、董利民、王莹译，科学出版社2008年版，第108页。

技术和生产方式给生态环境带来了严重的负面影响。在此阶段，人们已经开始对生产方式和消费方式进行反思。美国海洋生物学家卡尔森在《寂静的春天》中描述出严重的生态危机和环境污染，是一种对现代化的理性反思。这种学术性观点的提出为绿色生产和绿色消费的建构提供扎实的理论基础。例如，1944年，英国哲学家卡尔·波兰尼在其著作《大转型：我们时代的政治与经济起源》中提出了生态消费观，指出技术革命所带来的消费异化是生态环境危机的主要根源[1]。这一观点一直以来都被视为绿色消费体系的重要理论之一。同时，由于一系列严重的生态环境事件，群体性的环境运动的兴起也为绿色生产和绿色消费的兴起创造了客观条件，包括美国的绿色革命、英国的绿色消费者革命等。

在第三阶段，现代化浪潮所带来的生态环境风险已经超出了现代技术、生产方式所带来的福利，呈现出对生态环境以及人类健康的严重威胁。除了生态破坏和环境污染问题，自然资源枯竭问题更加突出。许多国家转而开发核能源。然而，发展核电带来的环境风险更具有不确定性，人类社会面临着越来越大的生态风险。在切尔诺贝利核电站事件中，核电泄漏所产生的辐射对白俄罗斯、乌克兰、东欧甚至北欧地区产生严重的生态环境负面影响，也造成了高达9.3万人的死亡[2]。此外，此次泄漏事件对当地生态环境产生了严重的、不可逆的损害。同时，现代技术造成的生态环境风险也对人类的健康造成不可抗拒的威胁。有关研究显示，人类的持续生存能力在下降，而这与环境问题密切相关。

---

[1] 参见 [英] 卡尔·波兰尼：《大转型：我们时代的政治与经济起源》，冯钢、刘阳译，浙江人民出版社2007年版，第32页。
[2] 该数据具有一定的争议性。根据官方给出的数据，死亡的人数为4300人。然而，经第三方环境公益组织（绿色和平组织）调查，最终认定高达9.3万人死于该次核电站泄漏事件。

三、中国面临的环境问题

中华人民共和国建立后,我国开始快速工业化、城市化,经济增长取得了一定的成就。但是,中国在经济增长过程中积累了许多资源环境问题,造成了严重的负面影响,自然环境的破坏、工业生产污染等方面问题开始凸显,其中,1971 年底爆发的官厅水库污染是典型代表。于我国而言,改革开放既是快速工业化的催化剂,但也相伴而生了一些资源环境问题。1992 年以来,我国经济在这 20 年间飞速发展,我国面临的环境压力也极大。1992 年~2002 年,最典型的三大资源环境问题是淮河污染、酸雨、沙尘暴。这迫使我国不得不采取相关措施进行治理。虽然从整体上看,当时资源保护与环境治理取得了巨大的成就,但我国的生态环境问题依然严峻。

中国特色社会主义的新时代是从党的十八大,也就是 2012 年开启的。同样,我国资源环境领域的体制改革也迈向社会主义生态文明新时代。但该阶段资源环境保护形势仍十分严峻。

党的十九大以来,我国的生态环境问题有一定改观,但形势依然十分严峻。整体来看,我国的生态环境仍然呈现出恶化的趋势[1]。一方面,粗放式、不持续性的生产方式不仅对原本紧张的资源造成过度的浪费,也加剧了对人群的健康产生威胁的风险。另一方面,不合理的消费方式带来的资源耗竭和环境破坏的局面有待转变,包括过度包装、白色垃圾围城等[2]。根据生态环境部发布的《2018 中国生态环境状况公报》(以下简称《公报》),我国的环境污染形势依然严峻。当前,我国所面临的生态环境问题主要体现在以下几个方面:

第一,全国空气质量达标率低。全国 338 个地级及以上城市

---

[1] 参见《全国生态保护"十三五"规划纲要》(环生态[2016]151 号)。

[2] 参见[英]卡尔·波兰尼:《大转型:我们时代的政治与经济起源》,冯钢、刘阳译,浙江人民出版社 2007 年版,第 18 页。

中，121个城市空气质量达标，尚有64.2%的城市不达标，pm2.5年平均浓度为36微克/立方米[1]。由此可见，当前的空气质量治理仍然面临着严峻的挑战。究其原因，生产和生活所产生的污染性气体依然是导致空气质量达标率低的主要原因[2]。虽然雾霾的来源非常复杂，但是其主要成分是一次排放和二次形成颗粒物，包括氮氧化物、二氧化硫、挥发性气体、硝酸盐、硫酸盐等[3]。从其成分特征来看，主要成分依然是工业生产过程中所排放的废气。同时，从空气质量的空间特征来看，空气污染多发于工业产业聚集地区，包括华北地区、长三角、珠三角等。上述区域不仅仅是我国高能源消耗的区域，也是我国人口密集区域。这种空间的耦合性证明了人口的集聚规模效应所带来的并不仅仅是经济的正向发展，也可以是生态环境污染聚集效应[4]。

第二，水污染特别是地下水污染严重。《公报》显示，2018年，在长江、黄河等七大流域和浙闽片河流、西北诸河、西南诸河监测的1613个水质断面中，Ⅰ类占5.0%，Ⅱ类占43.0%，Ⅲ类占26.3%，Ⅳ类占14.4%，Ⅴ类、劣Ⅴ类占比超过11%。地下水污染形势严峻[5]。2018年，在全国10 168个国家级地下水水质监测点中，Ⅳ类占70.7%，Ⅴ类占15.5%[6]。而与之相关联的面源污染问题不容小觑。水稻、玉米和小麦三大粮食作物的化肥和农药利

---

[1] 参见《2018中国生态环境状况公报》。
[2] 参见童玉芬、王莹莹：《中国城市人口与雾霾：相互作用机制路径分析》，载《北京社会科学》2014年第5期。
[3] 参见邢萌等：《化石燃烧源水汽是导致关中地区冬季空气质量恶化的影响因素之一》，载《地球环境学报》2021年第2期。
[4] 参见绍帅等：《中国雾霾污染治理的经济政策选择——基于空间溢出效应的视角》，载《经济研究》2016年第9期。
[5] 参见《2018中国生态环境状况公报》。
[6] 参见《2018中国生态环境状况公报》。

用率仅为37.8%和38.8%[1]。造成水污染的原因十分复杂，主要包括以下几方面原因：①产业集中不仅提高了水污染的排放强度，也造就了水污染的集聚效应。从《公报》数据可知，水污染质量的空间分布样态与产业生产有着紧密的联系。有学者研究表明，在水污染中，产业集中度的终结贡献率超过了53%[2]。也有学者将产业集中与水污染治理之间的关系形容为"绿色悖论"，即出于环境规划的产业集中反而成为加剧水污染的重要因素之一[3]。②现有的产业方式和政策仍然是粗放式的，很难推动水污染治理的精细化。一方面，现有的生产方式并非是一种可持续性的方式，仍然是一种高能耗的方式。相关研究表明，一些中小型企业的生产方式并不具有水污染的治理能力，更无法对生产过程中的水污染进行科学的管理[4]。另一方面，现有的产业政策并不能对水污染以及生态环境作出科学性的判断，并进行及时有效的处理。有学者指出，现有的产业政策不能满足水污染环境规制的治理效能及目的[5]。

第三，海洋污染面广、量大。根据《公报》公开的数据，2018年，我国9个重要河口海湾中，除了北部湾水质优、胶州湾水质良好外，辽东湾、渤海湾和闽江口近岸海域水质差，黄河口、长江口、杭州湾和珠江口近岸海域水质极差。453个日排污水量大于100立方米的直排海污染源监测结果显示，污水排放总量约866 424万吨，化学需氧量147 625吨，石油类457.6吨，氨氮6217吨，总

---

[1] 参见《2018中国生态环境状况公报》。
[2] 参见杜雯翠、陈博：《环境规制、产业集中度与环境污染》，载《西安交通大学学报（社会科学版）》2021年第1期。
[3] 参见赵华林：《高质量发展的关键：创新驱动、绿色发展和民生福祉》，载《中国环境管理》2018年第4期。
[4] 参见余长林、高宏建：《环境管制对中国环境污染的影响——基于隐性经济的视角》，载《中国工业经济》2015年第7期。
[5] 参见张志强：《环境规制提高了中国城市环境质量吗？——基于"拟自然实验"的证据》，载《产业经济研究》2017年第3期。

氮 50 873 吨，总磷 1280 吨，部分直排海污染源排放汞、六价铬、铅和镉等污染物[1]。另外，《公报》还公开了 2018 年全国平均气温为 10.09°C，比常年偏高 0.54°C，气候变暖显现[2]。从现实的表象来看，当前重度的海域污染区域是产业集中或者小城市化水平比较高的地区。其他研究表明，现有的粗放式的海洋经济模式、生产方式以及非可持续性的海洋产业结构等都是造就严重海洋污染的重要因素[3]。同时，过度追求产业化的集聚效应、规模效应也是造成沿海区域海洋环境污染的原因之一，这主要包括产业结果的不合理配置、严重的工业化趋势等。这种高密度的沿海产业布局不仅不利于集聚经济效应的发挥，也进一步加剧了沿海地区的生态环境治理压力[4]。总体来看，我国海洋环境的治理仍然需要打破现有的制度框架的限制，寻求一条可持续的治理路径，从根本上扭转海洋环境生态危机。在此过程中，绿色生产和绿色消费将在海洋环境治理中发挥着重要的、不可替代的作用。

第四，我国目前面临的紧迫环境问题之一是固体废物对环境的威胁。我国固体废物产生量惊人。根据《2018 中国统计年鉴》，2017 年，我国城市生活垃圾清运量达 2.15 亿吨；2017 年，我国一般工业固体废物产生量将近 33.16 亿吨[5]。垃圾、废物被称为放错地方的资源，生活垃圾又被称为城市矿山。然而，我国生活垃圾的回收利用率低。2017 年清运的城市生活垃圾中的 97% 通过填埋

---

[1] 参见《2018 中国生态环境状况公报》。
[2] 参见《2018 中国生态环境状况公报》。
[3] 参见王子玥、李博：《环渤海地区海洋经济与海洋环境污染关系研究》，载《资源开发与市场》2017 年第 9 期。
[4] 参见沈满洪：《海洋环境保护的公共治理创新》，载《中国地质大学学报（社会科学版）》2018 年第 2 期。
[5] 参见《中国统计年鉴——2018》。

和焚烧的方式处置[1]。垃圾以填埋方式处置,不仅会占用大量土地资源,而且会污染土壤和水。垃圾的焚烧会排放含有二噁英等有毒有害的废气,并产生危险废物飞灰等。因此,建设垃圾填埋场、焚烧厂甚至暂存场带来的邻避事件一直不断,成为影响社会安定的一个重要因素。随着近些年我国快递和外卖行业的快速膨胀,快递包装、一次性餐具带来的垃圾量更是与日俱增。固体废物处置带来的环境压力更是快速增加。

同样,根据生态环境部发布的年报,我国固体废弃物的处置面临很大的压力[2]。2018年,工业危险废物综合利用量占利用处置总量的48.6%,处置、贮存分别占比40.7%和10.7%[3]。虽然工业固体废物综合利用率有所提升,但是我国工业固体废物综合利用和处置的压力依然很大,特别是危险废物对环境危害大,其储存、综合利用和处置的科学规范管理就更为关键。2015年的天津港爆炸事件、2018年的"响水"爆炸事件等更凸显出了危险废物储存、回收利用和处置科学管理、规范运行的重要性。[4]。

除此以外,我国生态问题突出,如森林砍伐、野生动植物减少、生物安全问题等。与此同时,我国还面临着自然资源短缺、能源利用效率不高、能源储备不足、弃风弃光等生态、环境与资源能

---

[1] 参见《中国统计年鉴——2018》。

[2] 2018年,全国202个大、中城市一般工业固体废物产生量为13.1亿吨,工业危险废物产生量为4010.1万吨,医疗废物产生量为78.1万吨,生活垃圾产生量近2.02亿吨。一般工业固体废物综合利用量占利用处置总量的42.5%,处置和贮存分别占比17.1%和40.3%。参见《2018年全国大、中城市固体废物污染环境防治年报》。

[3] 参见《2018年全国大、中城市固体废物污染环境防治年报》。

[4] 根据2019年11月国务院事故调查组发布的《江苏响水天嘉宜化工有限公司"3·21"特别重大爆炸事故调查报告》,该事故"是一起长期违法储存危险废物导致自燃进而引发爆炸的特别重大生产安全责任事故"。参见《江苏响水天嘉宜化工有限公司"3·21"特别重大爆炸事故调查报告公布》,载新华网,http://www.gov.cn/xinwen/2019-11/15/content_5452468.htm,最后访问时间:2023年11月19日。

源问题。

第二节 绿色生产和消费发展概况

工业革命推动了经济的快速发展以及社会转型,但是也对生态环境造成严重的威胁和损害。在此背景下,推行绿色消费和绿色生产不仅仅是一种理论维度的探索,更是一种切实解决现实的生态环境问题的必然。这种共识也是推动各国绿色生产和消费结构转型的源动力之一。例如,联合国环境规划署指出,制定绿色发展战略、推动产业结构和消费习惯的可持续性以及实施绿色行动计划都是实现经济社会可持续发展的关键要素[1]。由此可见,绿色生产和绿色消费将发挥越来越重要的作用。这种认知也可以从各国的绿色生产和绿色消费的发展过程中得到印证。

一、域外绿色生产和消费发展概况

从域外的发展经验来看,绿色生产和绿色消费的提出旨在扭转不断恶化的生态环境问题,并寻求可持续发展道路。无论是从其政治背景还是理论探索,关于绿色生产和绿色消费的重要性已经得到国际上普遍的认可。

在理论层面上,严重的环境问题迫使人类开始反思,是不是我们的生产和消费出了什么问题? 1944 年,有学者提出"生态消费观",来修正人类的消费异化趋势[2]。1962 年,《寂静的春天》一书出版,标志着现代社会环保意识的觉醒。书中警告人们杀虫剂的

---

[1] See Tsing, ml. and others, "Identifying the competitive determinants of firm's green supply chain capabilities under uncertainty", *clean technol*; ogives 5 (2016), p. 18.

[2] 参见 [英] 卡尔·波兰尼:《大转型:我们时代的政治与经济起源》,冯钢、刘阳译,当代世界出版社 2020 年版,第 32 页。

使用对人类、其他生物乃至生态系统的危害。她提到危害比较大的一种化学农药滴滴涕不仅被用于农田,还被用于杀灭森林中以树叶为食的昆虫、水中和城市中的蚊蝇等。20世纪60年代,人们甚至在母乳和南极企鹅的脂肪中都检测到了这种农药。滴滴涕会影响鸟蛋孵化,加利福尼亚地区的鹈鹕曾一度难以生育下一代。因此,卡尔逊认为杀虫剂的泛滥无异于核污染的扩散。1968年,加勒特·哈丁提出了"公地悲剧"的概念,强调传统的线性经济发展模式会带来一系列弊端,政府应当进行利于"循环经济发展"的一系列措施,减少"公地悲剧"。1969年,美国经济学家鲍尔丁在《一门科学——生态经济学》中提出"宇宙飞船"理论,认为过去是"牧童经济",无所顾忌地开发地球资源,并首次提出"循环经济"的概念[1]。1972年《增长的极限》预计按照当时的发展模式,100年内将达到增长的极限[2]。1974年,巴里·康芒纳提出"封闭的循环"(The closing circle)的概念,强调我们在经济发展、生产和消费的过程应当注重形成一种循环,减少对环境的影响[3]。1987年,英国学者约翰·埃里克顿和朱莉娅·哈里斯在其著作《绿色消费指南》一书中,不仅阐释了绿色消费的重要性,并采取排除法对绿色产品进行列举。1989年,美国学者首次提出"工业生态学"的概念,即将废物转化为原料,从而形成一个类似于自然生态系统的"工业生态系统"[4]。1990年,罗杰·珀曼在《自然资源和环

---

[1] 参见[美]肯尼斯·鲍尔丁:《一门科学——生态经济学》,商务出版社1998年版,第4页。

[2] 参见[美]丹尼斯·米都斯等:《增长的极限——罗马俱乐部关于人类困境的报告》,李宝恒译,吉林人民出版社1997年版,第3页。

[3] 参见[美]巴里·康芒纳:《封闭的循环——自然、人和技术》,侯文蕙译,吉林人民出版社1997年版,第78页。

[4] 参见杜静:《产业集群发展的绿色创新模式研究——以武汉城市圈为例》,中国文史出版社2011年版,第65页。

境经济学》中首次使用"循环经济"(circular economy)的表述,将循环经济作为绿色发展的重要内容之一[1]。2001年,莱斯特·R.布朗强调"用后即弃"的生产和消费模式不仅应当转变为效仿自然能量环形流动的发展模式,同时还需要在资源使用方面从使用化石燃料为主转变为使用以太阳及氢能源为主的可再生与清洁能源,减少生产耗能[2]。

在国际层面上,1972年联合国人类环境会议通过的《人类环境宣言》提出人类有保护自然的责任和义务。1987年,联合国世界环境与发展委员会在《我们共同的未来》报告里首次提出"可持续发展"理念。1992年,在巴西里约热内卢召开的联合国环境与发展会议以"可持续发展"为指导方针,制定并通过了《21世纪议程》等,号召各成员国制定本国"可持续发展"战略与政策[3]。1999年,国际环境与发展协会重申了绿色消费的重要性,即绿色消费是实现绿色发展的必然(a demand of green development)[4]。2015年9月,联合国可持续发展峰会上正式确定了17个可持续发展目标,其中第12个就是可持续性生产和消费。在此次峰会上,总共193个成员国普遍承认其重要性,即从2015年到2030年以可持续的方式来解决社会、经济和环境之间的问题[5]。2018年,联合国环境规划署建立可持续消费和生产的行动计划,

---

[1] See Perman, Economics of Natural Resources and The Environment.

[2] 参见[美]莱斯特·R.布朗:《生态经济:有利于地球的经济构想》,林自新等译,东方出版社2002年版,第52页。

[3] 参见[美]保罗·霍肯:《商业生态学:可持续发展的宣言(The Ecology of Commerce: A Declaration of Sustainability)》,夏善晨、余继英、方堃译,上海译文出版社1993年版,第46页。

[4] 参见联合国丨联合国纪事:《目标12.确保可持续消费和生产模式》,载https://www.un.org/zh/node/21026,最后访问时间:2021年1月27日。

[5] 参见联合国可持续发展目标,载https://www.un.org/sustainabledevelopment/zh/,最后访问时间:2021年1月27日。

着力推动各个成员国在本国政策、区域层次以及次区域维度上绿色生产和消费的能力建设[1]。该行动计划主要包括以下三个方面：①各个成员国应当通过政策的制定，并通过区域和次区域的交流来强化可持续生产和消费的能力。②在生产和消费领域内，联合国和各个成员国应当建立具有可操作性的政策工具，强化政策的示范作用。③建立可持续消费和生产的全球可持续发展目标的报告体系。该报告体系不仅是各个成员国的国家责任的体现，也鼓励大企业以及私营企业提交企业的可持续发展报告[2]。2019年，联合国环境大会提出一个更雄心勃勃的目标，即到2025年全球大幅度地减少一次性塑料制品的使用。同时，此次会议还特别聚焦物流、外卖、电子商务等产业，要求进一步强化对塑料制品的可替代技术和材料的探寻[3]。

二、我国绿色生产和消费发展概况

与域外绿色生产和消费的发展步骤一致，我国一直以来都高度重视绿色生产和绿色消费的体系建设，通过调整原来不合理的政策和法律体系，逐步建构起可持续性的生产结构和消费体系。

在理论层面上，我国也开始倡导和探索绿色生产和消费。1992年，曲格平先生在《中国的环境与发展》一书中提出"绿色经济"的概念。[4] 1994年，刘思华先生在《当代中国的绿色道路——市场经济条件下生态经济协调发展论》一书中明确提出，中国绿色发

---

[1] 参见联合国丨联合国纪事：《目标12. 确保可持续消费和生产模式》，载https://www.un.org/zh/node/21026，最后访问时间：2021年1月27日。

[2] 参见联合国丨联合国纪事：《目标12. 确保可持续消费和生产模式》，载https://www.un.org/zh/node/21026，最后访问时间：2021年1月27日。

[3] 《国际视野丨各国携手保护地球，共同绘就可持续未来蓝图》，载https://www.sohu.com/a/302601843_774581，最后访问时间：2023年11月30日。

[4] 参见曲格平：《中国的环境与发展》，中国环境科学出版社1992年版，第2页。

展道路的核心问题是"经济发展生态化之路"[1]。1995年，有学者提出"绿色发展"概念，成为对可持续发展的新概括[2]。2010年，曹明德指出，我们要实现工业文明向生态文明的转变，必须转变发展模式[3]。2018年，曹明德进一步提出，树立生态文明理念是建设美丽中国的重要基础，必须彻底转变传统的以牺牲资源和环境为代价换取短期经济增长的旧模式，探索绿色、循环、低碳发展的新路径，同时要运用法治思维推进美丽中国建设，以完善的生态环保法律制度为保障，并推动法律法规的有效贯彻执行，明晰政府部门、企事业单位以及人民群众等主体在生态文明建设上的法律责任，在全社会营造良好的生态文明法治氛围。2012年，胡鞍钢在其著作中提出了一条符合生态文明时代特征的新发展道路——绿色发展之路[4]。2016年，胡雪萍在其著作《绿色消费》一书中，不仅从宏观上着重分析了绿色产业、绿色领域等方面，也从微观方面分析了影响我国绿色消费体系的重要因素以及存在的体系问题[5]。由此可见，学界高度重视绿色生产和绿色消费的理论体系，并从多维度探寻符合我国国情的绿色发展道路。同时，这种理论的探索为我国的绿色生产和绿色消费体系的建设提供了充分的支撑。

在政治层面上，2005年，《国务院关于加快发展循环经济的若干意见》提出，通过推行循环经济来改变传统的高消耗、高排放、低效率的粗放型增长方式，以实现经济、环境和社会效益相统一[6]。此后，一系列的政策文件的出台也引导和推动绿色生产和

---

[1] 参见刘思华：《当代中国的绿色道路——市场经济条件下生态经济协调发展论》，湖北人民出版社2010年版。
[2] 参见戴星翼：《走向绿色的发展》，复旦大学出版社1998年版。
[3] 参见曹明德：《生态法原理》，人民出版社2002年版，第12页。
[4] 参见胡鞍钢：《中国：创新绿色发展》，中国人民大学出版社2012年版。
[5] 参见胡雪萍：《绿色消费》，中国环境出版社2016年版，第2页。
[6] 《国务院关于加快发展循环经济的若干意见》（国发［2005］22号）。

绿色消费，包括《废弃家用电器与电子产品污染防治技术政策》《国务院办公厅关于治理商品过度包装工作的通知》《新闻出版总署、环境保护部关于实施绿色印刷的公告》等。党的十八大以来，以习近平同志为核心的党中央高度重视绿色消费和绿色生产的重要性，并出台一系列具有针对性和可操作性的政策和法律来引导生产结构和消费体系的可持续性。2015年，中共中央和国务院不仅提出推动技术创新和生产结构的调整，也要求积极培育绿色生活方式，倡导勤俭节约的消费观[1]。2016年，《关于促进绿色消费的指导意见》着重阐释了绿色消费的概念以及重要性，也为绿色消费的建构提出了具有可操作性的指导意见[2]。2018年，国务院办公厅颁布了《完善促进消费体系机制实施方案（2018-2020年）的通知》，通过体系的建设来破解、制约最直接、最突出、最迫切的消费体系，并引导消费体系的"绿色发展"[3]。党的十九大，习近平总书记提出绿色消费和绿色生产，并将其视为绿色发展理念的一部分[4]，即无论是绿色消费和绿色生产都是绿色发展理念在经济和社会层面的贯彻。

除了绿色生产和绿色消费的政策之外，我国也高度重视通过立法来引导绿色生产和绿色消费的体系建设。2016年，第十二届全国人大常委会通过了《环境保护税法》，通过建立环境税来引导可持续性发展。有学者认为，完善环境税收立法，以将环境成本外部性内化，从而增强经济决策过程中的环境考量[5]。2018年，科学

---

[1] 参见《中共中央、国务院关于加快推进生态文明建设的意见》。
[2] 参见《关于促进绿色消费的指导意见》（发改环资〔2016〕353号）。
[3] 参见《完善促进消费体制机制实施方案（2018-2020年）》（国办发〔2018〕93号）。
[4] 参见《习近平在中国共产党第十九次全国代表大会上的报告》。
[5] 参见曹明德、毛涛：《完善环境税立法，应对资源环境问题》，载《人民政协报》2012年7月2日，第B04版。

发展观和生态文明写入《宪法》。2014 年，修订后的《政府采购法》不仅扩大了绿色采购产品、服务的范围以及主体范围，也探索强制性绿色采购制度。除此之外，该法也明确了各级政府部门、事业单位以及国有企业所享有的权利和义务。事实上，我国的绿色发展法律体系的建构和完善主要也是围绕着生产和消费两个方面进行的。

综上所述，我国迫切需要通过对消费模式和生产结构的"绿色化"来解决生态环境问题。绿色生产和绿色消费不仅基于对我国主要矛盾和社会特征的准确把握，也顺应了全球生态文明发展的潮流[1]。

第三节 绿色生产和消费相关概念辨析

绿色生产和绿色消费本质上是绿色发展理念的体现，也是可持续发展的重要内容之一。然而，对于两者的概念的厘定存有较大争议。有学者认为，绿色生产和绿色消费本质上没有较大的差异，都是社会发展所附带的产物[2]。也有学者认为，绿色生产所建立的产品周期已经囊括了消费的环节[3]。还有学者认为，绿色生产和绿色消费的上位概念是循环经济，其概念的内涵都是在循环经济的

---

[1] 参见石若文：《新时代高质量发展背景下绿色消费发展路径研究》，载《西北大学学报（哲学社会科学版）》2020 年第 1 期。

[2] See Tseng, M. L., Tan, K. & Chiu, A. S. F., "Identifying the competitive determinants of firms' green supply chain capabilities under uncertainty", *Clean Technologies & Environmental Policy*, 2016, 18 (5).

[3] See Mishal, A., Dubey, R., Gupta, O. K. & Luo, "Z. Dynamics of environmental consciousness and green purchase behaviour: An empirical study", *International Journal of Climate Change Strategies & Management*, 2017, 9 (5).

覆盖范围内[1]。因此，唯有通过对绿色生产和绿色消费相关概念的辨析才能进一步地廓清绿色生产和绿色消费体系的全貌。

一、绿色生产和绿色消费

绿色生产和绿色消费本质上都基于绿色发展理念。这意味着无论怎样阐释，绿色生产和绿色消费都是通过具体的体系建构来扭转生态环境的恶化状况。绿色生产和绿色消费均建立在生态文明、绿色发展的理念之上，作为绿色经济的两个紧密相关的环节，两者是相互促进的。倡导绿色消费是促进绿色生产的前提和基础。绿色消费有利于推动绿色生产的发展，绿色生产的目的是为消费者提供绿色产品和服务。在此种情形下，生产者和消费者的环境责任既有区分也有不可分割的特点。

在绿色生产概念的辨析上，国内外的学者和实务部门对此进行了多样的阐释。威廉·麦克唐纳提出绿色生产应当"从摇篮到摇篮"而非"从摇篮到坟墓"，应当通过具体制度落实将传统"资源开采——加工制造——产品消费——废旧产品抛弃"的生产模式转变为"资源——产品——再生资源"的生产模式。[2]这种模式的转变更加强调生产方式的周期性和绿色。UNEPIE/PAC将其定义为"为增加生态效率、减少环境风险而将整体预防的环境战略持续应用于生产过程、产品和服务中的生产模式"[3]。美国EPA则将绿色生产细化为"Production Waste Minimization"以及"Pollution pre-

---

[1] See Daugbjerg C., Svendsen G. T., "Government Intervention in Green Industries: Lessons from the Wind Turbine and the Organic Food Industries in Denmark", *Environment, Development and Sustainability*, 2001, 13 (2), pp. 293-307.

[2] See Erinn R., Gabrielle G. & Callie W., etal, "Ecological foraging models as inspiration for optimized recycling systems in the circular economy", *Resources, Conservation & Recycling*, 4 (2017), pp. 47-94.

[3] See Nick Middleton, *The Global Casino: An Introduction to Environmental Issues*, Routledge press, 2013, p. 410.

vention"，要求提高资源利用率，从源头削减污染物以及废物，加强生产过程以及产品的可循环性[1]。多内拉·H.梅多斯、保罗·霍肯指出，不仅需要进行生产的末端治理，还需要从生产入手进行源头污染预防，并增加产品使用完毕后可以进行拆分、回收的绿色设计，减少废物产生、减轻废物处置的压力，而这也应该是全人类的共同任务[2]。基于此，现有绿色生产的理解主要有两种：一种是狭义上的或者有学者称之为"浅绿色生产"，即采取综合措施使污染物的产生量最少化[3]。另一种是广义上的，即"充分体现人文关怀与自然关怀并有效组织生产过程以取得最佳（社会、环境与经济）效益，实现人与人和人与自然和谐统一的生产方式"[4]。本文将采用广义上的绿色生产的定义，因其能够完全涵盖了狭义上的绿色生产的含义。

如同绿色生产一样，绿色消费概念的阐释也是多样的，并且在不同的社会阶段有着不同的含义。14世纪，"消费"（Consumption）一词出现，含有"摧毁、用光、浪费、耗尽"等贬义[5]。18世纪中期以后，它才成为与生产相对应概念的词汇。有学者将绿色消费定义为，人们在选择并消费产品或服务以及此后对废弃物的处理处

---

[1] See Nick Middleton, *The Global Casino: An Introduction to Environmental Issues*, Routledge press, 2013, p. 345.

[2] See Gregson, N., Crang, M., Fuller, S. & Holmes, "Interrogating the Circular Economy: the Moral Economy of Resource Recovery in the EU", *Economy and Society*, 2 (2015), pp. 218-243.

[3] See Janssen M. A., "Jager W. Stimulating Diffusion of Green Products: Co-evolution between Firms and Consumers", *Journal of Evolutionary Economics*, 2002, 12 (3), pp. 283-306.

[4] See Paavola J. Towards, "Sustainable Consumption: Economics and Ethical Concerns for the Environment in Consumer Choices", *Review of Social Economy*, 2001, 59 (2), pp. 227-248.

[5] See Richard J. Lazarus, *The Making of Environmental Law*, The University of Chicago Press, 2004, p. 31.

置等过程中均秉持绿色理念的行为模式,并将绿色消费的特征概括为"5R"原则(5R 即 Reduce, Revaluate, Reuse, Recycle, Rescue)[1]。也有学者将绿色消费归纳为以下三个主要层面:其一,引导消费者选择绿色产品;其二,倡导消费习惯和行为尽量减少对生态环境的影响;其三,引导消费者转变消费观念,实现可持续消费[2]。目前,对绿色消费大致可分为狭义和广义两种理解:狭义层面上的绿色消费以符合人的健康和环境保护标准为核心内涵。广义的绿色消费包含的含义更加丰富,应该包含以下内容:①消费者消费的产品未被污染、有益人体健康;②消费者消费的产品的生产过程应是对环境影响最小的,即产品的生产过程是绿色生产过程;③消费者在消费过程中应对环境影响最小化,尽量减少污染和废弃物的产生,如延长物品的使用寿命、购物自带容器、尽量不使用一次性用品、购买本地产品等;④消费结束后对产生的废弃物分类投放和回收利用,注重对环境的保护。本文倾向于采取广义上的绿色消费的概念,因其能够囊括更多的绿色消费的样态和含义。

从发展过程来看,现有关于绿色消费和绿色生产概念的研究逐渐深入,主要取得了以下四个方面的进展:①绿色消费和生产概念内涵趋于充实、统一,外延逐步拓展。绿色消费概念的提出始于在"绿色运动"中社会公众对传统生产方式和消费方式的反思,要求企业改变高消耗、高排放的生产方式,提供无害环境和人体健康的绿色产品[3]。可持续发展提出后,绿色生产的概念突破绿色产品生产的局限,已经扩展到产品生产,产品和服务的购买、使用,消

---

[1] See Marco Runkel, *Environmental and Resource Policy for Consumer Durables* (*Lecture Notes in Economics and Mathematical Systems*, Springer, 2004, p. 169.

[2] 《2001 年主题:绿色消费》,载 http://www.cca.org.cn/xxgz/detail/16939.html,最后访问时间:2021 年 1 月 27 日。

[3] See Bickart B A, Ruth J A. Green, "Eco-Seals and Advertising Persuasion", *Journal of Advertising*, 2012, 41 (4), pp. 63-69.

费后处置的全过程[1]。②对于绿色消费和生产行为及其影响因素的实证研究逐渐深入。一方面，现有的研究认为，道德认同对消费者选择绿色产品和服务具有重要因素。基于环境保护、节能减排、低碳生活、动物保护等理念的道德认同不仅能强化环境损害的责任感，也能促使消费者和生产者对绿色经济、绿色发展的正向认同。另一方面，消费者对绿色产品经济、生态等价值的有效性的认识对绿色生产行为有着显著正向影响。消费者绿色消费除会受到内部动机影响外，还会受到外部动机影响，如企业和政府为促进绿色消费而进行的干预手段，常见的干预因素包括经济激励、信息刺激和规章制度。③绿色消费和绿色生产研究从理论范畴扩展到制度层面，明显具有实务导向的特征。制度化（institutionalization）长期以来都是域外学者的研究重点，主要集中在以绿色供应与绿色消费和绿色生产为核心的经济结构转型[2]。这种制度性建构自然包括提供法律体系的建构，来解决生态环境问题。④绿色消费和生产立法的迅速发展。西方国家绿色消费立法与绿色生产法律理论研究相得益彰。一方面，各国不断加强绿色消费和绿色生产的综合性与专门性立法，包括德国《循环经济与废物处理法》、日本《绿色消费法》等。另一方面，建立完善法律体系以保障绿色消费和生产健康有序发展，包括绿色产品信息与公开制度、生产者责任延伸制度等。

二、绿色生产和循环经济、低碳经济、清洁生产

由上可知，绿色生产是一种具有人文关怀的生产方式，其价值追求是生产方式能够实现环境、经济、社会效果的统一，即绿色发

---

[1] See Lindhqvist Thomas, *Extended Producer Responsibility in Cleaner Production*, Lund University, Sweden, Ph D dissertation, 2001.

[2] See Khan Md. Raziuddin Taufique Sridhar Vaithianathan, "A fresh look at understanding green consumer behavior among young urban Indian consumers through the lens of Theory of Planned Behavior", *Journal of Cleaner Production*, 183 (2018), pp. 46-55.

展的价值追求被囊括到生产领域全过程中。基于此概念,绿色生产与循环经济、低碳经济、清洁生产所存在外延的交叉、重合完全取决于其阐释视角。但是,上述概念之间还是存有较大的差异性,并不能得出同质性的结论。

(一) 循环经济与绿色生产

在循环经济的概念厘定上,循环经济是绿色经济发展模式的重要体现,一般以"循环经济发展""可持续发展"来表达相似内涵。人们从生态系统规律中受到启发,认为环境污染、资源枯竭的根本原因就是资源的单向线性流动,而缺乏对废物的分解者。亦即,循环经济将自然环境、社会经济作为一个整体的"生态系统"来看待。循环经济概念萌芽于1965年由K. E. 鲍尔丁提出的"宇宙飞船理论",即地球如同一艘不断消耗自身资源才能存续的宇宙飞船,只有发展循环经济,地球与人类社会才能持续性发展[1]。《循环经济促进法》第2条第1款将循环经济定义为:"本法所称循环经济,是指在生产、流通和消费等过程中进行的减量化、再利用、资源化活动的总称。"[2] 由此可见,循环经济是在对传统的资源浪费粗放型发展模式进行反思的基础上建立起来的符合可持续理念的发展方式。有学者认为,循环经济以系统理论和生态经济理论为基础,其最终价值是实现经济体系或者生产体系的循环流动[3]。也有学者认为,循环经济是实现可持续发展的必要途径,这是一种

---

[1] See Kenneth E. Boulding, *The Economics of the Coming Spaceship Earth* [M] // Environmental Quality in a Growing Economy. Baltimore: Resources for the Future/Johns Hopkins University Press, 1965.

[2] 《循环经济促进法》第2条第1款。

[3] 参见王明远:《"循环经济"概念辨析》,载《中国人口·资源与环境》2005年第6期。

区别于传统末端治理模式的全过程治理模式[1],不能将其简单等同于节约能源、环境保护或资源再利用,而是将其都包括其中。由此可见,循环经济是实现绿色生产的最有效方式之一。循环经济能保证资源的有效利用,最大程度上减少对环境的影响,从而实现绿色生产。

然而,绿色生产和循环经济之间还是有着较大的差异性。首先,两者指导理论不同,生态文明和绿色发展是绿色生产的指导理念,而循环经济的指导理念是可持续发展,绿色生产和消费是深绿,循环经济是浅绿。其次,绿色生产和消费法律制度与循环经济法律制度相比,范畴更大、也更体系化,绿色深入生产和消费的每个环节,须涉及整个法律体系的绿化,可以说是一次法律的绿色革命。因此,本课题将在循环经济法律基础理论研究的基础上,进一步深入研究绿色生产和消费法律制度基础理论,为完善绿色生产和消费法律制度提供理论支撑。

(二)低碳经济与绿色生产

2003 年,英国能源白皮书《我们能源的未来:创建低碳经济》(*Our energy future-create a low carbon economy*) 将低碳经济定义为一种积极应对气候变化的生产方式,即通过技术创新、产业转型、新能源开发等方式来实现经济生产的低能耗、低污染、低排放[2]。OECD 的《调整低碳经济政策》(*Aligning Policies for a Low-carbon Economy*) 指出,通过广泛地使用低碳工具,将经济模式过渡到低水平碳排放的方式,以推动更环保、更弹性和包容性的增长[3]。

---

[1] 汤艳梅、秦加军:《消费社会视阈下的生态环境保护研究》,载《甘肃理论学刊》2015 年第 3 期。

[2] See Khare, A., "Antecedents to green buying behaviour: a study on consumers in an emerging economy", *Marketing Intelligence & Planning*, 33 (2015), pp. 309-329.

[3] See Carlos Ordás Criado, "Temporal and Spatial Homogeneity in Air Pollutants Panel EKC Estimations", *Environmental and Resource Economics*, 40 (2008), pp. 265-283.

由此可知，低碳经济本质上是一种基于可持续发展理念下的发展方式，通过各种手段来降低能源生产以及利用的能耗[1]。直言之，低碳经济追求的是能源消耗的低能耗、低排放，即能源消耗和产出的正比性。然而，这种价值追求与绿色生产有相似之处，但是还有根本的区别：低碳经济最直接的目的是减少温室气体的排放。这就要求在发展经济过程中，要尽量少使用含碳能源，提升碳能源的使用效率。然而，绿色生产是基于绿色发展理念积极探寻经济结构和产业特征的绿色化，其价值追求并不仅仅局限于低能耗。

（三）清洁生产与绿色生产

清洁生产概念的提出主要是对工业污染末端治理的反思。20世纪60年代，针对生产过程所产生的生态环境问题，发达国家普遍采取末端治理的方式来解决环境问题。然而，这种方式具有较高的经济成本的投入。基于这种情况，清洁生产方式的提出主要是通过清洁的生产技术将生态环境污染消灭于生产的过程中。1987年，瑞典成为首个从立法层面规定清洁生产的国家，其概念的定义基本沿袭上述规定[2]。2002年，我国的相关立法规定在此方面的定义也未曾逾越上述内容。《清洁生产促进法》第2条规定了清洁生产的概念[3]。清洁生产很大意义上与狭义概念上的绿色生产相对应，体现的是源头减量和全过程控制污染的理念。我国在相当长一段时间内一直以污染物末端治理为主，这不仅不利于整体环境的改善，

---

[1] 参见戴伟、张雪芳：《经济增长目标约束下的低碳经济发展路径研究》，载《湖北理工学院学报（人文社会科学版）》2021年第1期。

[2] See Gould B., Kenneth A., "Legitimacy and growth in the balance: the role of the state in environmental remediation", *Industrial & Environmental Crisis Quarterly*, 3 (2015), pp. 237-256.

[3] 《清洁生产促进法》第2条规定："本法所称清洁生产，是指不断采取改进设计、使用清洁的能源和原料、采用先进的工艺技术与设备、改善管理、综合利用等措施，从源头削减污染，提高资源利用效率，减少或者避免生产、服务和产品使用过程中污染物的产生和排放，以减轻或者消除对人类健康和环境的危害。"

不符合预防原则,而且还阻碍技术的进步。清洁生产是人们在应对环境问题上一次理念上的革新,是实现绿色生产的重要方式。但绿色生产不仅限于清洁生产,其内涵远比清洁生产丰富。

总体观之,清洁生产是指将清洁生产技术贯穿产品生产过程中,以此降低生产过程中的能耗、污染以及尽可能降低对生态环境的不利影响。清洁生产的内涵虽然与绿色生产有着相似之处,但是两者还是存有本质的区别:①清洁生产的涵盖面比较窄,本质上仍然是一种"浅绿"的表述。绿色生产的涵盖面不仅仅包括了清洁生产,也涵盖低碳经济、循环经济、可持续生产等方面。②清洁生产主要是针对生产过程中,并没有涵盖整体性生产周期。然而,绿色生产不仅仅包括整体的产品周期,也包括产品流动、销售等阶段。

三、绿色消费和生态消费、可持续消费、低碳消费、节约消费

当前,国内外对于绿色消费的概念尚没有形成相对统一的定义,比较接近的概念还有生态消费、低碳消费、节约消费、可持续性消费等。上述概念语义上都是绿色发展理念的体现,都是从消费角度出发来探寻一条消费和生态环境保护和谐发展的道路。但是,这并不是意味着上述概念的语境、着重点是完全一样的。

(一)生态消费与绿色消费

生态消费是指注重保护生态环境和节约资源的消费方式。生态消费的内容主要包括以下几个方面:①转变了"人类中心主义"的价值理念。有学者指出,生态消费的价值理念的逻辑起点是人类与生态之间的关系的反思,即实现人与生态环境关系的平等化[1]。②生态消费的提出旨在矫正人类的不正当的行为,建构起生态环境友好、勤俭节约的消费模式。③生态消费观的提出旨在强化对生态

---

[1] 参见邱高会:《生态文明建设视域下生态消费模式的构建》,载《中国环境管理干部学院学报》2015年第4期。

环境的保护,加快转变"高内耗、高污染"的消费习惯[1]。从上述内容来看,虽然绿色消费和生态消费具有相同的目的,即都致力于矫正人的不正当行为以及强化对生态环境的保护,但是依然无法将两者等同。理由之一,绿色消费不仅考虑消费行为对生态的影响,而且还考虑消费行为对消费者需求的满足。理由之二,生态消费更侧重于消费行为对生态的影响。

(二) 可持续消费与绿色消费

可持续消费强调在满足人类基本需求和提高生活质量的需求时,应减少对环境的影响和对资源的使用,并且不应对后代的需求产生威胁。有学者认为,可持续性消费某种程度上是对现代享乐主义、"掠夺"生产模式以及不考虑到下一代的发展方式的反思[2]。更有学者指出,可持续消费是基于现有消费方式"不可持续性"以及"代际自私性"而进行的消费体系的重构[3],其根本目的是通过可持续的消费方式来实现当代和未来在消费领域的公平。基于上述概念可知,绿色消费与可持续消费之间存有一定的根本的差异性:可持续消费是基于可持续发展理念提出来的,旨在以消费推动生产的绿色化。可持续消费是个更加综合的概念,侧重于可持续发展的目标和代际公平。绿色消费概念体系并没有囊括代际公平的内容。

(三) 低碳消费、节约消费与绿色消费

如同低碳经济一样,低碳消费的提出也是在全球气候变化的背景下。2003年,英国能源白皮书首次建立起低碳社会体系,包括

---

[1] 参见邱高会、邓玲:《从地球文明的视角论生态文明的科学内涵及其实现》,载《甘肃社会科学》2014年第3期。

[2] 参见刘艳萍:《从自发到自觉:我国公民生态消费参与嬗变的思考》,载《前沿》2010年第11期。

[3] 参见杨魁、董雅丽:《消费文化理论研究——基于全球化的视野和历史的维度》,人民出版社2013年,第104页。

低碳经济、低碳生活、低碳消费等。当前学界和实务界对于低碳消费方式的概念存有一定的争议,但是其基本包括以下几个方面:①低碳消费是指消费方式的低碳化,即是一种相对于高能耗、高污染的消费方式。②通过低碳化的消费方式来实现生态环境和消费方式的和谐发展。③低碳消费方式是实现低碳经济发展的必然,通过提倡低碳化的方式来保障公众的生活质量,并尽可能地削减高碳消费和奢侈消费[1]。由此可见,低碳消费与绿色消费有着较大的差异性:低碳消费与低碳经济是一对概念,是应对气候变化而倡导的一种生态消费方式,如减少碳足迹等。相对于绿色消费,低碳消费概念内涵比较窄,是一种"浅绿"的理论。

节约消费是一个相对于浪费型消费的概念,主要包括以下几个方面:①节约消费的提出主要是针对鼓励虚假性消费、奢侈性消费而言的,其最终目的是建立起符合国情以及群众需求的消费体系。②节约消费是对现有社会的浪费性消费宣传和误导的反思。进入信息时代以来,广告、文艺节目、短视频等所宣传的过度包装、过度占有、过度消费、提前透支等不合理消费方式以及非理性欲望不断膨胀。③节约消费旨在扭转以奢为美的偏见、享乐主义的蔓延。这种不良的社会风气不仅与传统美德不匹配,也不利于我国的经济发展。④节约消费旨在建立健康、合理的社会消费观,谴责浪费、不合理消费等行为。由此可见,节约消费和绿色消费是截然不同的两种概念:节约消费更倾向于形成一种以节约为荣的社会文化和氛围;绿色消费是实现社会发展、消费的绿色化。同时,节约消费是绿色消费的一个指导原则,是绿色消费的应有之义。

---

[1] 参见庄贵阳:《低碳消费的概念辨识及政策框架》,载《人民论坛·学术前沿》2019年第2期。

第四节　绿色生产和消费法律制度发展概览

绿色生产和绿色消费已经成为应对生态环境问题的主要方式之一。各国都高度重视生产和消费领域法律体系的建设，并为此建立起具有针对性、可操作性的法律体系。

一、德、日、美三国绿色生产和消费法律制度发展概况

德国、日本、美国和我国应对环境问题的法律制度均经历了从末端治理到源头预防再到绿色生产和消费的转变。

（一）德国绿色生产和消费法律制度发展概况

德国的绿色生产和消费法律制度的构建起始于垃圾的处理。20世纪70年代初，联邦德国约有5万个垃圾堆放点，给公众带来了严重的环境和健康问题。德国1972年制定了《废物清除法》，主要目的是将堆放的垃圾集中填埋。到了20世纪80年代，垃圾量剧增，适合建立垃圾填埋场的位置越来越少。建立垃圾填埋场经常会引起邻避事件，公众甚至通过诉讼阻止垃圾场的建设。1986年，德国制定《废物避免与废物管理法》以取代《废物清除法》，将废物减量作为首要目标。1991年，在产品包装物构成家庭废弃物主要部分的背景下，《包装条例》出台，生产者责任延伸制度在法律上确立下来[1]。1994年，德国颁布的《循环经济与废物处置法》以保护环境和节约不可再生自然资源为目的，将物质闭路循环的思想从包装问题扩展到所有的生产部门。该法确定了废物管理首先应当尽量避免废物产生，其次才是废物回收利用，而无害化处置针对

---

[1] 参见［美］威廉·麦克唐纳、［德］迈克尔·布朗嘉特：《从摇篮到摇篮：循环经济设计之探索》，中国21世纪议程管理中心、中美可持续发展中心译，同济大学出版社2005年版，第14页。

的是那些实在无法回收利用的废物。物质闭路循环，就是在生产和消费的经济运行环节避免污染的产生，解决了产品生产与废物处置相分离的问题。该法意味着以循环经济为指导理念的绿色生产和消费法律制度在德国建立起来。随后，德国还制定了《使用期满机动车辆处置法》《专业废物管理公司条例》《废旧电池回收和处理条例》等，绿色生产和消费法律体系逐步完备起来。

回顾德国的绿色生产和消费法律制度发展历程，可以发现，生产者责任延伸制度发挥了核心作用。该制度将产品的生产和废物的处置统一起来，通过法律规则将减少、回收利用和处置废物的义务主要分配给生产者，充分调动了生产者减少和回收利用废物的积极性。德国的包装物双元回收系统（DSD，又称"绿点"系统）正是基于生产者责任延伸制度建立起来的专门回收处理包装废弃物的非营利组织，该组织由1.6万家商品及包装企业和垃圾回收部门联合组成，在德国的废物回收体系中发挥了巨大作用。

（二）日本的绿色生产和消费法律制度发展概况

二战后，日本以经济发展为重心，经济迅猛崛起。然而，伴随而来的是严重的环境污染。20世纪五六十年代，日本出现了四大公害事件。1967年，日本制定了《公害对策基本法》，提出"保护国民健康要与经济健全发展相协调"[1]。这种理念与绿色生产和消费的理念相悖。1993年出台的《环境基本法》引入可持续发展理念，提出经济调节手段。随后，一系列推进循环经济发展的法律法规陆续出台，如《循环再利用法》《容器循环再利用法》《家用循环再利用法》等。2000年出台的《推进循环型社会形成基本法》明确规定了各个主体的责任，对循环型社会的建设起到了提纲挈领的作用。同年，还出台了《食品再生利用法》《绿色采购法》等法

---

[1] 参见[日]交告尚史等：《日本环境法概论》，田林、丁倩雯译，中国法制出版社2014年版，第14页。

律。因此，2000 年被称为日本"资源循环型社会元年"[1]。

循环社会是比循环经济更宏大的一个概念，日本建立了世界上最完备的循环经济和循环社会法律体系，被认为是世界上资源利用效率最高的国家之一。日本的经验说明，通过法律规制建立循环社会是实现绿色生产和消费的有效路径。

（三）美国的绿色生产和消费法律制度发展概况

20 世纪 70 年代处于能源危机的美国，一方面环境污染严重，另一方面消费型社会已经形成，消费品更新换代的速度加快，国内的垃圾填埋场已无法容纳更多垃圾。在这种社会背景下，美国制定了一系列环境法律，包括综合性法律《国家环境政策法》以及控制空气污染、水污染、固废污染等系列专项立法。各州的环境法律也逐渐形成。美国是一个资源大国，也是一个消费大国，其发展绿色生产和消费的目的是保护环境、维护人民健康。美国的法律具有较强的操作性，对具体制度规定得很详细。美国在绿色生产和消费领域的制度创新也较多，如率先建立环境影响评价体系、制定控制空气污染的"泡泡政策"、建立排污权交易许可制度等，注重运用市场机制，信息公开和公众参与机制。

二、我国绿色生产和消费法律制度的发展概况

我国最初应对环境问题的法律制度也以末端控制为主。为推动全社会节约能源、提高能源利用效率、保护和改善环境，1997 年制定通过了《节约能源法》，该法是比较早地体现了绿色生产和消费理念的法律。2002 年通过的《环境影响评价法》体现了预防为主、源头控制的理念；同年，《清洁生产促进法》通过，在企业层面，通过产品设计、清洁能源和原材料的选择、工艺的改进，提高资源利用效率，从源头削减污染排放量。这两部法律体现了绿色生

---

[1] 参见［日］交告尚史等：《日本环境法概论》，田林、丁倩雯译，中国法制出版社 2014 年版，第 43 页。

产和消费的理念，但还主要局限在企业这一个主体上，且尚未体现循环经济的理念。2005年《可再生能源法》通过，对促进可再生能源的开发利用起到了比较大的作用。2008年通过的《循环经济促进法》是依据循环经济的理念制定的，但后续缺乏配套的实施办法。

第二章

我国绿色生产和消费法律制度基本问题梳理

第一节 我国绿色生产和消费立法问题梳理

我国环境保护工作起步于20世纪七八十年代，当时全国面临资源和能源过度消耗带来的大气、水体和土壤等生态环境污染问题，经济粗放型发展方式问题凸显。1979年通过的《环境保护法（试行）》确定了我国环境保护的基本方针，结束了中国环境保护无法可依的时代。至今，中国环境法治已经走过了四十余年的历程，在此期间，中国环境资源方面的立法力度不断加大。党的十九届四中全会通过的《中共中央关于坚持和完善中国特色社会主义制度 推进国家治理体系和治理能力现代化若干重大问题的决定》提出了关于"坚持和完善生态文明制度体系，促进人与自然和谐共生"的系列举措，明确指出要"完善绿色生产和消费的法律制度和政策导向"。改革开放以来，我国处理经济发展和环境保护之间的矛盾的理念，历经了环境污染末端治理、可持续发展、科学发展观、生态文明和绿色发展等几个螺旋上升阶段。我国绿色发展理念在不断跃迁的同时，理念与行动之间的"鸿沟"也在不断缩小。但是，目前我国绿色生产和消费方面的立法与促进绿色发展的要求还存在不小的差距。

第二章 我国绿色生产和消费法律制度基本问题梳理

一、相关法律立法理念不统一且整体滞后

虽然我国的环境立法数量颇多，但我国现有的法律杂糅了不同的立法理念。纵观世界各国，德国、日本和美国等国家的绿色生产和消费的相关法律都在"可持续发展""循环经济发展"等理念指导下，规制重点从末端治理向绿色发展转变。与德国、日本和美国等国家一样，我国应对环境问题的立法理念也经历了"末端控制——源头减量——循环利用"的发展历程。

改革开放以来，我国应对环境问题的立法演变可以分为两个阶段。第一阶段是1978年~2011年，这一时期应对环境问题的立法主要以末端控制为主，自然资源环境领域立法体系快速发展。这个阶段按照我国经济社会发展以及突出的资源环境问题，又细分为20世纪80年代、20世纪90年代、21世纪前10年三个时期。20世纪80年代，我国将环境保护确立为基本国策，提出了"三同步"和"三统一"的环境与发展的战略方针。20世纪90年代，我国将可持续发展理念确立为国家战略，环境优化经济发展的理念从理念变为行动，以污染物排放控制促进发展方式转变，紧紧围绕实施可持续发展战略，出现了一个资源环境立法修法黄金期。1997年制定通过了《节约能源法》，该法是比较早的体现绿色生产和消费理念的法律。21世纪前10年，我国深入推进可持续发展，坚持科学发展观，首次提出建设生态文明，大力发展循环经济，节能减排成为约束性指标，环境与经济协调发展的理念开始"落地生根"，理念与行动间的鸿沟逐渐缩小。2002年通过的《环境影响评价法》体现了预防为主、源头控制的理念；同年，《清洁生产促进法》通过，在企业层面，通过产品设计、清洁能源和原材料的选择、工艺的改进，提高资源利用效率，从源头削减污染排放量。2005年，《可再生能源法》通过，对促进可再生能源的开发利用起到了比较大的作用。2008年通过的《循环经济促进法》依据循环经济的理念制定。

第二个阶段是 2012 年至今，党的十八届五中全会提出要坚定不移贯彻"创新、协调、绿色、开放、共享"的发展理念，要把生态文明建设放在突出位置，至此绿色发展在全国层面达成广泛共识。我国经济发展战略转变为经济发展与环境保护和谐统一，绿色发展进入全面提升阶段。但出于特定时期的经济社会背景以及特定的资源环境问题等因素，现行的一些法律存在立法理念不统一且滞后的现象。

（一）法律理念不协调

我国采用单独立法的模式，设立了以清洁生产为理念的《清洁生产促进法》和以循环经济为理念的法律《循环经济促进法》。但是，这两种理念还未能完全贯彻到我国的环境立法中，导致绿色生产与消费的专门立法与其他环境法律之间出现两种理念上的冲突与不协调，尤其是采取以末端污染控制手段为主的污染控制类法律理念的不同往往会导致实践中的矛盾。例如，2018 年修正的《大气污染防治法》、2017 年修正的《水污染防治法》、2017 年修正的《海洋环境保护法》等都仅规定了生产过程所产生污染物的治理办法，未能彻底摆脱末端治理的模式。《清洁生产法》已实施二十多年，但是清洁生产从根本上没有融入节能减排的主流工作中去，法律之间的不协调与我国实行分别立法的模式有着密不可分的关系。世界上其他国家均未单独制定《清洁生产促进法》，而是通过修改现有相关法律融入清洁生产的理念。虽然政策先行是我国制度构建的一大特点，但在依法治国的时代要求下，我们应当与时俱进、结合实际，在人与自然和谐发展的理念指导下，在统一的价值取向下建立新的法律体系和法律制度，协调好《清洁生产促进法》与其他污染控制类法律之间的关系。

(二) 自然资源与能源类法律立法理念滞后

自然资源与能源类法律是绿色生产法律体系的重要组成部分。在很长一段时期内，这类法律的立法目标着眼于能源的开发利用和能源供应问题，但忽视了当下能源开发利用所带来的负面影响。现行许多法律因为立法时间早、中间未及时修改，不少自然资源和能源类现行法律的立法理念严重落后于当下生态文明建设的需求，缺乏绿色生产和消费的理念。

表2-1 中国典型自然资源与能源类法律

法律	时间	立法目的
《矿产资源法》	1986年制定 2009年修正	发展矿业，加强矿产资源的勘查、开发利用和保护工作，保障社会主义现代化建设的当前和长远的需要。
《煤炭法》	1996年制定 2016年修正	合理开发利用和保护煤炭资源，规范煤炭生产、经营活动，促进和保障煤炭行业的发展。
《电力法》	1995年制定 2018年修正	保障和促进电力事业的发展，维护电力投资者、经营者和使用者的合法权益，保障电力安全运行。

从表2-1"中国典型自然资源与能源类法律"的立法目的可见，现行一些法律在资源与能源开发利用中并未体现绿色生产与消费理念。例如，《矿产资源法》以保障矿产资源的开发利用为核心，矿产资源开发利用过程中如何实现绿色生产未能成为该法的有机部分。《煤炭法》《电力法》等也存在类似的问题。

(三) 农业立法理念滞后

农业是生产的重要部分。中华人民共和国成立以来，我国农业立法工作可以分为两个时期。第一个时期是从中华人民共和国成立到20世纪80年代,该时期以政策为主、法律为辅;第二个时期是从20世纪80年至今,法律与政策并行。至今,我国已先后制定和修改了二十多部农业立法,包括《农业法》《土地管理法》《农村土地承包法》《水土保持法》等。农业生产的直接目的是为公众提供安全、健康的粮食、蔬菜等农业产品,保障粮食安全。生态农业模式作为国内外广泛认可的新型发展模式,是绿色生产的重要组成部分,也是未来农业生产的主流趋势。绿色农业的要求更高,其目的是为公众提供有益健康、有益环境的绿色产品。现有的包括《农业法》在内的农业法律尚无法满足上述目的。

二、部分法律定位不清晰

2002年,我国制定了首部以推行清洁生产为目的的《清洁生产促进法》,这也是全球第一部清洁生产专门法律。自实施以来,该法对我国清洁生产推进起到了重要的引导和规范作用。2008年,《循环经济促进法》出台,标志着我国开始用发展的方式来解决环境问题,环境保护与经济发展不再是对立的关系。2012年修正的《清洁生产促进法》虽然对各个部门的权力和责任等加以明确,但未能与现行的、涉及生产和末端控制污染的立法有效衔接,成效甚微。[1]《循环经济促进法》于2018年修正,但其与2008年版本相比变动并不大,主要是行政管理部门名称的改动而没有实质性变化,其在立法定位上存在模糊。

一方面,两部法律之间的关系没有很好的衔接与融合,甚至在立法目的和很多内容上是重合的。首先,两部法律立法核心目的都是"提高资源的利用效率"。其次,两部法律在一些具体的制度设计上未做出明确的分工与协作。另一方面,该法未理顺与自然资源、能源、生产、消费与废物处置等相关法律的关系,致使循环经

---

[1] 参见杨奕等:《〈中华人民共和国清洁生产促进法〉实施中存在的问题及完善途径》,载《环境工程技术学报》2021年第2期。

济的理念难以融合到生产和消费行为中。例如,《清洁生产促进法》第 20 条规定,企业在产品或者包装物的设计阶段不得过度包装;《循环经济促进法》第 15 条规定,企业应对特定产品或者包装物进行回收、利用。两部法律都对回收产品和包装物进行了规制,但对于产品和包装物的选择均未作出具体的处罚规定。

三、绿色生产和消费重要法律和法律制度缺失

绿色生产和绿色消费是绿色发展的两翼,我国绿色生产和促进绿色消费的法律及法律制度散见在各相关法律中,且制度本身构建不完善、配套制度缺乏,致使我国绿色生产和消费重要法律和法律制度缺失。我国相关法律法规虽然有对可再生资源进行回收再利用、禁止过度包装的规定,但后续具体制度构建情况不尽如人意。

(一) 统筹绿色生产和消费的基本法缺失

法律对于绿色发展的回应不仅要在立法体系上统筹绿色发展的理念和目标,并且要求各个职能部门在具体实施中合理合法地平衡利益关系,实行综合联动。由此可见,绿色生产和消费的相关立法应当具有全局性、体系性和综合性。我国涉及绿色发展的立法数量颇多,但没有一部从理念、立法目的、基本原则、基本制度上来统领绿色生产和消费法律体系的基本法。法律层面的立法缺位容易导致相关法律制度权威性、稳定性以及强制性不足,实践效果与预期有所差距。而且,受传统发展思想影响,各职能部门工作尚未形成合力,在绿色生产和消费方面分散决策、各自执行。于生态治理和环境保护而言,环保部门履行生态环境保护职责是最关键的,而其他机关部门的协调联动也必不可少。诸如生产者责任延伸制度、供应链管理制度等绿色生产重要法律制度大多依据部门规章、部门规范性文件确立。绿色生产和消费紧密相连,互相促进,要整体性、从根本上解决环境问题,就要从根本上协调人与自然的关系。只有在生产和消费整个过程中统筹考虑人与人、人与自然之间的协调，才能渐渐化解人与自然二元割裂而造成的生态危机。

（二）规制重要自然资源、能源开发行为的绿色生产法律制度缺失

能源资源的开发利用既是推动人类文明发展的必要活动，也是工业革命以来产生愈发严峻的现代意义上的环境污染和生态破坏问题的重要成因。[1] 现行自然资源法、能源法体系并没有或者说只有很少关于资源能源开发行为的制度规制，且多是原则性规定矿产资源、煤炭、石油等重要自然资源和能源的开发必须遵守有关环境保护的法律规定。例如，《矿产资源法》第32条规定，开采矿产资源应当遵守法律，必要时应当给予补救措施，可对于开发过程中的生态保护、矿渣的回收利用并没有规制。又如，《煤炭法》第11条规定，要在遵守环境保护的相关法律前提下开发和利用煤炭资源，但并未设立与之对应、具体的绿色生产和消费法律制度。

（三）规制包装行业的法律缺失

互联网经济带来快递业和外卖行业的飞速发展，伴随而来的是包装和一次性用品量飞速提升。2019年仅"双11"一天，全国处理快件5.35亿件，全国整年有快件数百亿件，编织袋、塑料袋、纸箱等快递垃圾回收利用率极低，最终直接进行填埋或焚烧，对环境造成巨大污染。我国相关法律法规规定，对可再生资源进行回收再利用、禁止过度包装。例如，《消费者权益保护法》第5条第3款规定，"国家倡导文明、健康、节约资源和保护环境的消费方式，反对浪费"；《固体废物污染环境防治法》第68条第2款规定"生

---

[1] 参见于文轩：《绿色低碳能源促进机制的法典化呈现：一个比较法视角》，载《政法论坛》2022年第2期。

产经营者应当遵守限制商品过度包装的强制性标准,避免过度包装"。国务院办公厅先后颁布了《国务院办公厅关于限制生产销售使用塑料购物袋的通知》《国务院办公厅关于治理商品过度包装工作的通知》等多项行政法规文件,但后续具体制度构建情况不尽如人意。2021年8月,市场监管总局发布新修订的《限制商品过度包装要求 食品和化妆品》强制性国家标准,这一强制性规定在一定程度上对包装行业起到了限制作用,但法律的缺失依然不利于绿色发展理念的执行。2022年4月,中国消费者协会联合14家单位发出倡议,反对商品过度包装。[1] 当下,应充分认识反对浪费、特别是反对过度包装等具体工作的重要性和紧迫性,出台"限制商品过度包装条例",明确限制商品过度包装的基本要求、设计结构要求、材质要求和成本要求等,规定包装废弃物管理要求。

(四)规制绿色农业和绿色产品消费的法律缺失

我国农业依赖大量化肥和农药的持续投入以维系高产出的生产方式,带来的弊端逐渐显现。比如,土地板结,生产力直线下降;农药残留,食品安全受到威胁;大量化肥农药的使用污染土壤和水;等等,对生态系统造成严重损害。2012年我国修正了《农业法》,根据第57条的规定,应发展生态农业,建立农业资源监测制度,但对于生产材料的使用、农产品剩余物质综合利用与循环处理规制不足,技术升级不够。目前,绿色产品生产和消费市场鱼龙混杂,缺乏规范,严重制约了绿色生产和消费的健康发展,亟须通过制定相关的法律和标准体系来完善。

---

[1] 参见中国消费者协会:《中消协等单位联合倡议:"反对商品过度包装 践行简约适度理念"》,载 https://www.cca.org.cn/zxsd/detail/30415.html,最后访问时间:2022年5月1日。

(五) 促进绿色消费的法律缺失

自 2002 年《清洁生产促进法》颁布以来，多项促进绿色消费的行政法规文件陆续出台，但是在绿色消费领域，尚无系统完整的基本法或专门法。仅有《政府采购法》《循环经济促进法》等以法律形式规范和引导绿色采购行为，其约束主体只包括政府，对绿色采购行为的具体采购标准及责任均未作明确阐述。由此可见，在具体实践的关键环节仍存在法律缺失。我国应适时出台专门的"绿色消费促进法"，全面考虑消费过程中的购买、使用、处置等环节，对消费活动中的各类主体进行规范引导，明确主体权责及针对主体特定行为的激励或处罚措施，促进绿色消费制度的建立和完善。同时，完善现行法律、法规、规章及规范性文件中与绿色消费相关的规定。例如，出台"绿色采购法"，提高绿色采购的法律效力位阶，明确绿色采购的定义、主体、采购标准及义务责任，细化操作规程，完善监督体系，加强经济扶持政策。

四、市场机制、法律制度有待完善

在中国绿色生产和消费政策发展的早期，的确存在市场机制、法律机制的薄弱问题。有研究者将其总结为奖惩机制和市场机制方面的两大类缺陷。

1. 奖惩机制的缺陷主要有以下几个方面：一是征税机制。它往往伴随着部门利益的博弈。在制度设计上，资源税自身定位不合理，导致单位税额和计税缺乏依据，面临征税范围过窄的窘境。消费税、城镇土地使用税、耕地占用税和车船使用税则面临征税范围过窄、高污染产品征税不到位、单位征税额较低的问题。二是税收减免机制。它未能实现鼓励产业发展优惠的积极效应，其中，增值税的减免设置未能及时更新，对节能环保产品和垃圾处置的免税范围过窄，对于企业所得税减免的条件苛刻。三是财政补贴机制。由于财政补贴立法的落后，政府部门出现多头管理的情形，导致效率低下,不利于绿色农业的发展,具体表现在对绿色农业的补贴方式单一,补贴数量不足。与之配套的清洁生产缺乏引导性资金的支持。四是排污收费机制。由于立法层次较低,地方认识相对不到位,同时缺乏部门监管,导致排污收费标准不统一。五是投融资机制。对于绿色农业,服务机构的业务范围过窄,缺乏商业化的融资渠道和融资手段,导致供给主体和投资主体单一,无法有效实现绿色发展。

2. 在市场机制本身的建设方面,存在以下问题:

(1) 关于价格形成机制。我国尚未形成切实有效的资源价格管制机制,并且资源开采特许权和资源开采市场的竞争机制仍有待完善。例如,随着时代发展,居民生活用水不断增加,提高水资源利用率,实现可持续发展的目标成为水价机制面临的新挑战。当下缺乏对高新技术企业、清洁能源类的生产者和消费者的自然资源价格政策。此外,石油、天然气价格形成机制改革推进缓慢,管道燃气超定额加价政策尚待推广;土地闲置费征收管理办法和城市配套费的征收办法亟待完善。

(2) 关于交易机制。排污权交易制度等市场型交易机制的实施离不开政府公权力的合理干预。作为并不完全自发的市场行为,排污权交易在实施中也面临"以政代企"的局面。除此之外,环境权交易市场机制也存在若干问题。例如,法律规定自然资源属于国家所有,致使政府在自然资源开发中过度介入,市场基础作用难以发挥,造成自然资源配置效率低下。

(3) 关于市场准入和退出机制。我国绿色经济的市场准入和退出程序设计不够严谨,在审批程序上不够规范、透明,存在审批部门较多、审批手续繁琐复杂等问题,导致市场准入权限划分模糊、虚化市场功能,出现市场混乱的情形。例如,在淘汰落后产能方面,简单强制性淘汰方式的负作用很大。[1]

2015年以后,随着我国在环境保护政策方面的积极转型,市场机制法律制度受到越来越多的重视。例如,《工业和信息化部办公厅关于开展绿色制造体系建设的通知》中,将"市场驱动,政府引导"作为建设绿色制造体系的基本原则。2018年发布的《中共中央、国务院关于全面加强生态环境保护 坚决打好污染防治攻坚战的意见》中,对市场机制的顶层设计给予了充分的重视。尽管现阶段市场机制的重视主要还是集中在财税价格领域,可以预见的是,随着环境治理体系的进一步完善,与绿色生产和消费有关的市场机制、法律机制、法律建设也将不断取得进展。

五、公众参与法律途径狭窄

公众既是环境监督的"先锋哨"和环境保护执法的支撑力量,也是消费者的核心群体,是绿色生产最大的目标群体。公众参与绿色生产和消费,才能促进绿色生产的发展,才能使绿色消费深入人心,成为一种生活方式。纵观世界,德国、日本和美国等国对公众参与都高度重视。德国以法律形式明确行业协会及行业自律的重要性;日本对加强公众环境教育也作出了明确规定;美国以环评制度为工具更为直接地赋予了社会团体及公众以诉权,鼓励公众监督。

---

[1] 参见杨朝飞、[瑞典]里杰兰德主编:《中国绿色经济发展机制和政策创新研究》(上册),中国环境科学出版社2012年版,第174~175页。

表 2-2 中国公众参与绿色发展相关的立法

类别	文件名称	具体体现
环境保护相关法律	《环境保护法》（2014 年）	第 5 条、第 53~58 条
	《大气污染防治法》（2018 年）	第 7 条第 2 款、第 31 条、第 50 条第 1 款
	《清洁生产促进法》（2012 年）	第 6 条第 2 款、第 16 条第 2 款、第 30 条
	《草原法》（2021 年）	第 5 条
	《森林法》（2019 年）	第 10 条、第 12 条、第 13 条
	《野生动物保护法》（2022 年）	第 5 条第 2 款、第 6 条、第 9 条
	《水土保持法》（2010 年）	第 8 条、第 9 条、第 33 条
	《防沙治沙法》（2018 年）	第 3 条、第 8 条、第 24 条、第 33 条
	《固体废物污染环境防治法》（2020 年）	第 11 条、第 12 条、第 31 条
	《水法》（2016 年）	第 6 条、第 8 条第 3 款、第 11 条
	《水污染防治法》（2017 年）	第 11 条
	《环境影响评价法》（2018 年）	第 5 条、第 11 条、第 21 条
	《海洋环境保护法》（2017 年）	第 4 条
能源开发、利用相关法律	《节约能源法》（2018 年）	第 8 条第 2 款、第 9 条第 1 款
	《循环经济促进法》（2018 年）	第 3 条、第 10 条、第 46 条第 1 款
	《可再生能源法》（2009 年）	第 9 条第 2 款

如表 2-2 所示，我国现行公共参与绿色发展的相关立法并不少，但对其设专章规定的只有环境基本法《环境保护法》，其他立法较少涉及公众参与环境保护，且多为规定公民举报监督的权利、公众参与的相关义务和奖惩呈现，对于参与内容与保障手段规定的并不具体。2015 年，原环保部公布《环境保护公众参与办法》，明确了公众参与机制和政府职能部门的职责。这虽然在一定程度上弥补了法律规定的不足，但在立法效力、内容的可操作性等方面都有待提升。[1]

现行法律中的公众参与制度不健全、公众参与法律途径狭窄，制约了我国绿色生产和消费的发展。

六、法律制度之间缺乏体系性

围绕立法目的而设计的法律制度应该是一个有机整体，共同推动法律目标的实现，但我国现行的一些法律制度呈现缺乏整体性的倾向，很难发挥体系化的价值，法律的目标也很难实现。

近年来，我国虽然对环境资源法律法规进行诸多修改并制定相关法律法规，但清洁生产、循环促进等相关法律法规及其配套规定的制定、修改、清理等工作进展缓慢。

一方面，在环境保护领域，我国相关立法制定的时间和相关制度颁布的时间不一，各项法律法规及制度之间的衔接性和协调性有所欠缺。例如，生产者责任延伸制度规定了生产者应当在产品回收利用阶段尽到回收义务，而依据《废弃电器电子产品回收处理管理条例》，生产者交纳一定基金费用即算履行了相关义务，两者对责任义务的规定并不一致。再如，绿色采购制度需要相应的绿色标志等制度的健全，现阶段我国绿色标志混乱，缺乏法律的有效规制。另一方面，我国现行没有一部专门根据绿色发展的要求而设立的法

---

[1] 参见岳小花:《公众参与绿色低碳发展探析》，载《环境保护》2017 年第 20 期。

律，各部门法之间缺乏协同，难以应对环境整体性治理的要求。例如，刑法和民法对自然资源资产产权制度的问题较少重视，行政法在绿色发展领域对于政府的权利义务和职能分配规定不足，经济法对于绿色金融、碳排放交易市场、绿色消费激励机制等问题规制不全面。除此之外，绿色发展价值取向的实现，需突破认知上的分歧，使各个部门法律之间密切配合，形成协同效应。我国法律在"可持续发展""循环经济发展"等理念指导下，规制重点开始从末端治理向绿色发展转变，绿色生产和消费的相关立法也应当按照"基础性法律——综合性法律——专项性法律""中央——地方"等法律层级形成协调统一的法律体系。

第二节 我国绿色生产和消费法律实施问题梳理

一、法律实施的配套制度和办法有待完善

在推进绿色生产和消费的过程中，相关的配套制度和办法存在诸多问题，有待完善。主要体现在：

第一，有关配套制度和办法出台的时间存在拖延滞后现象。在立法中有时存在理想化倾向，缺乏与履行相关职责的政府主管部门的协调，导致与之配套的制度和办法出台滞后，长期缺位。例如，《循环经济促进法》第12条规定了编制全国循环经济发展规划的职责，但直到2010年底，国家发改委才发布《循环经济发展规划编制指南》。该法第14条规定了循环经济评价指标体系制度，但直到2017年，国家发改委、财政部、原环保部、国家统计局联合发布《循环经济发展评价指标体系（2017年版）》。在这些具体的配套制度出台之前，相关法律条文长期处于空置而无法落地的状态。又如，使用财政资金的公共机构的绿色消费活动对于引领全社会的绿

色消费趋势、培育绿色生产方式具有重要作用。我国在《政府采购法实施条例》《环境保护法》《清洁生产促进法》《循环经济促进法》《固体废物污染环境防治法》《大气污染防治法》《节约能源法》等法律条文中有相应的要求，但是尚未出台专门的政府绿色采购法律。而且从法条的具体内容上看，还只是对于政府及国有企事业单位应优先采购绿色产品提供了原则性指导意见，而对于政府绿色采购的主体范围、采购标准、产品总额占政府采购总额的比重、法律责任等具体操作细节并没有明确的规定。尽管有《政府绿色采购清单》等一些初步的制度尝试，但完整的绿色政府采购制度尚有待建立。

第二，配套制度和办法有时过于简单，可操作性有待进一步提高。以住房和城乡建设部制定的《绿色建筑标识管理办法》为例，其中规定了由项目建设单位、运营单位和业主单位提出申报，由住房和城乡主管部门进行形式审查、在形式审查后再组织专家进行审查的双重审查规定。其中，第15条规定了专家现场核查制度，但是对于专家的资格、来源、选任方式、报酬等，均无进一步的规定。又如，该办法第21条规定了信息上报制度、第22条规定了限期整改制度，在此基础上，在第23条[1]规定了相应的法律责任，但可操作性存疑。若仅有项目运营单位或业主的定期上报，而未规定主管部门的定期检查以及对社会举报的受理，住建部门怎样获得关于未完成整改和伪造技术资料及数据方面的信息？在关于标识管理的关键性问题上，该办法在可操作性上存在一些疏失。此外，该办法第20条规定得有些抽象和含糊，宣示性大于可操作性，与

---

[1]《绿色建筑标识管理办法》第23条规定："住房和城乡建设部门发现获得绿色建筑标识项目存在以下任一问题，应撤销绿色建筑标识，并收回标牌和证书：（一）整改期限内未完成整改；（二）伪造技术资料和数据获得绿色建筑标识；（三）发生重大安全事故。"

"尽可能消除模糊和兜底条款"的"放管服"改革精神不符。

第三，配套制度和办法有时缺乏绩效考评、透明度和问责等方面的规定，无法确保执法效果的改善和行政管理的持续优化。以环保"领跑者"制度为例，建立该制度不仅是贯彻落实《环境保护法》第21条[1]有关规定的要求，也是贯彻落实《大气污染防治行动计划》[2]、《水污染防治行动计划》[3]、《中共中央、国务院关于加快推进生态文明建设的意见》[4]有关规定的要求。但是在2015年，由财政部、国家发改委、工信部和原环保部联合制定的《环保"领跑者"制度实施方案》中，仅简单提及了由"底线约束"向"先进带动"转变的"基本思路"，提出了环保产品达到《环境标志产品技术要求》且为同类型可比产品中环境绩效领先的产品、推行绿色供应链环境管理、产品为量产的定型产品、生产企业为大陆境内合法的独立法人等四项入围评选的"基本要求"，规定由第三方机构组织环保"领跑者"的遴选和发布工作，每年遴选和发布一次"遴选和发布"安排，以及"建立标准动态更新机制""加强管理""激励政策""加强宣传推广"等四项"保障措施"。《环保"领跑者"制度实施方案》全文仅1600余字，无具体时间表、无具体考评要求、无实质性的保障措施。2016年，原环境保

---

[1] 《环境保护法》第21条规定："国家采取财政、税收、价格、政府采购等方面的政策和措施，鼓励和支持环境保护技术装备、资源综合利用和环境服务等环境保护产业的发展。"

[2] 《大气污染防治行动计划》（国发〔2013〕37号）中规定，"分行业、分地区对水、电等资源类产品制定企业消耗定额。建立企业'领跑者'制度，对能效、排污强度达到更高标准的先进企业给予鼓励"。

[3] 《水污染防治行动计划》（国发〔2015〕17号）中规定，"健全节水环保'领跑者'制度。鼓励节能减排先进企业、工业集聚区用水效率、排污强度等达到更高标准，支持开展清洁生产、节约用水和污染治理等示范"。

[4] 《中共中央、国务院关于加快推进生态文明建设的意见》（中发〔2015〕12号）中规定，"加快制定修订一批能耗、水耗、地耗、污染物排放、环境质量等方面的标准，实施能效和排污强度'领跑者'制度，加快标准升级步伐"。

护部印发的文件中提到推行环保"领跑者"制度的相关内容[1];2018年,生态环境部印发的文件中提到,"加快建立生态环境保护'领跑者'制度,探索建立'领跑者'财政补贴、金融信贷支持等政策"[2],但规定均缺乏操作性。由此回看,2015年四部门发布的《环保"领跑者"制度实施方案》不免有为落实而落实的意味,而在缺乏明确的绩效考评和实质性的问责规定的情况下,对此种情形尚无法有效制约。

第四,治理能力欠缺影响有关法律要求的具体落实。例如,《循环经济促进法》第41条和《固体废物污染环境防治法》第43条均规定了县级以上人民政府是生活垃圾分类管理工作的责任主体,即主要由地方政府主导、依靠"块"的体系推行,与绿色生产和消费的许多工作由部委主抓、即主要依靠"条"的体系推行不同。通过对与生活垃圾分类有关的28部地方法规的分析发现,相关地方法规普遍存在立法中"重政府监管、轻公民参与和市场激励",与上位法、同位法同质化程度高,倡导性、宣示性、号召性条款偏多,部分条文模糊、缺乏针对性等问题。[3] 由此可见,在规则创制和实施方面,只有地方政府的治理能力不断提高,方能确保生活垃圾地方立法真正管用、有用和够用,实现垃圾分类地方立法的"良法善治"。同时,省级人民政府和国务院有关部门应按照《生活垃圾分类制度实施方案》的要求,加强指导和协调,改进地方政府的治理绩效。

---

[1] 参见《环境保护部关于积极发挥环境保护作用促进供给侧结构性改革的指导意见》(环大气〔2016〕45号)。
[2] 《生态环境部关于生态环境领域进一步深化"放管服"改革,推动经济高质量发展的指导意见》(环规财〔2018〕86号)。
[3] 蒋云飞:《我国生活垃圾分类地方立法的可操作性研究——基于28部地方性法规的文本分析》,载《中南林业科技大学学报(社会科学版)》2020年第6期。

二、执法主体部门分割、协调机制不畅

绿色生产和消费法律的实施涉及多个执法部门，各个执法部门分工明确、协作顺畅是实现绿色生产和消费法律目的的重要保障。然而，在相关法律实施的过程中，各执法主体部门分割，缺乏有效的协作机制。

以《清洁生产促进法》的实施为例，该法的实施涉及多个执法主体，存在交叉执法、执法标准不统一的现象，各执法主体缺乏协调合作机制，影响了该制度目标的实现。首先，各个执法部门各自为政，针对同一事项，分别发布不同的标准，对守法主体造成极大的困扰。例如，国家发展和改革委员会、原环境保护部、工业和信息化部分别发布了清洁生产评价指标体系、清洁生产标准和清洁生产水平评价指标体系，没有形成统一的标准体系，行业和企业发展也受到相应的掣肘。[1] 其次，多头执法致使监管主体模糊。清洁生产审核制度是该法规定的一项重要制度，法律规定应该实施强制清洁生产审核的企业应将审核报告向清洁生产综合协调部门和生态环境部门报告。企业需同时向两个部门报告，究竟哪个部门是监管部门，不清晰。再次，标准不统一造成执法的混乱。生态环境主管部门负责重点企业强制性清洁生产审核，而工业和信息化主管部门负责企业自愿性清洁生产审核，两者的审核内容、标准等均不统一，前者更注重污染物排放情况，后者更关注企业的节能空间。[2] 应该基于立法目标，对清洁生产审核的内容和标准进行整合和统一。最后，执法主体交叉且缺乏协调机制使得各制度之间难以形成合力，以共同推动绿色发展目标。

---

〔1〕 参见白艳英、马妍、于秀玲：《修订完善〈清洁生产促进法〉的思考》，载《环境保护》2011年第21期。

〔2〕 参见刘英民、刘钊：《重点企业清洁生产审核工作评价——以青岛某区为例》，载《再生资源与循环经济》2020年第9期。

例如，自愿清洁生产审核制度的执法部门与污染源达标排放、总量减排监管部门不同，使得清洁生产审核制度与达标排放、总量减排制度难以有效地协调起来。在法律实施过程中，清洁生产审核制度与其他相关污染控制制度衔接不畅，难以与其他制度形成协同效应。

立法机关也考虑到清洁生产的促进需要各行政部门的协调，因此在法律里规定了国家层面的清洁生产综合协调部门即国务院清洁生产综合协调部门。然而，该部门的法律性质、法律地位、运行机制及权责配置等问题不明晰，使得其协调职能未能充分发挥作用。2002年的《清洁生产促进法》第5条规定，国务院经贸行政主管部门负责全国清洁生产促进的工作。2003年国务院机构改革，该部门被撤销，其促进资源节约与综合利用等相关职能划入国家发展和改革委员会新成立的环境与资源综合利用司。《国务院办公厅转发发展改革委等部门关于加快推行清洁生产意见的通知》（国办发[2003] 100号）中明确提出，由各级发展改革（经贸）行政主管部门负责组织、协调清洁生产促进工作。2004年的《清洁生产审核暂行办法》明确了国家发改委和原国家环保局负责企业清洁生产促进工作。2008年，《国务院办公厅关于印发国家发展和改革委员会主要职责内设机构和人员编制规定的通知》（国办发[2008] 102号文件，以下简称三定方案）明确其综合协调环保产业和清洁生产促进工作。2012年的《清洁生产促进法》第5条修改为由国务院清洁生产综合协调部门负责组织、协调全国的清洁生产促进工作。但是，国务院清洁生产综合协调部门的法律属性不清晰。它不属于国务院议事协调机构，根据现有的机构设置，我国又没有一个专门的国务院清洁生产综合协调部门。从《清洁生产法》立法释义可以看出，立法机关意在国家发改委行使其三定方案中的综合协调全国清洁生产重要事项的职责时，以法律拟制的"国务院清洁生产综合协调部门"组织多个相关部门参与。[1] 但是，这个国务院清洁生产综合协调部门却缺乏独立性，没有自己的公章，无法以自己的名义行使行政权力，相应地，也无法独立地承担法律责任。

部门分割、缺乏协作的行政执法现状不仅造成严重的内耗，影响绿色生产和消费目标的实现，而且容易导致严重的后果。2019年3月21日，江苏省盐城市响水县的天嘉宜化工有限公司发生特别重大爆炸事故，造成78人死亡、76人重伤、640人住院治疗，直接经济损失198 635.07万元。党中央、国务院组织的事故调查组认定事故的直接原因是企业旧固废库内长期违法贮存的硝化废料持续集热升温导致自燃，燃烧引发硝化废料爆炸。这起事故涉及应急管理、生态环境、工业和信息化、市场监管、规划、住建等省市县三级监管部门十余个，这么多部门享有不同的执法权，但部门之间缺乏有效的协调机制，致使隐患长期存在，直到集中爆发爆炸事件。《响水事故调查报告》指出，该企业长期违法贮存硝化废料，最长贮存时间甚至超过7年，响水县应急管理局对发现的固废库长期大量贮存危险废物的问题，未及时向生态环境部门提出并推动解决。监管部门职能分化、部门分割、缺乏协调沟通工作机制是造成该起严重事故的重要原因。

绿色生产和消费法律制度的实施需要多部门的协作，由于多部门协作机制缺乏制度化和规范化，在实际执行过程中很容易形成为了维护各部门的利益而各自为政的局面，在有部门利益的地方争抢着去做，而对于没有利益的职责则怠于履行，部门之间缺乏长效的沟通协调机制。跨部委的协作仅凭中央难以形成长效的协作机制，亟需建立起规范化和制度化的绿色生产和消费行政执法多部门协作

---

[1] 参见贺光银、方印、张海荣：《论国务院清洁生产综合协调部门职能》，载《陕西行政学院学报》2017年第1期。

机制。

三、行政履职缺乏有效监督

现行绿色生产和消费法律制度仍以行政规制为主，行政机关是否依法履行了职责，决定了绿色生产和消费法律制度实施的效果。响水爆炸事件充分暴露出行政机关在履行对资源利用与废物处置行为的监管职责时，多年来存在失职与违法行为，但因缺乏有效的监督机制，这些违法失职行为未能得到有效的制止和惩处，致使造成严重后果。《响水事故调查报告》显示，该企业多次违反《环境保护法》《环境影响评价法》《固体废物污染环境防治法》《城乡规划法》《安全生产法》及相关办法，违法处置固废、偷排废水、未批先建等，但相关行政部门怠于履行职责或者违法作为，为事故爆发埋下祸根，暴露出行政机关履行职责缺乏有效监督的现状。例如，市、县环保部门进场检查发现有违法贮存和处置废料的行为，但对该行为未依法查处；对举报偷埋固废以及上级机构交办的硝化废料问题未严格按照程序办理，对环评机构弄虚作假失察等。各相关部门在该企业未清理完毕固废、未整改到位的情况下即同意其复产，结果在复产后不久即发生重特大事故。

行政机关在行使绿色生产和消费相关职责时缺乏有效的监督机制，原因是多方面、多层次的。

第一，现行绿色生产和消费法律规定了大量行政职责，但是部分行政职责缺乏相应的法律责任和监督机制。行政机关不履行法定的职责，难以被追究法律责任。例如，《循环经济促进法》第15条规定了国务院循环经济发展综合管理部门会同国务院有关部门规定"强制回收的产品和包装物的名录及管理办法"，但没有规定相应的法律责任和监督机制。

第二，绿色生产和消费领域涉及大量行政调控职能，行政机关履行调控职能时更是缺乏监管，易导致权力寻租现象。绿色生产和消费相关法律法规及政策为行政机关规定了大量调控职能。这些调控职能大部分属于行政裁量权，即行政主体可以根据法律规范设定的范围、限度、标准或原则，按照自己的理解做出判断和处置。[1]绿色生产和消费领域需要广泛的行政裁量权，但行政裁量权容易被滥用或行使不当，因此，行使行政裁量权需要遵循合法性原则、合理性原则、行政自我拘束原则[2]，并履行法定的程序。同时，对行政裁量权的行使还须有完善的监督制约机制，包括立法统制、行政统制、司法统制及社会统制等。[3]然而，绿色生产和消费领域大量行政裁量权的行使缺乏完善的程序与有效的监督制约机制，国家通过投入大量资金来推动、引导绿色生产和消费，而一些相关部门工作机制不健全，缺乏有效的监督制约机制，成为腐败滋生的温床。

第三，绿色生产和消费领域存在以政策代替法律的现象。[4]政策具有灵活性、适时性等优点，绿色生产和消费领域需要政策的推动。与绿色生产和消费相关的行政行为多以政策作为依据。然而，政策的多变与不确定性使得其很难受到有效的监督。此外，政策制定及行使过程中程序不完善，缺乏公开透明的机制，过程性的协商、制衡与监督机制不健全。因此，以政策替代法律来推动

---

[1] 根据法律规范对行政行为拘束的程度不同，行政行为可以分为羁束行为和裁量行为。前者是指其要件及内容都由法律规范具体规定，行政主体在处理行政事项时，严格按照法律规定办理，没有行政主体裁量的余地。后者的要件和内容不受法律规范的严格拘束，承认行政机关具有一定的裁量余地。参见杨建顺：《行政裁量的运作及其监督》，载《法学研究》2004年第1期。

[2] 行政自我拘束的原则是指行政主体如在某个案件中作出一定内容的决定或者采取一定的措施，那么其后的所有类案均受之前作出的决定或采取的措施的拘束，即对有关行政相对人作出相同的决定或采取相同的措施。参见杨建顺：《行政裁量的运作及其监督》，载《法学研究》2004年第1期。

[3] 参见杨建顺：《行政裁量的运作及其监督》，载《法学研究》2004年第1期。

[4] 参见俞金香：《〈循环经济促进法〉制度设计的问题与出路》，载《上海大学学报（社会科学版）》2019年第4期。

绿色生产和消费发展，或许短期内有一定的效果，但从长期来看，其弊端会更充分地暴露出来，很难机制性地推动绿色生产和消费的持续发展。

第四，绿色生产和消费领域缺乏社会监督机制。发展绿色生产和消费的最终目的是服务于社会公众的需求，该领域的社会监督具有正当性。公众及其他社会主体作为纳税人及最终的受益人，具有监督绿色生产和消费行政行为的内驱力。相比于国家机关内部的监督制衡机制，社会监督还具有独立性。因此，大力发展社会监督是避免滥用或者怠于履行绿色生产和消费行政职权的重要路径。在现行绿色生产和消费法律制度的实施过程中，公众参与的途径不畅，公众的监督举报权缺乏保障机制。亟待完善社会监督机制，加强对绿色生产和消费领域行政履职的监督。

四、司法监督薄弱

为考察绿色生产和消费领域司法监督的现状，本书选取了绿色生产和消费领域最具代表性的法律——《循环经济促进法》，对其司法适用进行了分析。在裁判文书网以《循环经济促进法》为主题词检索，搜到464篇文书，排除相关性不强的案件，合并一审、二审和再审案件为一个案件，本书对307个案件进行了分析。[1]

《循环经济促进法》正文共57条，通过全文检索，排除相关性不强和适用不当的案例，裁判文书中涉及的法条共计18条，包括总则部分的第2条、第3条、第4条、第5条、第6条，基本管理制度章的第12条，第三章减量化部分的第18条、第23条、25条，第四章再利用和资源化部分的第29条、第30条、第36条、第37

---

[1] 本部分研究的案例裁判文书均来自裁判文书网的检索，载 https://wenshu.court.gov.cn/website/wenshu/181029CR4M5A62CH/index.html，最后访问时间：2022年3月1日。除了个别案例，大部分案件裁判文书不再一一注明网址链接。

条、第 39 条、第 40 条，法律责任部分的第 49 条、第 54 条、56 条。这些法条大部分被当事人用来说明自己行为的合法性，只有不到 1/5 的案例中，法院在查明事实和运用法律时涉及该法的 12 个法条，包括第 2 条、第 3 条、第 5 条、第 6 条、第 18 条、第 23 条、第 25 条、第 39 条、第 40 条、第 49 条、第 54 条、第 56 条。法院在审理案件时运用到该法律，才能显现出司法监督的意义。从以上分析可以看出，自该法 2009 年开始实施至今，大部分法条涉及的行为尚未进入司法审查的范围。

通过分析上述案件可知，涉及该法的案件主要集中在第 23 条规定的禁烧黏土砖行为和第 25 条规定的合理使用期限内的房屋非因公共利益不得拆除的行为，这两个法条涉及的案件数量占比为总分析案件数量的 96%。其中，涉及禁烧黏土砖行为的案件共 118 件，超过总分析案件量的 38%；涉及第 25 条规定的案件共 177 件，占总分析案件量的近 58%。绿色生产和消费领域的司法监督对象有两类，一类是行政主体，另一类是市场主体。上述案件集中在对行政行为的监督上，主要涉及对黏土砖厂强制关闭和拆除，房屋行政征收、补偿等行为的合法性审查。

从行政行为监督的结果来看，绝大部分案例以该法第 23 条为依据认可了行政机关责令粘土砖厂关停行为的合法性，个别案例中因黏土砖厂拆除程序上或法律适用上的问题确认行政行为违法。从循环经济法淘汰落后产能的立法目的来看，该法条的实施起到了较好的效果，并配合行政强制法等法律的运用对涉及的行政行为进行了较有效的司法监督。但案件的过度集中也说明该法条在实施的过程中有激化社会矛盾的倾向。详细研究判决书便可发现，矛盾的激化主要在依据相关的政策而非该法的强制拆除行为上。另外，不同地区对于烧粘土砖的企业行为在适用法律上具有不同的标准，一些地区（如内蒙古）因烧粘土砖入刑；一些地方砖厂被强拆，无补偿；一些地方砖厂被拆，有补偿。这说明我国绿色生产和消费行为的司法监督标准不统一，长期来看会影响环境法治的公平与秩序价值。

该法第25条的司法监督效果较一般。该法条在减量化章中，可推测其立法目的在于减少建筑垃圾的产生，延长房屋的使用寿命。但通过考察涉及该法条的177个案件可以发现，司法监督在该目的的实现上发挥的作用极其有限。这些案件中少量的诉讼是个人针对政府不予拆迁的行为，政府适用该法条的规定作出不予拆除房屋的决定均获得法院的确认，通过司法审查确认了行政行为的有效性，发挥了一定的作用。然而，这些案件数量极少，大部分案件是针对行政征收、拆迁或补偿行为提起的诉讼，但这些诉讼中仅有少量案件的裁判文书中显示法院对该法律的适用进行了阐释，法院通过审查认为即使不到使用年限的房屋征收和拆迁也符合公共利益的目的，行政机关的行为具有合法性。虽然少量的房屋行政征收、拆迁或补偿案件中行政行为被确认违法，但法律依据并非该法，多数是因为实施行政行为的程序不完善或法律适用错误被确认违法，和该法条的规定没有关系。

另外值得关注的是，该法第2条、第3条成为法院在环境民事公益诉讼中能动司法的法律依据。法院依据这些法条允许企业将采取技术改造、产业升级的部分费用抵扣一定比例的生态环境损害赔

第二章 我国绿色生产和消费法律制度基本问题梳理

偿款,以达到促进循环经济发展的目的。[1]

表2-3 《循环经济促进法》相关案例分析列表

案件裁判文书涉及法条	案件数量	案件类型	司法监督特点	司法监督的效果评估
第2条:循环经济概念的定义 第3条:发展循环经济的战略和方针	9	1. 征收补偿决定行政诉讼(3件) 2. 环境民事公益诉讼(5件) 3. 生态环境损害赔偿(1件)	1. 监督行政机关作出行政决定时听取公众意见。 2. 监督企业对固体废物进行减量化、再利用和资源化。 3. 作为法院能动司法的法律依据,引导企业发展循环经济。	部分案件的裁判文书中法院在阐述案件事实和分析法律部分提到相关法条,在环境民事公益诉讼的案件中,作为法院引导企业发展循环经济的法律依据,对促进企业技术改造、产业升级和固体废物的综合利用起到一定的作用。

---

[1] 参见江苏省高级人民法院:《泰州市环保联合会与江苏常隆农化有限公司、泰兴锦汇化工有限公司等环境污染责任纠纷二审民事判决书》,(2014)苏环公民终字第00001号,载中国裁判文书网:https://wenshu.court.gov.cn/website/wenshu/181107ANFZ0BXSK4/index.html?docId=cbccc8ce76ac49a4a727adcdc2053e24,最后访问时间:2022年3月10日;重庆市高级人民法院:《顺泰公司瑜煌公司与鹏展公司重庆市人民检察院第五分院环境污染责任纠纷二审民事判决书》,(2020)渝民终387号,载中国裁判文书网:https://wenshu.court.gov.cn/website/wenshu/181107ANFZ0BXSK4/index.html?docId=ee8de98e21ce48ed899dacbd00b23e3a,最后访问时间:2022年3月10日;江苏省无锡市中级人民法院:《江阴市海隆汽车销售服务有限公司一审民事判决书》,(2019)苏02民初281号,载中国裁判文书网:https://wenshu.court.gov.cn/website/wenshu/181107ANFZ0BXSK4/index.html?docId=68498fea7b3c4296b09babbf00a291c4,最后访问时间:2022年3月10日;江苏省无锡市中级人民法院:《江阴星现汽车销售服务有限公司一审民事判决书》,(2019)苏02民初282号,载中国裁判文书网:https://wenshu.court.gov.cn/website/wenshu/181107ANFZ0BXSK4/index.html?docId=287e22c752da4d83b46babbf00a2aec8,最后访问时间:2022年3月10日。

续表

案件裁判文书涉及法条	案件数量	案件类型	司法监督特点	司法监督的效果评估
第4条：发展循环经济的前提和原则 第23条第2款：固体废物生产建筑材料和散装水泥等的鼓励条款	1	行政诉讼	监督行政机关有关散装水泥的行政行为是否符合法律规定。	原告败诉，相关政策与法律规定相冲突，但未能通过司法审查解决，未能起到监督的作用。
第12条：循环经济发展规划的相关规定	1	房屋征收行政诉讼	本法条与第25条共同运用，监督政府的房屋征收行为应符合循环经济发展规划。	法院未审查本法条的适用与否，原告败诉，未起到监督作用。

续表

案件裁判文书涉及法条	案件数量	案件类型	司法监督特点	司法监督的效果评估
第23条第3款：禁止损毁耕地烧砖及禁止粘土砖 第54条：禁止生产、销售、使用粘土砖及其法律责任	118	1. 强制拆除行政诉讼 2. 行政补偿行政诉讼 3. 刑事诉讼 4. 确认合同效力民事诉讼 5. 合同履行民事诉讼	1. 对行政机关依法履行监管禁烧粘土砖职责进行监督。但司法监督具有地区差异。 2. 合同履行：因该法条第3款的出台，被告需关停砖厂，使得其无法继续履行合同。法院根据情势变更、公平原则，对合同是否继续履行进行判决。 3. 合同效力：对禁止生产的砖厂和设备进行转让，是否影响合同效力问题进行确定。	通过司法裁判确认对粘土砖厂取缔或者拆除的合法性，确认禁止生产的砖厂转让合同无效，加快污染严重的企业退出市场，保护环境。

续表

案件裁判文书涉及法条	案件数量	案件类型	司法监督特点	司法监督的效果评估
第25条第2款：延长建筑物使用寿命的相关规定	177	1. 房屋征收行政诉讼 2. 行政赔偿诉讼 3. 房屋拆迁安置补偿合同纠纷 4. 强制拆除行政诉讼 5. 行政机关申请法院强制执行	监督行政机关的行政征收和拆迁行为是否符合本款的规定，非因公共利益的需要，不得拆除合理使用寿命的建筑物。	司法监督效果十分有限。除了个别案件中政府作出的不拆除决定得到法院的支持外，大部分案件是诉行政征收和拆迁行为违反了该款规定，但法院一般不予审查，个别案件中对该款法律的适用进行审查后认为符合公共利益的条件。
第29条：县级以上人民政府应促进企业资源综合利用等的相关规定 第30条：企业综合利用工业废物的规定 第36条、第37条：国家支持废物回收等相关规定	1	生态环境损害赔偿诉讼	是国家和企业开展资源综合利用工作的法律依据，目的在于促进资源的高效利用和循环使用。	仅有一个案例：被告论证自己行为符合法律规定的依据，未被法院考虑。

续表

案件裁判文书涉及法条	案件数量	案件类型	司法监督特点	司法监督的效果评估
第39条:电器电子产品回收的相关规定 第56条:再利用产品违法责任的规定	2	1. 行政机关申请法院强制执行 2. 合同纠纷民事诉讼	规范再利用产品的销售和回收。	司法监督效果有限,一是案件数量太少,二是现有的案件不够典型,没有充分显示出司法的监督效果。
第40条第2款:再利用产品的质量规定 第56条:再利用产品违法责任的规定	3	1. 合同效力民事诉讼 2. 生命权纠纷民事诉讼 3. 执行异议之诉	目的为保障再制造产品、再翻新产品的质量。该规定为强制性规范,违反该规定订立的合同无效。同时,如果侵害健康权或生命权,承担全部责任。	对于维护消费者(购买再制造产品和翻新产品的消费者)的合法权益及保护消费者的生命健康权有一定的效果,但案件数量有限,很难全面评估效果。

通过上述对《循环经济促进法》实施的司法监督情况的分析可以发现,绿色生产和消费相关法律制度的司法监督很薄弱。主要原因是现行绿色生产和消费有关法律规定的法律责任以数额较低的行政处罚为主,民事和刑事责任弱,司法难以发挥有效的监督作用。"响水事件"中涉事企业多次严重违反法律的规定,响水县环保部

门曾对该企业违法处置固废作出 8 次行政处罚，原安监部门也对该企业的其他违法行为处罚多次，但这种以罚代改的做法反而客观上纵容了企业违法行为，终酿成大祸。单一的行政监管难以构筑起完善的监督体系，司法监督的作用有待进一步加强。

五、守法主体环境法治意识淡漠

企业是最大的一类守法主体，也是绿色生产的主体，然而企业的守法意识很弱。例如，多数企业未认真履行《清洁生产促进法》第 27 条和 28 条规定的清洁生产审核制度。清洁生产审核包括强制清洁生产审核和自愿清洁生产审核。一些已列入清洁生产强制审核名单的企业采取抵触和拖延策略。还有一些企业虽开展了清洁生产审核，但不愿投入资金实施效果更好的中费和高费方案。据有关部门统计，全国工业企业清洁生产中高费方案的实施率仅为 41.7%。[1] 一些企业清洁生产审核周期过长，企业敷衍审核甚至在审核中弄虚作假。[2]

一些企业长期违反绿色生产相关法律，习以为常，对法律缺乏敬畏。"响水事件"等集中爆发的重特大环境事件即突出反映了这个问题。可以说，普遍守法的社会氛围尚未形成，导致一些奉公守法的企业反而在市场上处于不利地位，"劣币驱逐良币"的现象还普遍存在。

为了推动绿色消费，相关规定出台要求政府部门加大绿色采购的力度，财政部和原环保部门要求采购部门明确列出采购清单中的产品，同时出台了相应的实施条例和办法。但现实中，仍有采购者、采购中心和供应商不遵照执行，我国政府绿色采购占总采购的

---

〔1〕 参见白艳英、马妍、于秀玲：《修订完善〈清洁生产促进法〉的思考》，载《环境保护》2011 年第 21 期。

〔2〕 参见任英欣：《清洁生产的立法现状及完善对策研究》，载《唐山师范学院学报》2015 年第 1 期。

比例提高缓慢，保障政府绿色采购的有效监督机制亟待建立和完善。[1]

另外，绿色生产和消费领域政策导向特征十分明显，导致相关守法主体重政策、轻法律。突出的表现就是运动式执法和执法行为政策化，不利于长期稳定的法律秩序的构建。

---

[1] 参见田凤权：《政府绿色采购及其绩效提升实现路径研究》，大连理工大学2018年博士学位论文。

第三章

绿色生产和消费法律制度构建的理论基础

生态文明和绿色发展是指导绿色生产和消费法律制度构建的基本理念。对绿色生产和消费法律制度的价值追求和特征的研究具有创新性，赋予公平、效率、秩序和安全新的内涵，并对绿色生产和消费法律制度调整内容的广泛性、调整主体的多样性、调整手段的综合性、调整目的的公益性等特征进行深入剖析，以期为推进绿色发展、完善绿色生产和消费的法律制度奠定较为完善的理论基础，为绿色生产和消费法律制度的完善提供理论支撑。

第一节 绿色生产和消费的立法理念

绿色生产和消费法律制度的构建与完善须在生态文明和绿色发展理念的指引下进行，生态文明是人类文明发展的新阶段。2007年，党的十七大提出"建设生态文明"；2012年党的十八大报告和《中国共产党章程》、2015年《中共中央、国务院关于加快推进生态文明建设的意见》和《生态文明体制改革总体方案》均强调要树立生态文明理念。绿色发展是生态文明新时期的新发展模式。2018年，生态文明建设写入我国《宪法》，成为人类社会发展历史上的一个里程碑事件。党的十九届四中全会认为"生态文明建设是关系中华民族永续发展的千年大计"，要"实行最严格的生态环境保护制度","加快建立绿色生产和消费的法律制度和政策导向……发展绿色金融"。2020年,十九届五中全会审议通过了"十四五"规划,提出"实施可持续发展战略,完善生态文明领域统筹协调机制,构建生态文明体系,推动经济社会发展全面绿色转型"。要加快推动绿色低碳发展,持续改善环境质量,提升生态系统质量和稳定性,全面提高资源利用效率。我国要在生态文明理念的指引下,走绿色发展的模式,完善绿色生产和消费的法律制度,用法治保障绿色发展目标的实现,使生态文明建设进入新的发展阶段。

一、习近平生态文明思想

生态文明建立在人与自然和谐共生的生态文明观的基础之上,是对人与自然割裂的传统工业文明方式的反思。从此前的工业文明迅速过渡到后工业的生态文明已经成为全世界绝大多数人的共识。而要实现这种文明形态的过渡,最重要的是要改变文明的文化观念,迅速地从工业文明的人类中心主义、唯科技主义、唯工具理性与主客二分的思维模式转变到有机整体的生态思维观念之上。习近平在中国共产党第十九次全国代表大会上指出:"人与自然是生命共同体。"以生态文明的理念指导绿色生产和消费法律制度的完善,要求我们在构建法律制度时要充分考虑生态价值,将生态价值纳入生产成本;尊重自然规律,不打破生态的平衡;采取措施保护自然环境;营造绿色消费的社会氛围,引导符合生态文明的健康生活方式。在历史性的成就与历史性变革中创立了习近平生态文明思想。习近平生态文明思想有着丰富的内涵,可以概括总结为"六个观",分别是:人与自然和谐共生的文明发展观、绿水青山就是金山银山的自然资本观、用最严格的制度保护生态环境的严密法治观、生态环境是最公平的公共产品的共同富裕观、发挥市场和政府共同作用的综合治理观、建设清洁美丽的世界的人类福祉观。

(一) 人与自然和谐共生

"生态兴则文明兴,生态衰则文明衰。"[1] 人与自然关系是人类社会最基本的关系。这种关系可以从历史与本质两个层面来认识。

在历史层面,人类文明史本就包含着人与自然关系的发展史。在原始社会,人类需要同自然争夺生存空间,人类需要同自然争夺生存的要素和必需的能源;在农业社会,人类开始学习改造和使用自然,不仅要从大自然得到资源来促进自身发展,还要在改造自然的同时学会欣赏自然;在工业社会萌芽时期,根据在农业经济中已有的经验,人类超额度地使用自然,生态迅速恶化;进入工业社会后,人类在表面上征服了自然,但是自然也猛烈报复,这时人类开始尝到被自然报复的恶果;未来将迈向生态文明时代,必须要建设人与自然和谐共生的生态环境。

从本质上看,人类依然是自然的一部分,任何改造自然的手段和方式都需要遵从客观规律。马克思主义经典作家都是从此出发,马克思认为"人靠自然界生活",自然界给人类提供了肥沃的土地、渔产丰富的江河湖海等生产资料来源,人类基本的生产、生活都无法脱离自然存在。恩格斯也指出:"人类不能陶醉于人类对自然界的胜利。对于每一次这样的胜利,自然界都对我们进行报复。"习近平总书记提出,"我们要站在对人类文明负责的高度,……探索人与自然和谐共生之路"[2]。

(二) "两山"理论

"绿水青山就是金山银山"是习近平生态文明思想的重要内涵。

---

[1] 中共中央文献研究室编:《习近平关于社会主义生态文明建设论述摘编》,中央文献出版社2017年版,第41页。

[2] 习近平:《在联合国生物多样性峰会上的讲话》,载《人民日报》2020年10月1日,第03版。

习近平总书记 2020 年在浙江考察时强调,"生态本身就是经济,保护生态就是发展生产力"[1]。

以"两山"理论为科学引领,首先要处理好经济发展和生态保护的关系。"绿水青山就是金山银山",绿水青山能够转化为经济发展的动力,这是由于绿水青山本身就是重要的自然资源和财富。保护绿水青山就是在保护经济生产的动力。同时,不断改善的生态环境也是经济发展的最好保护。这更说明了,实现经济高质量发展和优良的生态环境是互相促进、互相协调的重要支撑,经济发展不能以破坏生态环境为代价。此外,根据自然资本的形成过程,自然资源构成重要的生态产品的再生产资料,充分利用好自然资本的大循环,可以促进经济社会发展潜力和自然资本的循环,这本身是有机的过程。

以"两山"理论为基本指导,科学评价经济发展的绩效。发展不仅是科学发展,更是全面的发展。一个地方的经济发展水平,需要从经济生态、社会生态、环境生态等多方面考量。简单以"GDP论英雄"的时代已经过去了,绝不能不惜牺牲生态环境换取一时一地的经济增长,这将给社会发展造成严重后果。同时,将"两山"理论贯彻到区域协调发展实践中。不同区域的禀赋优势不同,需要因地制宜进行发展与保护。重点生态功能区应严格保护。在一些生态环境资源丰富又相对贫困的地区,仍应坚持新发展理念,固牢"绿水青山就是金山银山"的理念,走先脱贫后致富的共同富裕发展道路。

(三)用严格的法律制度保护生态环境

习近平总书记强调生态文明制度建设的重要性,指出:"保护生态环境必须依靠制度、依靠法治。只有实行最严格的制度、最严

---

[1] 参见《习近平在浙江考察时强调:统筹推进疫情防控和经济社会发展工作 奋力实现今年经济社会发展目标任务》,载《人民日报》2020 年 4 月 2 日,第 04 版。

密的法治,才能为生态文明建提供可靠保障。……在生态环境保护问题上,不能越雷池一步,否则就应该受到惩罚。"[1]

党的十九届四中全会提出了坚持和完善生态文明制度体系的四个重点任务。

第一,实行最严格的生态环境保护制度,从规划上、法治上、技术上以及市场与政府的共同着力上来谋划制度体系。不断完善、建立、健全国土空间规划和用途统筹协调管控制度,建立权责清晰、科学高效的国土空间规划体系。

第二,全面建立资源高效利用制度。一方面,健全自然资源产权制度,落实《宪法》第9条对自然资源公民所有或集体所有的规定。另一方面,明晰产权,健全自然资源产权制度。保证且保障自然资源的使用有法可依、有权可用,充分发挥市场的决定性作用和政府的服务性监管作用。

第三,要从生态领域的制度体系来谋划健全生态保护和修复制度。科学设置各类自然保护地,建立自然生态系统保护的新体制、新机制、新模式,为建设健康稳定高效的自然生态系统筑牢固基。同时,保持自然生态系统的原真性、完整性。

第四,要完善严格的生态环境保护责任制度。建立生态文明建设目标评价考核制度,切实提升人民群众对生态环境的获得感。推进生态文明建设并不意味着我们要遏制已有的发展,而是要以科学发展为理念、有促有控、调优调强地协调发展。在对各级党委和政府的综合考核评价中,要将自然资源利用、生态环境保护、经济增长质量等科学发展的指标纳入评价体系,将经济社会发展和生态环境保护紧密结合起来。

---

[1] 中共中央文献研究室编:《习近平关于社会主义生态文明建设论述摘编》,中央文献出版社2017年版,第99页。

第三章　绿色生产和消费法律制度构建的理论基础

（四）良好生态环境是最普惠的民生福祉

习近平总书记指出："环境就是民生，青山就是美丽，蓝天也是幸福。要像保护眼睛一样保护生态环境，像对待生命一样对待生态环境。"[1]"良好生态环境是最公平的公共产品，是最普惠的民生福祉。"[2]

生态环境没有替代品，用之不觉，失之难存。必须要加强生态系统建设和环境保护建设，以人与自然生命共同体为基础，划定生态红线，构筑生态安全格局。要积极探索生态修复保护模式、修复技术和生态工程建设措施，加大生态保护修复力度。要加强生态环境综合治理，充分利用先进生产技术，加强环境资源再生能力和生态自我修复能力。要不断提升生态环境承载能力，维护生态系统的稳定性和完整性，增强生态产品的再生产能力和发展水平。

习近平总书记明确指出："良好生态环境……是人民群众的共有财富。"[3] 而公平分配生态环境资源是一项重要原则。党的十八届五中全会提出共享发展的理念，不仅物质产品要让人民共享，自然资本分配的利益也要让人民共享。公平分配生态环境资源可以推动全体人民共同富裕。

（五）统筹山水林田湖草系统治理

生态系统治理无小事。习近平总书记强调："一定要算大账、算长远账、算整体账、算综合账。"[4] 要"算大账、算长远账、算

---

[1] 中共中央文献研究室编：《习近平关于社会主义生态文明建设论述摘编》，中央文献出版社2017年版，第8页。

[2] 中共中央宣传部编：《习近平总书记系列重要讲话读本》，学习出版社、人民出版社2014年版，第123页。

[3] 《习近平在参加首都义务植树活动时强调：牢固树立绿水青山就是金山银山理念 打造青山常在绿水长流空气常新美丽中国》，载《人民日报》2020年4月4日，第1版。

[4] 习近平：《推动我国生态文明建设迈上新台阶》，载《求是》2019年第3期。

整体账、算综合账"的核心是要把市场这只"看不见的手"与政府这只"看的见的手"的作用结合起来,实现市场在资源配置起决定性作用,政府更好地发挥作用。2015年4月,《中共中央、国务院关于加快推进生态文明建设的意见》指出:"深化自然资源及其产品价格改革,凡是能由市场形成价格的都交给市场,政府定价要体现基本需求与非基本需求以及资源利用效率高低的差异,体现生态环境损害成本和修复效益。"[1] 习近平总书记明确指出:"要充分运用市场化手段,推进生态环境保护市场化进程。"[2]

山水林田湖草所形成的生态产品要具体分析和科学分类,这需要构建政府与市场协同运行机制,形成合理的价格机制,因此,党的十九届五中全会要求"完善资源价格形成机制"。例如,太阳能、风能、潮汐能等可再生能源,这些资源的价格主要来自这些设施的成本。美国著名学者杰米里·里夫金在《第三次工业革命》中指出,可再生能源已经成为第三次工业革命的动力,发达国家都高度重视。因此,为了鼓励可再生能源的发展,可给予政府补贴。党的十九届五中全会提出,"推进能源革命,完善能源产供储销体系,加强国内油气勘探开发,加快油气储备设施建设,加快全国干线油气管道建设,建设智慧能源系统,优化电力生产和输送通道布局,提升新能源消纳和存储能力,提升向边远地区输配电能力"。

生态产品是维系生态安全、保障生态调节功能、提供良好人居环境的自然要素。党的十八届五中全会提出,"创新产权模式,引导社会资金投入植树造林"。党的十九届五中全会进一步指出要"建立生态产品价值实现机制,完善市场化、多元化生态补偿"。[3]

---

[1]《中共中央、国务院关于加快推进生态文明建设的意见》,载 https://www.mee.gov.cn/zcwj/zyygwj/201912/t20191225_751570.shtml,最后访问时间:2023年11月1日。

[2] 习近平:《推动我国生态文明建设迈上新台阶》,载《求是》2019年第3期。

[3] 习近平:《推动我国生态文明建设迈上新台阶》,载《求是》2019年第3期。

第三章　绿色生产和消费法律制度构建的理论基础

目前，我国在确定野生动物的产权方面有所实践，但是没有普及推广形成制度，以市场化手段保护野生动物。这样可以更快更好地实现党的十九届五中全会提出的"实施生物多样性保护重大工程。加强外来物种管控。强化河湖长制，加强大江大河和重要湖泊湿地生态保护治理，实施好长江十年禁渔。科学推进荒漠化、石漠化、水土流失综合治理，开展大规模国土绿化行动，推行林长制"。党的十八届五中全会提出，"建立健全用能权、用水权、排污权、碳排放权初始分配制度，创新有偿使用、预算管理、投融资机制，培育和发展交易市场"。党的十九届五中全会再次强调"发展绿色金融""推进排污权、用能权、用水权、碳排放权市场化交易"。

（六）共谋全球生态文明建设

如今，地球生物物种灭绝速度不断加快，生物多样性的持续丧失、生态系统的持续退化以及全球气候危机等生态安全问题对人类生存发展构成严重威胁。习近平总书记把生态文明建设作为人类命运共同体的重要组成部分，指出："坚持绿色低碳，建设一个清洁美丽的世界。"[1]

当下，应当坚持多边主义，凝聚全球环境治理合力。联合国成立以来，国际社会积极推进全球环境治理。《联合国气候变化框架公约》《巴黎协定》等条约是多边合作的重要成果，得到各方广泛支持和参与。但是，因发达国家和发展中国家所处的发展阶段不同，在应对全球环境治理中应负有不同的责任和义务，我们应该坚持共同但有区别的责任原则，在资金、技术等方面给予发展中国家支持。

建设生态文明既是我国作为最大的发展中国家对绿色可持续发展的有效实践，也是为全球环境治理提供的中国理念、中国方案和

---

〔1〕 中共中央文献研究室编：《习近平关于社会主义生态文明建设论述摘编》，中央文献出版社2017年版，第143页。

中国贡献。我国着力推进国土绿化、建设美丽中国,积极应对各类全球性生态挑战,为维护全球生态安全作出应有贡献。例如,自2020年9月22日在第七十五届联合国大会一般性辩论上的讲话到2021年1月25日在世界经济论坛"达沃斯议程"对话会上的讲话,习近平总书记多次向国际社会承诺:"中国力争于2030年前二氧化碳排放达到峰值、2060年前实现碳中和。"这正是本着对中华民族和全人类长远发展高度负责的精神,中国作为负责任大国为建设人类命运共同体、维护全球生态安全的强烈担当和积极贡献。

二、绿色发展理念

党的十九大高度重视生态文明建设,进一步确立了生态文明建设在"十三五"时期经济社会发展中的战略地位,并提出了与全面建成小康社会相适应、实现"生态环境质量总体改善"的目标,使绿色发展成为实现全面建成小康社会奋斗目标和推进现代化建设的重要引领之一。

(一)绿色发展理念的生态学基础

1. 生态系统控制论与生态系统发育。人类社会处于由数个局部生态系统所构成的、不断进行物质循环与能量流动的统一自然生态系统之中。[1] 自然生态系统属于开放系统,各部分具有不同程度的调节反馈机制(feedback mechanism)。[2] 一个生态系统中因反馈机制的存在就形成了控制论系统(cybernetic system),即在生态系统运行的过程中,生态系统内部形成的自我调节和自我控制的机制。生态系统控制是生态系统有规律发展的基础。在生态系统控制论的基础上,以弗雷德里克·克勒门茨为代表的生态学家提出生

---

[1] 参见于贵瑞等:《陆地生态系统环境控制实验的研究方法及技术体系》,载《应用生态学报》2021年第7期。

[2] 参见[美]Eugene P. Odum:《生态学——科学与社会之间的桥梁》,何文册译,高等教育出版社2017年版,第34页。

态系统发育理论（ecosystem development）。该理论认为，生态系统的发育是指生态系统中生物对环境资源利用之后会产生能量的流动，这种能量的流动会随着生态的发展而逐渐成熟，因而会形成由低级到高级、由简单到复杂的变化，最终使生态系统达到稳定状态。[1] 生态系统发育是生物群落作为一个整体（整体成分）对自然环境改造的结果；组成群落的种群（个体成分）之间存在竞争和共生的相互作用。[2] 生态系统发育是一个双向过程，早期阶段倾向于任意或随机，晚期阶段则倾向于更明确的自我组织。现代社会人类生存发展的生态发育阶段就属于后者，具有更明确的可确定性。

生态系统由环境要素组成，环境要素之间彼此既相互独立，又相互联系、相互依存，构成了生态环境的整体。[3] 人是自然界的一个元素，也是生态系统的组成部分，[4] 与其他生态系统的组成部分一样，参与生态形成的循环反馈。但是，人类有思维意识，可以利用工具开发自然、利用自然。正是由于人类有这样的能力，使得人类能够随意改变生态系统的要素结构，甚至是破坏生态系统。此时，生态系统的内部控制能力有所降低，生态平衡会被打破，出现生态灾害是必然结果。在这样的情况下，人类的生产活动就必须控制在一定限度之内，如果打破了生态系统控制力的底线，生态环

---

[1] See Mitchell Mark, etc., *Carbon, nitrogen, and phosphorus variation along a green roof chronosequence: Implications for green roof ecosystem development*, Ecological Engineering, 2014, p.4.

[2] 参见［美］Eugene P. Odum：《生态学——科学与社会之间的桥梁》，何文册译，高等教育出版社 2017 年版，第 168 页。

[3] 参见［英］Michael Common、Sigrid Stagl：《生态经济学引论》，金志农等译，高等教育出版社 2012 年版，第 83 页。

[4] 参见曹明德：《美丽中国建设的法治保障》，载《环境保护》2018 年第 11 期。

境的自净能力就会被抑制，环境污染现状则必然发生。[1] 绿色生产和消费遵循生态规律，一方面，对社会生产过程实施节能减排，提升生态资源利用效率，降低资源消耗总量；另一方面，对废弃物进行重复利用或循环再生产，使生态能量的流动循环起来，不再处于过度利用状态，这样生态系统的发育将会逐渐趋于均衡，自然环境也将逐渐恢复。故从生态系统发育角度来看，对于绿色生产和消费活动的法律规制，是维护生态环境自我恢复、促进生态系统均衡发育的必要举措。

2. 区域生态学基础。从《寂静的春天》《增长的极限》到《我们共同的未来》，科学家个人、科学共同体和政府组织分别从个人的、科学的和政治的角度对20世纪后半叶人类所面临的生态环境问题做了具有奠基意义的经典阐述。[2] 20世纪70年代，"空间规模"概念首次出现在生态学领域，科学家意识到部分生态问题具有区域性。[3] 在可持续发展理念主导下的低碳经济、绿色经济、循环经济等概念先后被提出，并推动了生态学一个新兴分支的产生，即区域生态学。区域生态学以生态学与经济学、地理学相结合，探究城市生态、区域生态系统服务等一系列复合命题，尤其关注城市区域生态与经济问题。[4] 随着全球各国城市化进程加快，一方面，城市扩张导致良田被侵占、耕地面积减少；另一方面，城市本身工业生产方式的高污染、高能耗也加剧了生活环境的恶化，加剧贫富

---

〔1〕 参见张胜旺、郭玲霞：《工业文明发展模式非生态经济性质的理论阐释——一个基于批判性视角的分析》，载《生态经济》2020年第12期。

〔2〕 参见叶海涛：《绿之魅：作为政治哲学的生态学》，社会科学文献出版社2015年版，第4页。

〔3〕 See Sehneider D C, "The Rise of the Concept of Scale in Ecology: the Concept of Scale is Evolving from Verbal Expression to Quantitative Expression", *Bioscience*, 2001, 51 (7).

〔4〕 参见张玉等：《区域生态学的国际起源和研究热点》，载《生态学报》2021年第8期。

第三章　绿色生产和消费法律制度构建的理论基础

差距。[1] 区域生态学关注城市发展与其他资源可持续利用相结合，关注以大都市生态系统为研究模型的社会生产运行过程及影响，从政治、经济、文化以及技术方面协调社会与自然之间的关系。[2] 例如，城市复合生态系统理论就主张，在可持续发展理念和生态系统理论的指导下，在城市形成以人的行为为主导、自然环境为依托、资源流动为命脉、社会文化为经络的"社会——经济——自然"复合生态系统。[3] 绿色生产和消费是该复合系统的应有之义。

（二）绿色发展理念的经济学基础

1. 资源博弈与绿色发展。当社会开启工业文明之后，资源对于社会的发展就愈显重要。当代社会资源与社会发展的紧密程度越来越强，社会生产的发展均围绕资源展开。此时，各个国家、地区、社会组织和个体之间在经济发展与资源运用上，也就自然进入了一种博弈状态：过度利用资源以推动经济发展，但同时伴随着资源被过度攫取和生态环境的破坏；环境破坏之后又需要投入大量资金去治理，从而削弱对经济的投入。[4] 这种博弈关系的最终结果必然是自然资源越来越被过度消耗，经济发展带来的红利会被生态环境修复所抵消，从而形成恶性循环。[5] 要破解这种发展模式的恶性循环，就应当从资源入手，实行节能减排、绿色生产的战略，

---

[1] See D'Amour C B, etc., "Future Urban Land Expansion and Implications for Global Croplands", *Proceedings of the National Academy of Sciences of the United States of America*, 2017, 114 (34).

[2] See Fan C, etc., *Land Use Socio-economic Determinants of Urban Forest Structure and Diversity*, Landscape and Urban Planning, 2019, p. 181.

[3] 参见李泽红：《城市复合生态系统与城市生态经济系统理论比较研究》，载《环境与可持续发展》2019年第2期。

[4] 参见陈永良：《〈资本论〉生态思想视域下粤北与珠三角协调发展方式方法探析》，载《改革与战略》2020年第12期。

[5] 参见曹明德、马腾：《我国生态环境民事预防性救济体系的建构》，载《政法论丛》2021年第2期。

以相对少的资源消耗来发展经济,此时经济发展的科技含量会提升,生态化水平会增强,经济发展的生态效益会有所增加,其增加值可以反哺节能减排的资源总量,这样不仅节约了资源,而且生态环境的绿色水平会有所增强,这就形成了良性循环。因此,从资源博弈的层面来看,绿色发展是我国经济发展的必由之路。

2. 边际效率理论与绿色发展。效率是经济活动所追求的目标,经济效率的提升,有助于减少成本投入,获得更多的利益。[1] 为追求经济效率,经济社会的发展不断革新。换言之,在经济活动中节省成本投入,或者通过制度创新、技术创新获得更多利益,都可以得到经济效率的提升。然而,效率的提升不可能是无限的,当到达一定界限时继续投入反而会导致效率的降低,这在经济学中被称为边际效率。例如,在经济发展的过程中资源的消耗能够促进经济的发展,而当资源消耗达到一定边际时,就不会再促进经济的发展,反而会带来经济效率的下降。最为典型的就是会出现环境污染问题,环境污染带来的负外部性反而会将经济效率拉低。因此,社会生产的过程不能无限制地投入,必须要遵循边际效率规则。我国的经济成就举世瞩目,但同时也带来了一系列生态环境问题,如果继续高速发展,则已经到达了效率边际,此时就需要转换发展思路,以绿色发展取代以往能源消耗性发展模式,这样才会进一步推进经济社会发展的效率提升。[2]

3. 产业结构调整与绿色发展。从经济学角度来讲,产业结构的划分是为了对产业的发展进行归类,以提升产业发展的效率。从分类来看,可以分为部门产业结构和空间产业结构。从部门来看,

---

〔1〕 参见[美]罗伯特·考特、托马斯·尤伦:《法和经济学》,史晋川等译,格致出版社、上海三联书店、上海人民出版社2012年版,第13页。

〔2〕 参见赵凌云等:《中国特色生态文明建设道路》,中国财政经济出版社2014年版,第200页。

第三章　绿色生产和消费法律制度构建的理论基础

当前我国经济发展的动力已经逐渐发生转变，生产行业以能源消耗为主要表现形态的产业在逐渐减少或者消失，因为这样的产业不仅污染严重而且会破坏性地攫取能源。[1] 从空间来看，我国的产业布局围绕长三角、珠三角、京津冀等空间区域进行了不同的战略布局，在实践中都获得了很大的成绩。产业结构的布局，无论是空间层面还是部门层面，我们都可以看出产业结构的调整是围绕生态产业发展进行布局的，是为了追求产业效率的提升。[2] 换言之，用绿色产业代替原有的部门产业布局和空间产业布局，可以获得社会经济的高质量发展。而从实践来看，部门产业结构和空间产业结构围绕绿色发展的模式进行调整，已经取得了一定实践成果，因此，产业结构的调整必然也必须以绿色生产为基础。从这一点来看，用法律制度来规范绿色生产进行产业结构调整，可以促进社会经济的高质量发展，这也是绿色生产法律保障制度的经济基础之一。

4. 区域生态优势转换与绿色发展。改革开放后，我国经济社会实现了高速发展，城镇化进程加速，在这一过程中，房地产经济成为社会发展的主要动力源。房地产经济的飞速发展，很好地带动了下游相关产业的发展，钢铁、水泥、建材、装饰等与房地产相关的产业迎来了蓬勃发展，不仅解决了产业工人就业问题，同时也促进了经济的发展。然而，这些产业的生产都采取高耗能的生产方式，不仅浪费资源，还会带来一些环境问题。这种经济的发展随着时间的延续，已经接近饱和，如果继续推进这种经济模式的发展，则有可能会带来经济的衰退，甚至会出现很多社会问题。在这样的情况下，中央开始推进供给侧结构性改革，要求"三去一降一补"，

---

[1] 参见宋帆等：《城市生态承载力研究进展》，载《环境生态学》2019年第1期。
[2] 参见刘利：《产业空间演化的环境效应研究》，化学工业出版社2013年版，第78页。

即去产能、去库存、去杠杆、降成本、补短板。这"三去一降一补"中大部分与房地产经济相关,因此,各地在实施供给侧结构性改革过程中都会根据本地实际进行经济的转型。而在党的十九大之后,随着生态文明战略上升为国家战略,区域生态经济就成为地方经济转型的目标,各地方可以利用本地生态优势开展多元化的经济发展,此时,绿色发展就自然成为生态经济转型的必然选择。[1] 因此,用法律制度来保障绿色发展,是区域生态优势转换的必经之路。

(三) 习近平绿色发展思想的内涵

绿色发展理念的成型与提出是我国经济发展思维和发展观念的一次具有历史意义的深刻变革,为解决中国当前环境问题指明了方向,反映了党对中国经济社会发展规律的深刻洞察、对发展方式的及时转变、对发展目标的科学阐释。绿色发展理念同创新、协调、开放、共享四大发展理念针对不同领域的问题,各有具体内涵,彼此之间相互融通、相互促进,构成一个有机整体。

1. 转变经济发展方式是绿色发展的前提。推动绿色发展,必须要转变经济发展方式、促进经济社会发展全面绿色转型。在推动绿色低碳发展转型中,政府不仅应该扮演好引导、规范、监督等角色,更应该主动为企业提供更多配套服务,推进"政产学研用"相结合,加大对科技创新的投入力度,助力新能源和节能环保产业发展。

关键技术是买不来的,要转变经济发展方式,关键在于自主创新。因此,有必要处理好国际合作与自主创新的关系,加强与相关国家在科技领域的合作,以市场换技术、以市场换市场、以市场育技术,提高企业科技引进消化吸收再创新能力。

---

[1] 参见刘耀彬等编著:《区域生态优势转化与生态文明建设:以江西省为例》,社会科学文献出版社2015年版,第66页。

不断转变经济发展方式,大力发展节能环保产业、新能源等新兴产业,从中找到新的经济增长点。目前,随着环境问题的日趋严重,我国加大了对节能环保产业的支持力度。不仅在资源配置方式上要有所转变,更强调要在经济结构发展模式上有所调整,走人与自然、资源和社会协调发展的道路。

2. 发展循环经济是绿色发展的手段。发展循环经济是实现绿色发展的重要手段。循环经济是一种以资源的高效和循环利用为核心,以减量化、再利用、资源化为原则,以低消耗、低排放、高效率为基本特征的可持续发展的经济增长模式,是对"大量生产、大量消费、大量废弃"的传统增长模式的根本变革。

发展循环经济,首先是推动生产和生活方式的颠覆性变革。推动经济高质量发展,优化经济结构、产业结构、产品结构。精细谋划高碳产业的未来出路。杜绝低效浪费,持续在工业、建筑、交通等领域持续节能和提高能效。加快发展水电、核电、风电等非化石能源发电,努力使非化石能源替代存量化石能源消费量。持续推动电气化、智能化发展,发展电动汽车、高速铁路、智能家居等新型电气化设备和技术,利用云计算、人工智能等工具优化能源系统,降低碳排放。大力发展循环经济,促进生产、流通、消费过程的减量化、再利用、资源化,推动企业生态化改造,把传统企业改造成环境友好型企业。

3. 大力发展绿色技术是绿色发展的技术支撑。推动绿色发展要抓住绿色技术创新这个关键。我们必须要加强科技创新尤其是绿色科技创新力度,改变过往以要素驱动、投资规模驱动为主的发展模式,走创新驱动发展的新模式和新道路。应瞄准世界前沿技术,打造高起点、高质量、高效率的绿色科技支撑体系。以协同创新思维方式构建系统性的绿色技术支撑体系,引领我国当前产业的绿色低碳转型发展。

首先,在绿色装备制造领域,加强绿色制造关键核心技术的研发,加快各项核心科技成果的实际转化,为节能、降耗、减排和绿色发展提供动力。其次,要对绿色设计、绿色工艺、绿色回收等其他领域也加大研发力度。最后,制定研究开发、成果转化、试点示范和技术推广一体化发展的标准和规划,加强对绿色技术知识产权的保护力度,提高企业绿色技术研发和商业模式创新的积极性。

4. 正确处理经济发展同生态环境保护的关系是绿色发展的基本要求。经济发展本就意味着绿色发展,必须走绿色发展道路。绿色发展是生态文明思想在经济和社会发展领域的具体体现,是生态文明新时期新的发展模式,是"以生态和谐为价值取向,以生态承载力为基础,以有益于自然生态健康和人体生态健康为终极目的,以追求人与自然、人与人、人与社会、人与自身和谐发展为根本宗旨,以绿色创新为主要驱动力,以经济社会各个领域和全过程的全面生态化为实现路径,实现代价最小、成效最大的生态经济社会有机整体全面和谐协调可持续发展"。[1] 相关法律的立改废释工作应在绿色发展理念的指导下进行,对规范生产和消费行为的所有法律制度进行梳理,修改完善与绿色发展理念不相适应的法律制度,废止与绿色发展理念相抵牾的法律制度,针对立法空白制定新的法律促进绿色生产和消费。

三、中国传统文化中人与自然和谐相处的生态理念

我国古代朴素的生态学思想、土地资源、水资源、物种的变异与传播、生态习性的观察研究、植树造林、公园苑囿、古代遗迹和景观、与环境保护有关的机构和法令、社会风尚对环境保护的影响、自然灾害与对策、统一的文字与制度等均是中华文明得以长存的原因所在。以统一的汉字、"天人合一"的生态伦理思想和哲学

---

[1] 刘思华:《社会主义生态文明理论研究的创新与发展——警惕"三个薄弱"与"五化"问题》,载《毛泽东邓小平理论研究》2014年第2期。

第三章 绿色生产和消费法律制度构建的理论基础

为代表的中国传统文化对中国社会的"可持续地演化"起着绝对重要的作用。一位哲学家曾经说过:"在对于自然的控制方面,我们欧洲人远远跑在中国的前头,但是作为自然的意识的一部分的生命却迄今在中国找到了最高的表现。"[1]歌德亦称孔子为"道德哲学家",认为中国人举止适度、行事中庸,正是中国人在一切方面保持节制才使中国维持几千年之久。古人在劳动实践中,通过对物候的观察,了解了各种物候和天象,并通过象形的汉字将自身的智慧转化为语言,进而形成相应的概念。

中国传统文化中蕴含着丰富的生态理念。在中国文化中,人与自然的关系经常被描述为天人关系。在中国文化和哲学史上,"天人合一"是一个非常重要的命题。《中华思想大辞典》提到:"主张'天人合一',强调天与人的和谐一致是中国古代哲学的主要基调。""天人合一"作为一类中国古代特有的哲学理念与思想智慧,以"位育中和"为其核心内涵,体现了我国古人对于"天、地、人"三者关系的极富哲理的特定把握,对于新时代生态文明建设具有极为重要的参考价值。"位育中和"在我国古代文化中占据极为特殊的重要地位,正如《礼记·中庸》所说:"喜怒哀乐之未发,谓之中;发而皆中节,谓之和。中也者,天下之大本也;和也者,天下之达道也。致中和,天地位焉,万物育焉。"[2]这里首先讲的是君子的道德修养达到"中和"的境界,就能使得天地有位、万物化育,这就将君子的修养与天地万物的化育有序地联系在一起。我国早期的《周易》之中就蕴含着深厚的天人和谐的思想,如"厚德载物"表达了人类对大地母亲的敬畏与歌颂。

道家"天人合一"的思想认为世界包括人类有机体和自然界思

---

[1] 李培超:《自然的伦理尊严》,江西人民出版社2001年版,第216页。
[2] 李学勤主编:《十三经注疏(标点本)·礼记正义》,北京大学出版社1999年版,第1442页。

想，解决了西方固化思维中的主客二分的主导思维模式对环境的不良影响问题。老子的《道德经》所倡导的"道法自然""道生万物"等朴素的哲学观阐明了生产、消费领域的绿色化的必要性。《老子》思想中"道生万物"的生态整体观和"道法自然"无为而为的治理理念可以"修复"现代社会发展模式造成的裂痕。"……要深刻地把握宇宙变化的规律，体悟到人的生命活动只是整个宇宙过程中的一个有机组成部分。"[1] "道生一，一生二，二生三，三生万物"，人与万物在本原上有着同一性。老子以万物联系的宇宙系统观来审视自然生态。"天网恢恢，疏而不失"，自然是一张有秩序的网，人类是这张秩序之网中的一环。从整体上来思考人与自然的关系，正是破除建立在人与自然对立之基上的工业文明带来的生态环境问题的正确之道。这种生态价值观把人与自然视为统一整体，强调人与自然相互作用的整体性和有机性。正如《庄子·齐物论》中所描述的境界："天地与我并生，而万物与我为一。"

道家的"道法自然"的思想对后世影响深远。在道家的思想里，"自然"不同于现代意义上的自然，不是指具体存在的东西，而是形容"自己如此"的一种状态。道家思想认为，"自然"是事物的本真状态，人类应该遵循事物自然发展的过程，尊重自然的规律，顺应自然的规律，不要强力去改变。"辅万物之自然而不敢为。"一旦轻举妄动，就有可能造成不好的后果。向自然学习，"人法地，地法天，天法道，道法自然"。道家在中国文明体系中的定位，决定了它有可能在儒法两家大行其道以至于异化的时候，发挥重接源头活水的作用。

老子思想里有循环观的内容。老子通过观察思考认识到，循环往复是自然规律。《老子》第十六章写道："万物并作，吾以观复。

---

[1] 王崎峰、王威孚：《道家"天人合一"思想的现代环境伦理价值》，载《求索》2009年第6期。

夫物芸芸，各复归其根。归根曰静，静曰复命。复命曰常，知常曰明。"翻译成白话文意思是：万物纷纷芸芸，各自返回到它的本根。返回本根叫做静，静叫做回归本原。回归本原是永恒的规律。老子的消费观也值得我们制定绿色消费法律制度时借鉴。"圣人去甚、去奢、去泰"，则是要求统治者要去除极端的、奢侈的、过度的行为。

儒家从汉代的董仲舒开始将"天人合一"作为儒家思想的一个重要内涵。董仲舒提出"天人之际，合而为一"，宋代的张载明确地提出"天人合一"的命题，程颐认为，"天、地、人，只一道也"。"天人合一"思想也体现在人的身体和精神生活上。儒家主张"礼之用，和为贵""仁者爱人""己所不欲，勿施于人"等。[1]

钱穆认为，东方人对大自然的态度是同自然交朋友，了解自然，认识自然；在这个基础上再向自然有所索取。"天人合一"就是这种态度的凝练表达，是弥合现代工业文明伤疤的良药，可以用来指导、完善绿色生产和消费法律制度。

第二节 绿色生产和消费法律制度的价值追求

绿色生产和消费法律制度的价值追求拥有新的价值内涵。绿色生产和消费法律制度是一个体现公平、效率、秩序、安全等价值的多元体系，可以指引绿色生产和消费法律制度的设计方向。

一、绿色生产和消费法律制度的公平价值

公平又称正义、公正，三个词的内涵是统一的。公平正义是法律制度的首要价值。法律上的公平关注的主要问题是对基本权利和

---

[1] 参见程树德：《论语集释》（第一辑），中华书局1990年版，第46页。

义务或者利益的分配。我国绿色生产和消费法律制度在构建时考虑的公平内涵至少包括如下方面：

第一，区域之间的公平。我国幅员辽阔，地理差异巨大，资源禀赋也各不相同，区域发展和生态资源分布长期不平衡。在制定法律和设计制度时要考虑到这种不平衡性，进行合理利益确认，并进一步进行利益保护、利益限制和利益救济。可以进行倾斜保护，在分配利益时应优先保护处于弱势地位的极不发达区域的利益。这些极不发达区域往往也是生态资源分布比较集中的区域，同时也是生态脆弱区，应注意适度开发。

第二，城乡之间的公平。我国是一个农业大国，农业是国民经济的基础，农村人口占主体，农业与农村的发展在我国现代化的发展过程中起到至关重要的作用。当前，农业相对于其他产业来说，较为弱势，其发展受到自然、经济等因素的制约，农业产量自然降低，导致农民无法获得更多利益，农村经济可持续发展受到阻碍。在我国，城乡差别一直是道鸿沟，城乡二元体制矛盾依然突出，城乡融合发展存在要素不能自由流动、基本公共服务不协调、基础设施配置不均衡、产业发展不平衡等问题。由此，发展绿色农业应照顾到农村人口的长期利益，让农民切身感受到国家支持带来的改变，整体提高农民的生活质量，提高农民的收入水平。

第三，不同收入群体之间的公平。我国高收入群体和低收入群体分化严重，收入的悬殊容易导致高收入群体对低收入群体"剥削"的马太效应。主体对资源控制的权利是具有一种将成本转嫁给他人的潜力，是一种产权可吸附他人资源的势能。绿色生产和消费法律制度在调整不同收入群体进行绿色生产和消费时，确保权利与义务的统一。

第四，代际公平。不仅要考虑当代人的利益，也要考虑后代人的利益，实现当代人和后代人之间的公平。这本质上是人类作为一

第三章 绿色生产和消费法律制度构建的理论基础

个物种整体利益的最高要求。

二、绿色生产和消费法律制度的效率价值

绿色生产和消费是绿色经济的两个环节，因此，要满足效率的要求。作为规制绿色生产和消费行为的法律制度，必须效率优先。低效率的生产和生活行为使得生态环境加速恶化。绿色生产和消费法律制度追求效率就要减少资源消耗，并获得更大回报。这不仅包括法律制度本身提高法律资源配置的效率，也包括减少各类资源在绿色生产和消费过程中的损失，如提高污水处理效率等，还包括最大限度地满足人们对各类资源的需求。衡量是否获得更大的回报或收益的标准不仅局限于经济收益，还包含社会、环境和经济效益。一项法律制度能给个人和集团带来利益，但会使社会总利益减少，是不符合绿色生产和消费的效率原则的。生态效率原则要求将生态环境的价值纳入绿色发展的体系中。纳入的途径可以分为两种：一是作为生产要素，使其成为生产成本的一部分；二是作为满足人类需要的生态产品，通过生态消费体现，如生态旅游。

三、绿色生产和消费法律制度的秩序价值

秩序是法的内在价值的集中体现，是人类生存、生活、生产活动的必要前提和基础。无秩序的社会不可能存在，法治社会的秩序靠法律来构建和维持。对于绿色生产和消费法律制度来说，它试图将生态秩序纳入法律可以调控的社会秩序中来，通过绿色生产和消费法律制度的实施，不仅达到一种人与人、人与社会和谐的社会秩序，而且还追求人与自然和谐共处的生态秩序。绿色生产和消费法律制度实现的秩序包括几个方面：

第一，维护生产与消费的循环体系秩序。绿色生产和消费法律制度应充分考虑各个环节之间的相互影响，最终保障人们持续享有绿色生产和消费的权益。

第二，维护生产和消费各个环节的内部秩序。绿色生产和消费法律制度要通过设置限制相关条件、规范和约束不良行为等手段来实现。

第三，维护人与自然和谐共处的生态秩序。传统法律的秩序价值更多地关注人与人之间的社会秩序，忽视了对自然规律的尊重和对自然界秩序的维护，要建立起人与自然和谐共处的秩序生活。

四、绿色生产和消费法律制度的安全价值

安全能反映人与环境和谐关系的价值。绿色生产和消费法律制度的安全价值是一种在人的生活、健康、安乐、基本权利、生活保障来源、必要资源、社会秩序和人类适应环境变化的能力等方面不受威胁的状态，其内涵可以从不同的层次来论述。

第一，在安全的领域方面，绿色生产和消费法律制度安全价值的内涵包括生态安全、经济安全和社会安全。生态系统具备维持其自身正常运转的结构和功能，即生态领域的稳定与平衡。随着经济全球化和信息化的加剧，经济安全在一国国家安全战略中居于核心和基础地位。在经济发展过程中，经济安全是指能够消除和化解潜在风险，抗拒外来冲击，确保国民经济持续、快速、健康发展，确保国家主权不受分割的一种经济状态。社会安全包括社会治安、交通安全、生活安全和生产安全，不仅事关每个社会成员切身利益，也事关国家发展和社会稳定，对保障人民安居乐业、社会和谐有序、国家长治久安具有十分重大的意义。绿色生产和消费法律制度的安全价值保障了生态系统的稳定和平衡。

第二，在安全的利益主体方面，绿色生产和消费法律制度安全价值的内涵包括个人的安全需求、国家的安全需求和人类整体的安全需求。可以说，安全是人类最基本的需要，也是人类最基本的价值追求，是人类一切相对价值和有限意义得以成立的基本依据。如果没有安全，人类其他的价值追求均是妄谈。安全价值对个人利益的体现主要是个人的生存安全，即个人是否能够维持自己的生命及健康。根据马斯洛需求层次理论，在满足了基本的生理需求也就是生存需求之后，第二层就是对安全的需求。而实际上，人的安全需求与生存需求息息相关。法律应该首先保障人的基本需求。安全是由生命延伸而得的人的基本权利，在某种程度上也可被视为生命权的组成部分。安全具有全球性的特点，任何局部问题，都会传导到全球。生态安全是整个人类共同面临的问题，不分种族和国界。

第三节　绿色生产和消费法律制度的特征

绿色生产和消费法律制度的特征是其法律本质的外化，是其区别于其他法律或社会现象的根本标志。绿色生产和消费行为涉及生产方式、消费方式、生活方式、思维方式和价值观念的革命性变革，因此，绿色生产和消费法律制度相较于其他法律制度具有特殊性，具体表现为调整内容广泛性、调整主体多元性、调整手段多样性、调整目的公益性。

一、调整内容广泛性

绿色生产和消费法律制度的调整内容广泛，只要涉及人与自然关系的人类生产和消费行为均属于绿色生产和消费法律制度调整的范围。规范绿色生产与消费行为的目的主要是改善环境质量，保护生态环境。总的来说，调整内容可以分为调整绿色生产行为和调整绿色消费行为。

第一，绿色生产行为。企业作为社会生产重要主体，企业环境行为是一种重要的绿色生产行为。具体来说，企业绿色生产行为是指企业在外部压力的影响下，为了实现节能减排而做出的响应行为。为促进绿色生产行为常态化、规范化，需要国家政府运用行政手段适度干预,从而将绿色生产行为法律化[1]。

第二,绿色消费行为。公民作为社会消费的核心主体,公民生活行为是一种重要的绿色消费行为。国际社会将绿色消费行为概括为"5R"。"5R"原则,即节约资源、减少污染(Reduce);绿色生活、环保选购(Reevaluate);重复使用、多次利用(Reuse);分类回收、循环再生(Recycle);保护自然、万物共存(Rescue)。而影响公民绿色消费行为的影响因素总体分为两种因素,即人口统计特征变量和消费者心理变量。人口统计特征变量这一综合性指标会对绿色消费具有一定影响,但各变量因素的影响作用各不相同,而且消费者心理变量会更直接地促进消费者发生绿色消费行为。因此,为促进绿色生产行为常态化,国家需要加强对绿色消费行为的社会性监管。具体来说,包含秩序监管和情感监管两个方面,秩序监管更注重外化于行,情感监管更注重内化于心。

二、调整主体多元性[2]

绿色增长程度高低取决于各种社会主体之间的博弈结果。基于利益相关者理论,绿色生产和消费法律制度的调整主体广泛,涉及的主体主要包括:政府、企业、NGO和公众。应基于绿色增长能力形成的四个因素间的相互作用关系,制定完善的绿色生产与消费的法律制度规范。

1. 政府。政府政策是指促进绿色增长的政策及其实施情况,涉及准入制度、税收、相关优惠、管制和其他各类规章制度等。其中,对绿色增长能力可能产生直接影响的政府政策,主要有环境政策等。环境政策为一个国家或地区培育绿色经济、推动绿色增长的

---

[1] 参见郭泉:《大型面板生产企业绿色生产行为驱动机理及引导政策研究》,中国矿业大学2019年博士学位论文。

[2] 参见赵东方:《国家级新区绿色增长能力评价研究》,大连理工大学2019年博士学位论文。

大政方针，直接关系到环境立法和环境监管工作，是保障绿色产业市场运行和提高市场效率的一类政策。而完善市场政策有利于引导企业调整产品结构，推动绿色发展和增长方式转变。

2. 企业。从社会主体构成来看，企业是最具有生产能力、最具活力的社会主体。企业是绿色技术创新的物质承担者，是提升绿色增长能力的重要手段。其一，加大对绿色技术的研发投入，加强绿色技术的引入投资。其二，管理创新以及制度创新是绿色增长能力的制度保障。企业管理者或领导者借助先进的管理手段以及管理方式，将绿色意识渗入到企业全流程生产中。其三，人力资本是实现绿色增长能力的要素。企业 HR 既要挖掘人才，又要有效培育和提高研发人员的人力资本。

3. 非政府组织（NGO）。NGO 作为一种非政府组织通常采用一系列手段施压政府和企业来追求绿色发展。作为第三方，NGO 更多是从社会出发考虑整个绿色发展的社会性因素。

4. 公众。顾客是时代的主人，社会公众的消费习惯和生活方式构成了社会资源如何分配的共识，社会公众是构成市场交易的群体性行为的叠加。

三、调整手段多样性

调整内容的广泛性和调整主体的多元性决定了调整手段的综合性。绿色生产和消费法律需要对生产和消费行为进行全流程控制，既要运用行政管控的措施，又要采取市场机制的手段；既要规制，又要引导生产者和消费者的行为。

（一）绿色生产和消费的全周期管理

生产和消费关系密切。全流程控制的法律制度旨在将绿色发展的理念融入每一个行为中，又被称为"从摇篮到坟墓"。[1] 利用绿

---

〔1〕 参见杨雪星：《中国绿色经济竞争力研究》，福建师范大学 2016 年博士学位论文。

色全周期系统可以有效协调企业与供应商之间的关系，起到了重要的桥梁作用。供应商向企业宣告包括原材料成分、有害物质含有情况、再生利用率、再生比例、冲突矿产、物耗、能耗以及温室气体排放等与环保相关的各方面信息。基于每个制造企业不同的环保要求和管控方式，系统开发的功能也不尽相同，但基本包含五大块：通知宣传、供应商信息、声明、调查信息、评级。以用地集约化、原料无害化、生产洁净化、废物资源化、能源低碳化为典型特征，绿色工厂作为制造业重要的生产单元，是绿色制造实施的主体，属于绿色制造体系的核心支撑单元，侧重于生产过程的绿色化。目前，"绿色发展"已成为指导制造业发展的基本方针之一，"全面推行绿色制造"成为重要的战略任务之一。在绿色浪潮下，制造业正在紧跟新一轮科技革命和产业变革的大方向，坚定不移地推行绿色制造，推进供给侧结构性改革，加快制造业绿色转型发展。绿色工厂作为构建绿色制造体系的关键一环，成为许多制造企业实施绿色制造工程的着力点。

（二）强制手段与引导措施并重

绿色生产和消费法律制度既需要行政规制，又需要在行政规制的前提下运用市场机制引导生产者和消费者的行为。换言之，[1]国内绿色生产和消费法律制度不应单纯以约束性措施为主，应该结合激励政策，建立激励约束相容的绿色发展政策体系。该法律体系以《宪法》为指导，是我国现行的涉及引导和规范绿色消费的全部法律规范所组成的有机联系的统一整体。需要制定围绕绿色消费和生产的专门性法律，完善相关法律和规范性文件。我国所颁布的"绿色消费促进法"应在财政补贴、税收优惠、金融优惠等不同的领域引导绿色生产和消费发展。

---

〔1〕 参见张艳：《新时代中国特色绿色发展的经济机理、效率评价与路径选择研究》，西北大学 2018 年博士学位论文。

四、调整目的公益性

协调人与自然的和谐共生，实现人类整体的利益，是绿色生产和消费法律制度追求的终极目的。因此，绿色生产和消费法律制度的调整目的具有极强的公益性，是对人的全面发展的绿色诠释。

绿色生产和消费法律制度体现为科学技术性。首先，自然规律是客观的，科学技术是人类探求自然规律的强大工具。人类的生产和消费行为必须建立在对自然规律的了解和尊重的条件下，而法律制度是对绿色发展的系统规范表达。其次，环境问题的解决依赖于科学技术的保障和创新，这种服从也与人类社会既有的法律规范相一致。最后，许多法律规范及其配套标准具有一定的科学技术性。人类从原始文明阶段发展了不断更新的思想，表现为制度规范的变更。总的来说，绿色生产和消费法律制度是在原有的制度体系下迭代更新的结果。

第四章

我国绿色生产法律制度的现状

绿色发展是在全球生态环境问题日益严重的时代背景下,以中国特色社会主义现代化建设迈入新阶段为基础提出的,是蕴含哲学智慧的优秀理论体系,对于回应中国式现代化建设进程中的生态环境关切、实现生态文明建设与美丽中国建设的宏伟目标、积极参与全球环境治理的人类命运共同体建设都有着重要意义。

第一节 绿色生产的法律体系

绿色发展道路的启程及坚持必然离不开中国特色社会主义法律体系以及法治化建设的支撑、引导和规范,针对绿色发展构建合理的法律布局具有显著的必要性、合理性。[1] 而绿色生产作为绿色发展的重要组成部分,建立健全与之相适应的法律体系及法律制度体系无疑具有理论及现实意义。

一、绿色生产的基本内涵及其特征

绿色发展既是作为发展的一种模式,同样也是作为一种发展追求的目标。[2] 在一定意义上,是否有真正意义上的绿色生产方式,

---

〔1〕 参见杨解君:《论中国绿色发展的法律布局》,载《法学评论》2016年第4期。

〔2〕 参见王丽丽:《整合与超越:绿色生产方式的实现理路——基于马克思全面生产理论的视角》,载《理论月刊》2019年第10期。

第四章　我国绿色生产法律制度的现状

将可以成为绿色发展是否真正实现的重要判断标准。为厘清我国绿色生产法律制度现状，首先需要对绿色生产的基本内涵进行有效定义，以避免出现后续讨论的泛化问题。

目前，使用表述较多的概念为"绿色制造"，其目标在于实现能源资源的高效率利用、循环利用，以及降低对生态环境的影响、提升取得的经济效益，其重点关注通过市场、技术、管理及制度建设等途径，应对原材料选择与能源投入、生产过程及工艺问题、产品制造与流通、污染物控制与废物回收再利用等多方面问题的制造模式，其与绿色生产有着本质不同。绿色生产方式的核心在于生产本身，即一切社会组织将输入转换为输出的过程，即生产要素输入生产系统内，经过生产与作业过程，转换为有形的产品，而制造主要针对有形物质的加工转变，即特指原材料或半成品加工处理为成品的过程，基本内涵要小于生产。[1] 换言之，"绿色制造"的基本内涵要小于绿色生产。

此外，与绿色生产相近的概念还有"清洁生产""循环经济"。"清洁生产"主要是在对工业污染末端治理弊端的反思基础上提出的，旨在通过清洁的生产技术将环境污染消灭于生产的过程中。1992年，联合国环境与发展大会通过了《21世纪议程》，将"清洁生产"看作是实现可持续发展的关键因素。我国1994年通过了《中国21世纪议程》，正式提出可持续发展战略。与绿色生产相比，清洁生产的涵盖面相对比较窄，强调在整个生产过程中减少污染物的产生。与之相较，"循环经济"是人们受生态系统规律启发而提出的一种发展理念。它将自然环境、社会经济作为一个整体的"生态系统"来看待，改变资源的单向线性流动。我国于2008年通过了《循环经济促进法》并历经修改。该立法中的"循环经济"概

---

[1] 参见林翎等：《绿色生产和消费标准化及政策研究》，中国质量标准出版传媒有限公司、中国标准出版社2020年版，第73页。

念具有生产、流通和消费全过程特征，并以"三化"即废弃物的"减量化、再利用、资源化"为其基本内涵的概括。可见，循环经济是在对传统的资源浪费粗放型发展模式进行反思的基础上建立起来的符合可持续理念的发展方式。也可以如此理解，"循环经济"与狭义的"绿色生产"概念比较接近，均以废弃物的管控为核心，以"三化"为主要内容，强调废弃物的全过程控制。

可以说，从"清洁生产"到"循环经济"，再从"循环经济"到"绿色生产"，既是概念上的不断革新，也是认识的进一步深化。"绿色生产"较"清洁生产"和"循环经济"的范畴进一步扩大，基本涵盖了清洁生产和循环经济的范畴，是一个内涵更为丰富、涉及领域更加广泛的概念，它不仅包括产品的生产周期，也包括产品流动、销售等阶段；它不仅包括工业生产，也涵盖了农业和服务业，是物质产品生产、人类自身生存、精神产品生产与自然生态系统的生产保持相互适应、相互平衡，实现人与自然和谐共生的生产模式。[1]

绿色生产具有显著的系统性、集成性，不仅规制生产全过程，还涉及生产设计、生产材料选取、生产及包装、运输与物流、废弃物处理处置等生命周期全过程，以及资源、生产技术、生产管理等全方位生产要素，因此，绿色生产的目标达成还需要多元技术的集成发展、应用来实现；具有显著的动态性、交叉性，可以说，绿色生产模式不可能一蹴而就，绿色技术发展、产品升级、管理规范化等任务都需要各领域力量协同发力、动态调整，由此，绿色生产还不可避免地实现各学科的交叉融合；具有显著的包容性，绿色生产并非单个工厂或企业、单个地方就可以独立完成的任务，其允许、也需要多种具体生产模式、生产管理形式以及工艺的存在，并以此

---

[1] 参见林翎等：《绿色生产和消费标准化及政策研究》，中国质量标准出版传媒有限公司、中国标准出版社2020年版，第74页。

为支撑得到进一步发展。[1]

二、绿色生产的法律表述及其法律体系

实际上，清洁生产入法要早于绿色生产。1987 年，瑞典成为首个从立法层面规定清洁生产的国家。2002 年 6 月，我国也正式颁布了《清洁生产促进法》，该法中的清洁生产概念同样强调污染的源头和全过程控制，随后大量法律法规和政策性文件陆续出台。为了生态环境保护、促进循环经济发展、实现可持续发展、提高资源利用效率，2008 年 8 月，我国发布了专门的《循环经济促进法》。

不过，我国使用"绿色生产"这一表述最早出现于农业生产领域的相关政策性文件之中。2002 年《关于在沿海经济发达地区率先全面推开开拓农村市场工作的意见》、2004 年《三绿工程五年发展纲要》提出建设"三绿工程"，引导绿色生产、促进绿色消费的要求。《2006 年全国环保工作要点》开始将绿色生产与产业发展、市场构建等因素联系起来，提出"开展先进环保技术成果示范推广，深化环境标志认证，引导绿色生产和绿色消费"。2011 年，《国家环境保护"十二五"规划》将"推进绿色创建活动，倡导绿色生产、生活方式"正式列入规划。随着生态文明理念不断发展，党的十九大提出"加快建立绿色生产和消费的法律制度和政策导向"的要求，党的十九届四中全会再次强调我们要"完善绿色生产和消费的法律制度和政策导向"。

虽然在法律层面，"绿色生产"的基本内涵并未有明确定义，但根据 2020 年发布的《关于加快建立绿色生产和消费法规政策体系的意见》的规定，"加快建立绿色生产和消费法规政策体系"的主要任务包括"推行绿色设计""强化工业清洁生产""发展工业循环经济""加强工业污染治理""促进能源清洁发展"以及"推

---

[1] 参见林翎等：《绿色生产和消费标准化及政策研究》，中国质量标准出版传媒有限公司、中国标准出版社 2020 年版，第 82 页。

进农业绿色发展"等任务。[1] 以此为基础,可以对我国绿色生产法律及法律制度进行梳理。

不难发现,我国与绿色生产相关的法律包括《循环经济促进法》《清洁生产促进法》《节约能源法》《固体废弃物污染环境防治法》四部主要法律,以及《产品质量法》《政府采购法》等相关法律。值得注意的是,虽然这些法律未明确使用"绿色生产"之表述,却是实现"绿色生产"的一部分;在司法解释层面,"绿色原则"出现并不罕见,[2] 但对其具体法律概念并无过多展开,多起到原则性规定的作用;在行政法规层面,相关法规包括《建设项目环境保护管理条例》《报废机动车回收管理办法》等;在部门规章层面,有《清洁生产审核办法》《固定资产投资项目节能审查办法》等;在地方性立法层面,有《深圳经济特区绿色金融条例》《甘肃省循环经济促进条例》等。

第二节　我国绿色生产立法的现状

长期以来,我国绿色生产相关法律法规不断完善,目前基本覆盖工业、农业、服务业等多个生产领域以及源头设计、生产采购、产品生产与流通、消费、回收再利用、末端治理等多个环节。不同层次的立法相互配合,形成了目前的绿色生产法律体系。

---

〔1〕 参见《关于加快建立绿色生产和消费法规政策体系的意见》"二、主要任务"。

〔2〕 例如,最高人民法院 2021 年 12 月发布的《最高人民法院关于为新时代推动中部地区高质量发展提供司法服务和保障的意见》"11."中提及"加强污染防治,推动形成绿色生产生活方式";2021 年 11 月发布的《贯彻实施〈长江保护法〉工作推进会会议纪要》"14"规定,"……主张折抵案涉生态环境损害赔偿费用的,可以依法予以支持,鼓励、引导企业转型升级,促进形成绿色生产方式"。

第四章 我国绿色生产法律制度的现状

一、《循环经济促进法》

我国逐步确立了绿色发展路线，以"减量化""再利用"以及"资源化"活动为核心的循环经济发展模式最为符合绿色生产的内在要求，在绿色生产法律体系中起到总领作用，处于核心地位。

（一）《循环经济促进法》基本概述

在过去的几十年中，我国经济发展取得了举世瞩目的成绩，但伴随而来的是高污染、高能耗，但不可忽视的是，我国仍然存在客观的资源环境约束问题。在此矛盾之下，我国从21世纪初就开始积极全面转变经济增长模式，逐渐转变为节约型发展模式。2004年，"大力发展循环经济"的提法出现，彰显了缓解我国资源紧张问题的重要性。为此，各个部门需积极采取有效措施兼顾经济发展、生态环境保护以及社会发展效益，进一步建设"资源节约型和环境友好型"社会。[1] 2008年8月通过了《循环经济促进法》，并规定了以下与绿色生产相关的法律制度，有效规范了社会成员的资源利用行为，减少了废弃物排放、有效保护了生态环境。[2] 2018年该法得到修正。

（二）《循环经济促进法》中绿色生产相关法律制度

作为实现绿色生产的重要法律保障，《循环经济促进法》明确了循环经济发展规划、目标责任制以及强制回收等法律制度。

1. 循环经济发展规划制度。在我国经济蓬勃发展的同时，我国的工业布局和产业结构亟待转变。为了达到循环经济的要求，必须对产业进行结构调整，因此，要在国家层面进行宏观的设计与规划。《循环经济促进法》在第6条中对此进行了明确规定，循环经

---

〔1〕 参见《国务院关于加快发展循环经济的若干意见》"一、发展循环经济的指导思想、基本原则和主要目标"。

〔2〕 参见郭延军：《立法是促进循环经济还是规范物质资源综合利用——以修订我国〈循环经济促进法〉为视角》，载《政治与法律》2017年第8期。

济发展规划决定了循环经济发展落实的方向是否正确，此项制度也是实现经济转型目标的重要保障性制度。

2021年7月，国家发改委发布了《"十四五"循环经济发展规划》，不仅涉及二手商品市场、塑料污染全链条治理、废旧动力电池循环利用、绿色采购、绿色金融等多个领域，还在资源循环型产业、废旧物资循环利用以及农业循环经济发展等多个方面提出了进一步提升资源利用效率、产业体系化等任务。[1]

2. 目标责任制度。循环经济发展往往意味着成本，为了有效保障地方政府切实依法编制、实施循环经济发展规划，《循环经济促进法》第8条要求县级以上人民政府建立发展循环经济的目标责任制，以促进循环经济发展为目的，积极采取规划、财政、投资、政府采购等措施。必须承认的是，最初我国在政府管理中引入目标责任制时，更多的是强调特定区域的经济发展目标，但循环经济目标责任制的形成已经意味着政府从单纯地强调经济发展转变为环境保护优先的现实趋势。

3. 循环经济考核制度。根据《循环经济促进法》第14条的规定，以国务院循环经济发展主管部门为主导，会同统计、生态环境等有关主管部门建立健全循环经济的评价指标体系。由上级人民政府依据该体系，定期对下级人民政府的循环经济发展状况进行考核，并将其完成情况列入该地方政府及其负责人的考核评价内容之中。该制度可视为对目标责任制度的落实和保障，发展循环经济的进度需要有一定的量化标准来进行衡量，否则循环经济目标将会落空。过去政府"唯GDP论"在循环经济考核制度的实施下得到了一定的改善。

4. 强制回收制度。针对废弃物问题，《循环经济促进法》第15

---

[1] 参见《"十四五"循环经济发展规划》"三、重点任务"。

条规定了强制回收制度。该制度以强制回收的产品和包装物名录为基础，循环经济主管部门负责制定此名录。生产者必须对名录中的产品或包装物的废弃产品进行回收，对于能够进行再利用的废弃物可以自行利用，对于不适合利用的由其生产者负责后续处理处置。就消费者而言，消费者在消费后应当将处在强制回收名录中的产品或者包装物主动交还给生产者，或交还给与生产者具有委托关系的销售者或其他组织，由其代为处理处置。

5. 重点监督管理制度。由于我国正处于工业快速发展时期，对资源的需求量极大，除了废弃物，还需要对钢铁、石油加工、建筑等重点行业进行特别关注。《循环经济促进法》第16条还规定了重点监督管理制度，对于受到重点监督管理的行业，有关部门需要依照《循环经济促进法》《节约能源法》等法律法规对其进行重点监督管理，保障节能减排以及循环经济目标的实现。

6. 循环经济统计、标准、标识管理制度。为了保障上述制度的有效落实，《循环经济促进法》第17条还规定了循环经济统计制度，即加强资源消耗、综合利用和废物产生的统计管理，并将主要统计指标定期向社会公布。在此基础上，该条进一步要求建立健全循环经济的标准体系，即以国务院标准化主管部门为主导，由其会同循环经济发展、生态环境等有关主管部门一同制定并完善循环经济的各类标准，包括但不限于节能、节水、废物再利用、资源化等多领域、多方面的标准。同时，该条还要求建立健全能源效率标识等产品资源消耗的标识制度，这为我国产品的类别化管理、各类政策的精准推行、能源领跑者制度等相关制度的实施、绿色生产及绿色消费的引导等问题的解决奠定了良好基础。

二、《清洁生产促进法》

清洁生产是绿色生产的核心内容，即以改进设计、适用先进技术等手段，不仅减少生产及产品使用过程中的污染控制，还从生产源头环节进行污染削减、提高资源利用效率。可以说，推行清洁生产一方面是实现减污降碳协同增效必不可少的重要手段、加快实现绿色生产及促进经济社会发展全面绿色转型的有效途径，另一方面还是对节约资源和保护环境基本国策的贯彻落实。[1]

（一）《清洁生产促进法》基本概述

出于促进生产者进行清洁生产、加强环境污染规制、提升资源利用效率、促进可持续发展等多方面考虑，我国于2002年6月通过了《清洁生产促进法》。随着时代发展，该法于2012年2月得到修改，于同年7月实施，绿色生产相关的法律制度也得到了进一步发展。对于该法的意义，有学者提出，《清洁生产促进法》使生产者进行清洁生产有了基本法律依据，也是我国清洁生产的法制化、规范化管理进入新阶段的重要标志，且为我国首部以污染预防为主要内容的专门法律，[2]对于我国实现绿色生产具有重要的意义。从内容来看，该法不仅仅局限于对政府行政部门、具体生产者分配责任等提出生产要求，还十分注重通过建立健全激励机制来推动清洁生产的落实、加强其可操作性，极大地推动了我国清洁生产的实践发展。

（二）《清洁生产促进法》中绿色生产相关法律制度

《清洁生产促进法》同样在绿色生产方面形成了清洁生产发展的规划制度、限期淘汰制度以及清洁生产审核制度等具有代表性的法律制度，具体如下：

1. 清洁生产发展规划制度。《清洁生产促进法》第8条规定了清洁生产发展的规划制度，要求国家与县级以上人民政府在制定各类发展规划之时就应当将清洁生产纳入考虑之中、列入要求之列；

---

[1] 参见《"十四五"全国清洁生产推行方案》。
[2] 参见郭红燕：《我国清洁生产政策现状、问题及对策建议》，载《WTO经济导刊》2013年第4期。

同时，应当编制清洁生产的推行规划，在规划中确定应当开展清洁生产的重点领域、重点行业和重点工程项目。此制度同样是清洁生产其他制度施行的重要基础。

2. 限期淘汰制度。考虑到技术革新、经济模式转变等因素，《清洁生产促进法》第 12 条规定了限期淘汰制度。该制度同样以名录制度为基础，由国务院有关部门针对特定生产技术、工艺、设备和产品制定并发布限期淘汰的名录。一般而言，纳入名录的特定生产技术、工艺、设备和产品往往存在严重浪费资源、严重破坏生态环境等问题，但即刻进行普遍淘汰又具有难度，因此，选择限期淘汰。

3. 清洁生产审核制度。为了减少或清除产品上携带的有害物质、降低生产原料及能源消耗、规避生产过程及产品对人类健康与生态环境的危害，对生产者进行清洁生产审核是必要且合理的。《清洁生产促进法》第 27 条规定，对于超标排污或超额排污、高耗能、会生产或排放有毒有害物质的企业应当进行强制性清洁生产审核，向公众公开审核结果。其余企业可以自愿与相关部门签订进一步节源减排的协议，并由相关部门进行公示。以此条为基础，我国于 2016 年发布了《清洁生产审核办法》，该法第 2 条规定，清洁生产审核是指审核主体依据法定程序，对生产者的生产过程进行调查并作出判断，对于重污染、高能耗、高物耗的生产者应当督促其进行改进，并提出减少有毒有害物料的使用、产生，降低能耗、物耗以及废物产生的方案，进而选定技术可行、经济合算及符合环境保护的清洁生产方案的过程。同时，其还规定了清洁生产审核的具体标准、程序及责任分配，对《清洁生产促进法》进行了良好补充和支持。

三、《节约能源法》

能源是经济发展不可或缺的重要条件，因此，世界各国都将能源建设作为一项重要的战略。节约能源不仅是我国一项基本国策，也是循环经济发展、清洁生产过程中的重要目标，更是绿色生产的重要组成内容，在减少和避免污染物产生等方面占据着重要地位。

（一）《节约能源法》基本概述

为了贯彻节约能源的基本国策，改变资源粗放型的经济发展方式，提高能源利用效率、推动全社会能源节约、保护和改善生态环境，进而促进社会的全面协调可持续发展，我国于1997年制定了《节约能源法》。该法第4条首次明确规定，"节能是国家发展经济的一项长远战略方针"。随着时代发展，该法分别于2007年进行了修订，2016年和2018年进行了修正。目前，《节约能源法》与《可再生能源法》一同构成了能源低碳转型的重要法律支撑。该法建立健全了多项与节约能源相关的法律制度，构成了绿色生产制度的重要部分。

（二）《节约能源法》中绿色生产相关法律制度

经过多次修订、修正，《节约能源法》已经形成了节约能源规划制度、目标责任制与考核制度、节能产品认证制度等制度内容。

1. 节约能源规划制度。县级以上人民政府是节约能源规划制度的实施主体，该制度主要包括两方面内容：一是将节约能源的内容纳入各级政府所制定的国民经济发展社会规划、年度规划中；二是要组织编制、实施节能中长期专项规划以及年度节能计划。节能规划的制定为各级地方政府节约能源资源的工作提供了目标和指导。

2. 目标责任制与考核制度。目标责任制是我国政府管理绩效评估的重要手段，主要是指通过工作目标的设计，将宏观的整体目标层层分解，分配至地方政府及其负责人。此前，目标责任制与考核制度的主要指标多为经济发展方面的指标，《节约能源法》引入了目标责任制与考核制度，为地方人民政府完成所制定的节约能源规划目标提供了重要保障。该制度将节能目标完成情况与各级政府及其负责人的考评情况挂钩，起到了良好的监督作用，有效防止了节能目标虚设的情况。

3. 固定资产投资项目节能评估和审查制度。为了促进固定资产投资项目用能的科学性和合理性，《节约能源法》规定了固定资产投资项目节能评估和审查制度。该项制度是一项重要的节能管理制度，其意义在于从源头控制能耗增长、增强用能的合理性，提高固定资产投资效益并促进经济增长方式转变。

在项目开工建设前，建设单位需编制节能评估报告书、节能评估报告表。节能主管部门依据国家和地方的合理用能标准、节能设计规范等，对前述节能评估文件进行审查，并出具审查意见。如果拟建项目不符合强制性节能标准，则建设单位不得开工建设。如果已经建成的项目不符合强制性节能标准，则不得投入生产、使用。为了精简审批环节，固定资产投资项目节能评估和审查制度正在向区域能评制度转变。浙江省首先开展了区域能评研究探索和试点推行，对通过事中事后监管能够纠正的不符合审批条件的行为且不会产生严重后果的审批事项，实行告知承诺制。区域能评制度提升了固定资产投资项目节能审查效率，因而在全国多省市得到了推广。

4. 产品、设备和生产工艺的淘汰制度。为了促进产业结构调整，减少环境污染，《节约能源法》第16条和17条规定了产品、设备和生产工艺淘汰制度。其主要是指任何单位和个人不得生产、销售或转移、使用严重污染环境的落后生产工艺、设备和产品。第16条规定了产品、设备和生产工艺的淘汰依据，即国务院节能工作管理部门会同有关部门所制定的淘汰目录，如《高耗能落后机电设备产品淘汰目录》等。第17条则规定了产品的淘汰方式，主要包括以下两种：其一，禁止生产、进口、销售严重污染环境的设备和产品。对于落后设备和产品，生产者、销售者及使用者必须停止生产和销售；对于不符合我国环保要求的设备和产品，不得引进。其二，禁止使用不符合标准的用能设备和工艺。对于落后的生产工艺，原先采用该生产工艺的生产者必须停止采用。

5. 节能产品认证制度。为了提高产品的用能效率，《节约能源法》规定了节能产品认证制度。国务院节能管理部门会同市场监督部门制定并公布能源效率标识管理的产品目录和实施办法，生产者和进口商应按照规定对列入名录的产品进行标识标注，对标注的准确性与合规性负责。生产者和销售者也可以自愿提出节能产品认证申请。节能产品认证制度有利于消费者识别节能产品，推动绿色消费，增强企业采用节能技术的动力，从而推进绿色生产。

6. 建立健全能源统计制度。能源统计是能源管理的重要基础工作。《节约能源法》第21条规定，县级以上各级人民政府统计部门应当会同同级有关部门，建立健全能源统计制度，完善能源统计指标体系，改进和规范能源统计方法。能源统计所获得的能源消耗、能源利用状况报告等数据，是国家制定能源整体战略、实施节能规划的重要依据。

四、《固体废物环境污染防治法》

末端治理是绿色生产的重要环节，减少固体废物的产生与危害性，充分合理利用、无害处置固体废物，有利于促进清洁生产和循环经济的发展。

（一）《固体废物环境污染防治法》及相关立法

我国每年产生的固体废物以亿吨计，对环境的危害已经到了不可忽视的地步。我国较早颁布了《固体废物环境污染防治法》，对固体废物的处置回收等问题进行规制。此后，《固体废物环境污染防治法》历经多次修正、修订，对废弃物回收再利用、污染防治相关制度进行了完善，进一步体现了绿色生产的理念。

（二）《固体废物环境污染防治法》中绿色生产相关法律制度

具体而言，《固体废物环境污染防治法》在社会实践中形成了固体废物防治规划制度、环境监测制度、环境影响评价制度等制度内容。

1. 固体废物防治规划制度。固体废物污染环境防治工作是各级地方人民政府的环境保护职责之一,同节能规划一样,地方各级政府在制定国民经济和社会发展计划时必须加入固废防治的内容,如发展固废回收产业、鼓励固废处置技术创新等。此外,对于城乡建设、产业发展等规划,有关部门应当将固体废物的产生和处置纳入考量。固废防治规划制度是固废防治工作的基础和前提。

2. 固体废物污染环境监测制度。环境监测制度是开展生态环境保护、作出相关环境决策的依据与指引,在实现绿色生产过程中具有重要地位。具体而言,环境监测是指在周期时间、特定检测区域内,监测主体对污染物的含量和浓度进行间断或不间断地测定,并且主动观察、分析其变化和对生态环境影响过程的工作。[1]《固体废物环境污染防治法》第 26 条、第 56 条等条文规定,环境保护主管部门制定统一的监测规范,并会同有关部门组织监测网络,大、中城市人民政府环境保护行政主管部门定期发布固体废物的种类、产生量、处置状况等信息。

3. 环境影响评价制度。环境影响评价制度是我国环境保护的一项基本制度,为了防止固体废物对环境造成重大危害,《固体废物环境污染防治法》将环境影响评价作为建设产生固体废物的项目以及建设贮存、利用、处置固体废物的项目的前置程序,其构成环境影响评价制度的重要内容。

4. "三同时"制度。"三同时"制度在环评制度的基础上进一步规定了主管部门的法律义务,其要求建设项目在设计阶段必须设计污染环境防治设施,在施工阶段必须保证前述设施的同时施工。

---

[1] 参见沈磊:《关于我国环境监测制度问题与对策的思考》,载《环境与可持续发展》2015 年第 1 期。

建设项目在正式投产使用前,建设单位必须向环保部门提交防治设施的竣工验收报告,待防治设施经原审批部门验收合格后方可投入生产或者使用。如果违反该制度,则环保部门有权责令建设项目停止生产或使用并进行处罚。

5. 工业固体废物申报登记制度。为进一步提升固体废物环境监管水平,加强对危险废物产生、贮存、转移和处置全过程的管理,《固体废物污染环境防治法》第 78 条规定了工业固体废物申报登记制度,产生危险废物的单位需要向环境保护行政主管部门如实申报危险废物的种类、产生量、流向、贮存、处置等有关资料。

申报登记是危险废物管理工作的重要基础。首先,环境主管部门通过申报登记得以精准地掌握各行业危险废物管理现状,有效管理危险废物的产生、转移以及处理处置工作,使得"抓住源头、管住贮存与流动、确保无害化最终处置"的全过程控制方针得到贯彻。其次,危险废物申报登记工作的意义在于可实现信息资源的共享,为科学决策提供依据。危险废物相关信息应录入危险废物数据库和现代化管理信息系统,并作为制定危险废物管理计划的依据。

6. 危险废物经营许可制度。危险废物经营活动具有高度的危险性,其牵涉公共安全、生态环境保护和人身健康、生命财产安全,需要强有力的监督管理和一定的资格准入。因此,凡是在我国境内从事危险废物收集、贮存、处置经营活动的单位,都应当依照《固体废物污染环境防治法》的规定,领取危险废物经营许可证。该制度是控制危险废物、防治污染环境的重要手段。2020 年修订的《固体废物污染环境防治法》通过明确管理范围、实行分级分类管理等手段,对危险废物经营许可制度进行了完善。

五、其他相关法律

绿色生产法律制度并不孤立,正相反,其同时还会涉及生态环境保护、税收、产品、农业等相关领域的不同法律及法律制度。

(一) 生态环境保护相关法律

绿色生产与环境保护有着紧密的联系，二者都有污染削减、污染预防的目的以及绿色发展的价值理念，在制度构建层面有一定的重叠。

环保相关法律包括《环境保护法》以及《大气污染防治法》《水污染防治法》《土壤污染防治法》《海洋环境保护法》等环保单行法。其中，《环境保护法》是环境保护相关法律的核心，在事先预防层面，其主要规定了环境规划制度、环境影响评价制度、"三同时"制度、排污许可制度；在事中控制层面，其主要规定了排污申报登记制度、征收排污费制度、环境标准制度；在事后治理层面，其主要规定了限期治理制度，不仅对《大气污染防治法》《水污染防治法》等环境保护单行法产生巨大影响，也与《循环经济促进法》《清洁生产促进法》等法律存在内在的契合性。

(二) 税收相关法律

绿色税收是将环境污染和生态破坏的社会成本内化到生产成本和市场价格中，进一步促进绿色生产发展的重要手段。而由于我国"税收法定"的原则，绿色生产相关法律中必然会包含税收相关法律。在绿色生产领域，《循环经济促进法》第44条、《节约能源法》第63条、《清洁生产促进法》第33和34条都针对特定生产活动制定了原则性的税收优惠规定，鼓励企业使用、生产、出口先进的节能、节水、节材等技术、设备和产品，限制耗能高、污染重的技术、设备和产品的使用、生产、出口。

具体而言，绿色税收主要分为两类，一是直接对破坏环境的企业征收环境税，如《环境保护税法》针对向环境排放应税污染物的企业事业单位和其他生产经营者征收环保税、《资源税法》针对开发应税资源的单位和个人征收资源税。二是在其他税种（如增值税、消费税）等方面对环境友好企业给予税收优惠的倾斜或补贴，对环境不友好的企业降低其出口退税率等。例如，《企业所得税法》规定，企业从事符合条件的环境保护、节能节水项目的所得可以免征、减征企业所得税；购置用于环境保护、节能节水、安全生产等专用设备的投资额，也可以按一定比例实行税额抵免。《环境保护税法》对环境保护税的征收管理进行了更加细致的规定，也明确规定若纳税人综合利用的固体废物符合国家和地方环境保护标准，暂予免征环境税。大气、水污染物排放低于国家和地方标准30%的，减按75%征收；低于50%的，减按50%征收。《车船税法》规定，针对从事环境保护、节能节水项目的企业以及购置专用于环保节能、清洁生产、循环发展等设备的投资成本，在规定范围内进行所得税、消费税减免。《环境保护税法》《资源税法》也进一步规定，若相关人符合相关标准，可以暂免、减免环境税、资源税。

（三）产品相关法律法规

产品是生产的核心，不仅是消费、资源回收再利用、末端治理等环节的客体，其标准体系还会影响生产原材料、工艺、技术与设备的选择。

1. 产品质量。就产品自身质量而言，我国《产品质量法》鼓励生产企业通过研究技术、升级设备等方式将产品质量达到并且超过行业标准、国家标准和国际标准，同时，国家也参照国际先进的产品标准和技术要求，推行产品质量认证制度。

2. 产品包装。除了《循环经济促进法》确立的强制回收制度，《清洁生产促进法》也规定产品的设计和包装应当优先选择无毒、无害、易于降解或者便于回收利用的方案，产品应当合理包装，不得过度包装；《固体废物污染环境防治法》规定，标准化主管部门应当组织制定有关标准，防止过度包装造成环境污染；《电子商务法》规定，快递物流服务的提供者应当按照规定使用环保包装材料，实现包装材料的减量化和再利用；《民法典》同样规定了绿色包装。

3. 产品销售。产品的销售状况决定着生产者的利润与市场竞争力，我国一般采取价格政策、政府采购等方式给予生产者支持。《政府采购法》规定，政府的采购行为应当有助于实现国家经济和社会发展的政策目标，其中就包括保护环境；《循环经济促进法》也规定，国家实行有利于循环经济发展的政府采购政策。《节约能源法》同样规定，政府采购监管部门会同有关部门制定节能产品、设备的政府采购名录。

4. 产品回收利用。产品回收再利用是循环经济发展的重要特征，也是绿色生产的重要环节。然而，在这一领域，我国并没有专门立法，大多为针对性的部门规章或规范性文件，如2007年的《再生资源回收管理办法》（已修订），2012年的《关于加强公共机构废旧商品回收利用工作的通知》（已失效）等。

（四）农业相关法律法规

农业是生产的重要部分，生态农业模式作为国内外广泛认可的新型发展模式，是绿色生产的重要组成部分，也是未来农业生产的主流趋势。

2012年，我国新修正了《农业法》，其中强调了我国建立农业资源监测制度，农民和农业生产经营组织应当合理使用化肥、农药、农用薄膜，增加使用有机肥料，采用先进技术；同时，防治废水、废气和固体废弃物对农业生态环境的污染，对农产品采收后的剩余物质进行综合利用，妥善处理，防止造成环境污染和生态破坏。根据《农业法》，我国还出台了《基本农田保护条例》《农田水利条例》《农业保险条例》等行政法规，对农业的环境保护、先进生产模式建设、财政与金融支持等问题作出了规定，初步建立了农业生产法律体系，但其中涉及绿色农业发展的部分仍然不足。

（五）低碳相关立法

在我国提出"双碳"目标的背景下，低碳也已成为绿色生产的重要要求。2021年,《中共中央、国务院关于完整准确全面贯彻新发展理念做好碳达峰碳中和工作的意见》对碳达峰、碳中和进一步明确总体要求,提出主要目标,明确实施路径;10月24日,国务院印发《2030年前碳达峰行动方案》,使得碳达峰、碳中和"1+N"政策体系的面貌更加完整。除《循环经济促进法》《可再生能源法》等法律中涉及部分低碳内容(如降低能耗等)外,我国低碳的最新立法主要集中在法规和地方性立法层面,尤其是碳交易制度的构建。中央层面的法规主要包括《碳排放权交易管理办法(试行)》《温室气体自愿减排交易管理暂行办法》,以及国务院正在推动的《碳排放权交易管理暂行条例(征求意见稿)》。

而地方也形成了各自的立法,现将碳排放交易的部分地方性立法梳理如下:

表4-1 碳排放交易的部分地方性法规及规章

地方性法规及规章	北京	《北京市碳排放权交易管理办法(试行)》 《北京市碳排放权抵消管理方法(试行)》
	上海	《上海市碳排放管理试行办法》 《上海市发展和改革委员会关于本市碳排放交易试点期间有关抵消机制使用规定的通知》
	广东	《广东省碳排放管理试行办法》 《广东省碳排放权配额首次分配及工作方案(试行)》
	深圳	《深圳经济特区碳排放管理若干规定》
	天津	《天津市碳排放权交易管理暂行办法》
	湖北	《湖北省发展改革委关于2017年湖北省碳排放权抵消机制有关事项的通知》
	重庆	《重庆市碳排放权交易管理暂行办法》

第三节　我国绿色生产法律制度现状

以绿色生产法律法规为依据，我国相关部门制定了一系列部门规章、部门规范性文件以及政策性文件。从总体上来说，我国在绿色生产法律的发展过程中不仅规定了强制性绿色生产法律制度，还探索出了一系列引导性绿色生产法律制度。强制性绿色生产法律制度一般为传统的法律制度，重在通过国家强制力规范和监督生产行为，避免和减缓人类生产行为对生态环境的负面影响，属于"硬法"。排污许可、资源使用许可、环境影响评价审批等行政许可类制度，以及污染物排放标准控制、废弃物合规处置等强制标准控制等制度属于此类。引导性绿色生产法律制度一般为新型法律制度，注重引入市场和社会机制促进绿色生产，其功能在于通过激励和制约机制引导生产行为的绿色化，具有"软法"的特征。绿色供应链制度、绿色金融类制度等属于引导性的法律制度。

一、生产者责任延伸制度

生产者是绿色生产的核心主体。生产者责任延伸（Extended Producer Responsibility，EPR），指的是将生产者对产品生产周期内承担的责任延伸至产品的整个生命周期。生产者责任延伸填补了产品责任体系，确定了生产之后废物回收处理、处置、再循环利用的责任主体，也解决了由消费者承担生产者造成的环境损害责任的现状，符合循环经济发展这一核心目的。

2015年，《生态文明体制改革总体方案》明确提出，要实行生产者责任延伸制度，推进生产者落实废弃产品回收处理等责任。2015年，《工业和信息化部、财政部、商务部、科技部关于开展电器电子产品生产者责任延伸试点工作的通知》提出，建立生产者责任延伸制度，通过引导产品生产者承担产品废弃后的回收和资源化利用责任，激励其推行产品源头控制、绿色生产。2016年，国务院办公厅公布《生产者责任延伸制度推行方案》，正式确立了生产者责任延伸制度，将生产者对其产品承担的资源环境责任从生产环节延伸到产品设计、流通消费、回收利用、废物处置等全生命周期，并确定了将电器电子产品、汽车产品、铅酸蓄电池、饮料纸基复合包装作为试点。以《固体废物污染环境防治法》第66条规定的生产者责任延伸制度为基础，我国以生产供应链为抓手，通过了《企业绿色采购指南（试行）》《工业绿色发展规划（2016—2020年）》等规定，努力建立健全绿色供应链管理制度，以产品全生命周期管理理念以及生产者责任延伸制度为基础，依托企业间的供应关系，以主要核心企业为基础和切入点，通过对供应、采购等环节的管理推动供应链上的相关企业履行环节责任、增加绿色产品供给。[1] 此后，2018年工信部发布了《新能源汽车动力蓄电池回收利用溯源管理暂行规定》，2019年国务院发布了《报废机动车回收管理办法》、修订了《废弃电器电子产品回收处理管理条例》。

相关实践案例：四川长虹废弃物回收处理[2]。

在废弃物回收处理方面，长虹孵化出了西南地区最大的废旧家电回收、拆解、再资源化企业——长虹格润再生资源有限公司，实现了"产品市场"和"资源再生"协调发展的生产者责任延伸体系。在贵金属回收环节，其研发了等离子屏银回收技术，可以实现日处理废玻璃基板3~4吨，银的回收率大于90%，同时，还研发了废锂离子电池综合处理技术，将六氟磷酸锂在水溶液中进行溶

---

[1] 参见毛涛：《我国绿色供应链实践步伐日趋加快》，载《中国工业报》2019年2月20日，第01版。

[2] 参见《长虹将建成七条废旧电子电器再资源化生产线》，载央视网，http：//news.cntv.cn/20120415/104392.shtml，最后访问时间：2021年12月1日。

解，隔绝了空气接触，避免了五氟化磷以及氟化氢的产生；在绿色拆解方面，长虹在 CRT 显像管拆解、空调两器拆解等技术上获得创新，且其实行集约化发展，在建设大型综合城市矿产基地的基础上开发、引入多条家电拆解线，已具备五大类废旧家电 210 万台/年[1]的资质及能力；在绿色再生方面，长虹将回收与拆解得到的贵金属、废旧塑料等作为原材料供应给长虹集团旗下相关企业及集团外企业，又促进了其再造技术的发展。

二、"领跑者"制度

"领跑者"制度最早发展于国外，日本 1998 年就推出了能效"领跑者"制度；美国环保署 2010 年也开展了名为"能源之星"的子项目。"领跑者"制度可以理解为特定企业在可比范围内与相关同类企业相比，制定的产品或服务标准处于国内或国际领先水平，并依法向消费者公开以承诺其具有相应能力。成为"领跑者"的核心条件在于"关键指标"的"领跑"以及"实施效果"的"领跑"。"领跑者"制度就是通过激励手段鼓励企业"领跑"、树立"领跑"标杆，提升企业标准水平，促进产品或服务质量提升。

国家发改委、财政部等部门于 2014 年印发《能效"领跑者"制度实施方案》，财政部、国家发改委、工信部等部门于 2015 年印发《环保"领跑者"制度实施方案》，建立了"领跑者"制度，对符合要求的"领跑者"给予适当政策激励以倡导绿色生产和绿色消费，之后相关主管部门陆续出台了各行业领域"领跑者"确定标准与具体实施方案。2016 年，国务院办公厅发布《消费品标准和质量提升规划（2016—2020 年）》，再次强调，我们要建立企业标准"领跑者"制度，并通过多种引导手段措施提高"领跑者"产品的

---

[1] 数据来源：《废旧家电回收进入数字时代 长虹格润领先一步》，载 http：//gzw.sc.gov.cn/scsgzw/c100115/2022/5/23/5a5a91ad86ef4b86845bb32c66b43b8f.shtml，最后访问时间：2024 年 5 月 8 日。

市场竞争力。2017年9月,《中共中央、国务院关于开展质量提升行动的指导意见》提出实施企业标准"领跑者"制度,从而强化企业标准引领,树立行业标杆,促进全面质量提升。2018年,市场监管总局等八部门联合制定了《市场监管总局等八部门关于实施企业标准"领跑者"制度的意见》,进一步明确了领跑者制度的指导思想、基本原则、具体领域、具体数量的"领跑者"设立办法和保障措施等,计划到2020年在消费品、装备制造、服务业等领域分别形成1000个、500个和200个企业标准"领跑者",将制度落到实处。

三、绿色生产评价制度

绿色生产评价制度指的是相关行政部门利用实地调研、现场实测、数据统计分析等途径审核生产过程是否达标,以促进生产企业优化工艺、降低能耗、减少污染的制度设计。健全的绿色生产评价机制是研究和评价不同区域、不同行业、不同层面绿色生产水平与效益的关键,是评估相关政策合理与否、道路正确与否的重要依据,也是发现生产"非绿色"并提出有效降低能耗、削减废物及污染物产生等方案的重要基础。

针对生产过程,2015年,工信部依据《清洁生产促进法》制定了《工业清洁生产审核规范》《工业清洁生产实施效果评估规范》。2016年,《清洁生产审核办法》的出台为清洁生产的评价与审核提供了依据。针对最终生产的产品,自2012年起,工信部每年度均会发布《"能效之星"产品目录》,以名录的形式加快高效节能产品的推广应用。2016年,国务院办公厅制定《国务院办公厅关于建立统一的绿色产品标准、认证、标识体系的意见》,提出了一类产品、一个标准、一个清单、一次认证、一个标识的绿色产品体系整合目标。据此,国家标准委于2017年发布了《绿色产品评价通则》,替代了以前节能、环保、循环等多个独立评价体系,其以产品为中心,以产品的生命周期为导向,以家具、纺织品等消费热点为对象,以资源、能源、环境和品质为评价指标建立了综合评价指标体系。

四、绿色产品认证制度

绿色产品认证是认可机构依据绿色生产评价体系判断特定产品是否"绿色",对于符合标准的产品进行认证,许可其使用绿色标识的过程。绿色产品认证制度与绿色生产评价制度紧密相连,是检验绿色生产目的是否达到的有效工具,也是促进绿色消费的重要前提。

2015年,中共中央、国务院制定的《生态文明体制改革总体方案》就提出了"建立统一的绿色产品体系"的要求。国家发改委、原质监局于2016年修订了《能源效率标识管理办法》,国家发改委等部门于2017年制定了《水效标识管理办法》,工信部等部门于2017年制定了《关于推动绿色建材产品标准、认证、标识工作的指导意见》,在对建材产品进行绿色评价、认证的基础上还提出了向社会公众提供"产品认证信息查询、统计分析、结果发布"等服务,强化社会公众的绿色生产和消费理念,加强绿色认证的权威性与实施效果。2019年,市场监管总局制定了《绿色产品标识使用管理办法》,同年原农业部修正了《绿色食品标志管理办法》,对绿色产品、绿色食品标识(志)的认证、获得、使用等方面的内容作出详细规定。

五、供应链管理制度

生产过程一般以生产核心企业为基础,以配套零件与原材料为生产起点、生产中间以及最终产品,再通过市场销售机制将最终产品送至客户端,而供应链就是将原材料及零部件供应商、生产与制造商、分销商、客户端联系为统一整体的功能性网链结构。绿色供应链管理制度则是以产品全生命周期管理理念以及生产者责任延伸制度为基础,结合传统供应链管理制度,依托企业间的供应关系,以主要核心企业为基础和切入点,通过对供应、采购等环节的管理推动供应链上的相关企业履行环节责任、增加绿色产品供给。

2014年,商务部、原环保部、工信部制定《企业绿色采购指南(试行)》,对企业生产原料采购、存储、流通等环节都作出规定,力求打造绿色供应链;2016年,原环保部制定《环境保护部关于积极发挥环境保护作用促进供给侧结构性改革的指导意见》,提出"推进以绿色生产、绿色采购和绿色消费为重点的绿色供应链环境管理"的要求;同年,工信部印发《工业绿色发展规划(2016-2020年)》,提出以绿色供应链标准、生产者责任延伸制度为基础,以行业龙头企业为依托,带动上游零部件或元器件供应商和下游回收处理企业,构建涵盖采购、生产、营销、回收、物流等环节的绿色供应链;2018年,商务部制定《商务部办公厅关于做好2018年绿色循环消费有关工作的通知》,要求积极推进绿色采购,着力推动绿色包装,持续推广绿色回收,构建绿色供应链。

六、合同能源管理制度

合同能源管理(Energy Performance Contracting,EPC)是基于市场机制运行的一项节能制度,不仅可以有效促进能源节约,也可以保障多方市场主体的互利互惠,主要形式为节能服务公司与有节能需求的用能单位合作并签订合同能源管理协议。1992年,美国通过了"能源政策法案"(EPAct),以立法形式确立了合同能源管理制度;1997年,日本"节能服务公司事业引入研究会"成立,负责合同能源管理的研究与推广工作;1987年,加拿大能源服务公司协会成立,对节能公司进行市场评级与资质认证,积极将市场力量引入节能领域。

我国《"十三五"节能减排综合工作方案》强调,要在重点用能领域推动开展一系列重点节能工程,大力推广合同能源管理、绿色金融等市场化机制，推动节能项目的有效实施和节能产品和技术的应用。国家发改委、税务总局等部门于2010年制定了《关于加快推行合同能源管理促进节能服务产业发展意见》。2010年制定的《合同能源管理技术通则》（GB/T 24915-2010）规定了合同能源管理的术语和定义、技术要求和参考合同文本，并将合同能源管理大致分为节能效益分享型、节能量保证型、能源费用托管型、融资租赁型及混合型等几种类型。2017年，国务院修订了《公共机构节能条例》，其中提及公共机构可以采用合同能源管理方式委托相关服务机构进行节能管理。《节约能源法》以及《循环促进法》也对合同能源管理制度进行了必要性论证以及原则性规定。

七、合同节水管理制度

与合同能源管理性质相同，合同节水管理（Water Resource Management Contract，WRMC）也是基于市场机制运行的一项节能制度，其主要形式为专业的节水服务机构通过与有节水需求的用水客户签订合同节水管理协议，由服务机构提供节水技术、设备、管理等，并获得相应节水效益，其本质是将社会资本引入到节水领域的节能管理机制。外国在这方面的起步较早，东欧国家亚美尼亚在其《水法》中引进了合同节水项目；2008年，美国金斯波顿市与节水节能公司合作以减少城市水资源消耗。

2016年，国家发改委、水利部、税务总局联合制定《国家发展改革委、水利部、税务总局关于推行合同节水管理促进节水服务产业发展的意见》，推行合同节水管理，并规定了节水效益分享型、节水效果保证型、用水费用托管型等典型模式。

相关实践案例：河北工程大学合同节水管理[1]。

---

[1] 参见《河北工程大学四年节水600余万吨 合同节水管理试点产生示范效应》，载河北新闻网，https://finance.hebnews.cn/2019-10/16/content_7495337.htm，最后访问时间：2021年12月21日。

2014年12月，水利部遴选河北工程大学为合同节水管理的全国首所试点高校，该校随即与北京国泰节水发展股份有限公司签订了6年合同期的项目协议。该协议约定了双方的权利义务、合同节水模式的运行程序，即采用效益分享模式。具体而言，由北京国泰负责投资建设河北工程大学的校内节水设施，河北工程大学用节水获得的收益来偿还北京国泰的节水改造成本，从而保障北京国泰实现盈利。2015年1月，项目正式开展。该项目开展过程中，总计引入社会资本958万元用以河工大清洁用具改造、地下管网改造、用水监管平台建设等核心内容。通过合作，河北工程大学取得节水100万立方米/年、污水排放减少70万立方米/年、水费减少355万元/年的收益，预期3年内收回建设成本，并预计合同期内可节水共计约1200万立方米，污水排放减少850万立方米。[1]

八、农业生产托管制度

农业生产托管是农户等经营主体在不流转土地经营权的条件下，将农业生产中的耕、种、防、收等全部或部分作业环节委托给农业生产性服务组织完成的农业经营方式。发展农业生产托管，可以通过服务组织的专业化服务将先进适用的品种、技术、装备等要素导入农业生产，切实解决小农经济经营方式粗放、生产效率低下等问题。这有利于促进服务规模经营发展，促进农业节本增效，推进农业绿色生产发展。

2017年，原农业部、财政部印发《农业部办公厅、财政部办公厅关于支持农业生产社会化服务工作的通知》，通过调动社会力量促进绿色、高效、现代的农业生产方式；2017年，原农业部制定《农业部办公厅关于大力推进农业生产托管的指导意见》构建农

---

[1] 数据来源：《河北工程大学引进社会资本试点合同节水 节水率达35%》，载http：//hebei.hebnews.cn/2015-06/16/content_4843692.htm，最后访问时间：2024年5月8日。

业生产托管制度，弥补个体农户实力缺陷，促进农业绿色生产。2017年至2019年，为支持农业社会化服务的发展，中央财政分别安排专项资金30亿元、40亿元、40亿元支持，取得了良好生态及经济效益。[1]

相关实践：农业生产托管"临汾实践"[2]。

临汾市耕地面积现为741万亩，从2016年到2018年，注册登记的农机专业合作社由503家增加到606家，土地托管面积由62万亩增加到81万亩，土地规模经营面积也由66万亩增加到81万亩，植保服务类合作社也从无到有，从0增加到了16个。同时，临汾市形成了"菜单式指引、合同式托管、保姆式服务、管家式经营、网格式管理"的"洪洞模式"，"三级四化五降减"的"翼城模式"，"五统一"助力农村集体经济发展的"曲沃特色"，山区农业生产托管的"浮山探索"，林果业生产托管的"隰县路径"。

九、绿色采购制度

《政府采购法》第9条要求，"政府采购应当有助于实现国家的经济和社会发展政策目标，包括保护环境……"。《清洁生产促进法》第16条、《循环经济促进法》第47条都规定，使用财政性资金进行采购的，应当优先采购节能、节水、节材和有利于保护环境的产品及再生产品。《节约能源法》第64条则进一步规定，政府采购监督管理部门会同有关部门制定节能产品、设备政府采购名录，应当优先列入取得节能产品认证证书的产品、设备。在实践中，我国绿色采购制度具体开展主要还是依据国务院行政法规和部门规章，实施部分节能产品强制性采购、部分节能产品和环境产品优先

---

[1] 参见王玉斌、李乾：《农业生产托管利益分配模式比较研究》，载《改革》2019年第8期。

[2] 参见张建山、卫亚波、解晓晨：《农业生产托管"临汾实践"的调查与思考》，载《前进》2019年第12期。

采购制度，采购范围主要包含产品购买、工程购买和服务购买三类。

十、碳排放交易制度

碳排放交易制度是规制生产者减少二氧化碳排放量、实现绿色生产目标的重要市场手段。我国碳排放交易市场自 2013 年启动七省市试点以来已有一定成效。我国碳排放交易法律制度建设目前处于初期阶段，其主要法律规范包括《碳排放权交易管理办法（试行）》《温室气体自愿减排交易管理暂行办法》，以及《碳排放权交易管理暂行条例（征求意见稿）》，其确立了碳排放交易在实现碳达峰、碳中和目标中的重要地位和基本运行原则，基本建立了全国碳市场总量控制目标下的碳配额分配机制，确立了碳排放交易市场各主要参与方与监管部门的权责利体系，以及信息披露、禁止操纵市场等市场监管基本规则。全国统一碳排放交易市场已启动，生态环境部对此发布了一系列文件，对于全国碳交易的三个最重点环节——登记、交易和清算的运作流程和操作细节进行细化。

十一、绿色金融法律制度

金融机构在促进绿色生产中发挥着造血功能，因此，绿色金融类法律制度是否完善对于保障绿色生产具有举足轻重的意义。《节约能源法》第 65 条、《循环经济促进法》第 45 条、《清洁生产促进法》第 32 条等法律规定，国家引导金融机构增加对符合条件的特定项目提供优惠贷款，并积极提供配套金融服务。我国已初步建立了促进绿色生产的绿色金融运行机制，包括监管与组织运行机制、激励和约束机制、信息共享与披露机制、风险管理机制、市场交易机制、评价与服务机制等内容。2021 年，《深圳经济特区绿色金融条例》正式实施。这是我国首部绿色金融法律法规，同时也是全球首部规范绿色金融的综合性法案。

绿色金融主要包括绿色信贷、绿色保险、绿色证券。为切实实现绿色生产，我国实行差异化的信贷政策，同时，我国建立信贷环境信息平台作为银行评估借贷风险以及监管部门监督银行的主要依据。在此基础上，我国在地方政府层面建立了绿色信贷政策效果评估制度。例如，2010年，山西省发布《山西省绿色信贷政策效果评价方法（试行）》，对全省银行业金融机构的绿色信贷实施效果进行综合量化评分定级，并将结果作为考核和奖励依据。

关于绿色保险，中国人民财产保险公司提出"3-3-7"框架，即绿色保险服务于支持环境改善、应对气候变化和促进资源节约高效利用三大方向，囊括绿色保险产品、绿色保险服务和保险资金的绿色运用三个板块，以及包括绿色产业风险保障类、促进资源节约高效利用类等在内的七类绿色保险产品。作为绿色证券的重要内容之一，高污染企业在IPO或再融资时必须根据规定进行环保核查及后续监督，同时要求上市公司应当披露可能对自身证券交易价格造成较大影响的环境信息。同时，我国也在不断推动绿色债券的发展，目前主要包括用于节能减排和环保目的的绿色债券和碳债券。此外，我国也正在推行排污权有偿使用和交易相关金融政策。例如，一些地方商业银行可开展排污许可抵押。

第五章

我国绿色生产法律制度存在的问题

我国绿色生产相关法律以及绿色生产法律制度体系发展迅速，内容不断充实，但从理论及实践两个层面进一步分析，可以发现还存在着一些问题，这些问题主要集中表现在三个方面，即绿色生产立法存在缺陷、绿色生产评价机制存在缺陷、绿色生产激励机制存在缺陷。

第一节 绿色生产立法存在缺陷

正如上一章所言，我国目前实践上已经形成了以《环境保护法》《清洁生产促进法》《循环经济促进法》为主体，一系列与绿色生产和消费内容密切相关的"子法"、细则或行政规章协同推进的法律框架，但这一绿色生产法律法规的宏观框架存在显著不足，相关立法工作存在明显的滞后性、绿色生产市场化机制与多元化机制等相关立法缺位、已有立法间协调性与整体性不足等问题仍客观存在。

一、我国绿色生产立法整体存在不足

纵观绿色生产相关法律，其在数量与质量上均难以满足现实需求，且由于现有法律整体上制定时间较早，部分法律在立法理念、制度设计上滞后。

第五章　我国绿色生产法律制度存在的问题

（一）现有立法数量、质量难以满足现实需求

目前，与绿色生产相关的法律仅有《循环经济促进法》《清洁生产促进法》《节约能源法》等主要法律。研究这些法律条文的内容与框架可以发现，其原则性规定较多，相关条款并不具备实际可操作性，诸如生产者责任延伸制度、供应链管理制度等绿色生产重要法律制度并没有在相关立法中体现，而仅仅依托于部门规章、部门规范性文件而确立。法律层面的立法缺位极易导致法律制度缺乏权威性、稳定性以及强制性，使绿色生产制度运行实践效果与预期有所差距。

第一，诸多法律制度尚未建构完毕。以《循环经济促进法》为例，该法留下诸多空白配套立法。譬如，该法第15条第4款规定："强制回收的产品和包装物的名录及管理办法，由国务院循环经济发展综合管理部门规定。"但负有强制回收要求的产品和包装物名录以及管理办法至今尚未出台。再譬如，该法第16条第3款规定："重点用水单位的监督管理办法，由国务院循环经济发展综合管理部门会同国务院有关部门规定。"该监督管理办法同样尚未出台。由此可见，现有立法环节存在着专门性立法较少、配套法律规范缺乏的问题。从其他内容来看，现行法律规范中并未规定企业法定的绿色生产义务，对企业的绿色生产经营活动缺乏强制性规定，其规范多流于原则性、倡导性层面的要求。在制度创立上，以生产者责任延伸制度为例，生产者责任延伸制度主要依据企业社会责任理论以及外部性内部化理论等，用以拓宽生产者的环境责任，将生产者环境责任延伸到了产品设计、流通消费、回收利用、废物处置等全生命周期，但该制度在我国尚在襁褓之中，并未建立起来；企业的回收利用、废物处置等要求尚属于原则性规定，并未制度化、流程化；同时，我国也尚未建立起拆解物无害化处理的追踪管理制度等相关配套制度，这使得制度实际运行过程中存在监管漏洞，企业拆解废弃物后可能仅对其采取简易处理便将其输入市场,而绕过相关规范所规定途径加以回收利用。尚未构建完毕的法律体系及尚有缺陷的配套制度将给社会、经济以及环境带来不稳定的潜在风险。

第二,部分已经建立起来的法律制度并未得到良好的落实。以可再生资源回收以及废物回收利用制度为例,2006年商务部发布了《商务部关于加快再生资源回收体系建设的指导意见》,2007年商务部等多部门联合发布了《再生资源回收管理办法》(已修订),但后续具体制度构建情况并不理想。在法律层面,纵有《循环经济促进法》第15条确立了产品及包装物的强制回收制度,《清洁生产促进法》《固体废物污染环境防治法》《电子商务法》《民法典》等规定了应当实现包装材料的减量化和再利用、禁止过度包装等制度,《关于加快推进快递包装绿色转型的意见》提出了包装绿色治理、提升包装产品规范化水平、规范废弃物分配投放和清运处置等意见,但这些要求并未在实践中得到落实。从现实数据来看,仅2021年"双十一"期间,全国就已处理超过10.5亿件的快递,全年处理快递达到数百亿件。由于缺乏相关配套制度来实现快递垃圾的回收利用,现多通过快递企业的行业自治来实现部分纸箱回收,但这并不足以与庞大的快递垃圾抗衡,大量快递垃圾还是不能得到充分回收利用。此外,编织袋、塑料袋、纸箱及气泡袋等大量快递废弃物的回收利用率极低,最终流向往往是直接填埋或焚烧处理,这不仅对资源造成极大浪费,也将对环境产生巨大污染。而通过对我国有关法律法规的综合性分析可以发现,与之相关的问题多依据行政规章或直接行政手段的方式予以规制。

(二)部分法律立法理念滞后

立法是将统治阶级意识现实化的实践活动,只有在正确的立法理念指导之下才能让所订立的法律具有实践价值。而立法理念是指导立法的理性观念,是用以指导法律中制度构建、框架安排、目标

第五章 我国绿色生产法律制度存在的问题

实现等内容的基础性理论，体现了对法律本身及其基本原则、运行规律的认识。[1] 绿色生产的相关立法作为建设低碳环保型社会中至关重要的一环，明确其背后所承载或体现的立法理念及其价值取向，将对于实现我国绿色生产的目标有着至关重要的作用。为了应对我国发展所面临的资源紧张、污染严重、生态系统退化等问题，绿色发展理念被创造性提出。该理念强调以人与自然和谐共生的价值为取向，把环保技术以及清洁工艺等有利于生态环境保护的手段运用到经济发展的过程之中，从而追求能源资源低消耗、环境污染少、废弃物回收利用率高的效果，实现环境保护、资源利用率提高等目标，努力构建节能环保社会。因此，绿色生产相关法律的立法理念应当是严密契合当前环境保护现状需要以及绿色发展要求的指导思想。探究与绿色生产相关法律的内容及运行逻辑时，应当要全面、完整地考察，讨论其是否阐释和体现绿色发展理念的核心要义，是否已将绿色发展的内容贯彻到立法中、体现在具体的法律条文上。

在理论层面，我国现有绿色生产法律的立法理念发展进度不一，总体较为滞后，这导致绿色生产法律制度面临着法律缺位的尴尬境地。例如，虽然环境保护相关法律法规将"推进生态文明建设"列为追求的目标，但清洁生产、循环经济促进等法律中仍然强调"经济和社会的可持续发展"，该立法理念落后，未能突出对"生态文明"的价值追求；而与绿色生产紧密相关的《政府采购法》《产品质量法》等法律法规中的"绿色"成分则更少，未将"绿色"作为政府采购、企业生产的要求，这严重阻碍绿色生产的落实。在绿色生产领域中，相关法律法规的立改废释工作也明显滞后。虽然政策先行是我国制度构建的一大特点，但相较于政策而

---

[1] 参见郭道晖：《立法理念与重心的与时俱进——以"十七大"精神审视我国法律体系》，载《政治与法律》2008年第6期。

言,法律具有稳定性、权威性、规范性与强制性,应当与时俱进、结合实际,不断加强对法律体系的补充与完善。

二、绿色生产市场化机制相关立法缺位

学界大部分学者主张通过市场化机制来进一步推动绿色生产的实现,此主张的理论依据主要是经济外部性理论。最初提出这一理论的学者是阿尔弗雷德·马歇尔,其认为,经济外部性指的是在特定的社会经济活动中,一个经济主体(国家、企业或个人)的行为直接影响到另一个相应的经济主体,却没有给予相应支付或得到相应补偿,[1] 而这种外部性需要得到特别的关注。

(一)绿色生产市场化的必要性证成

一方面,生态系统具有鲜明的公共产品属性,污染者在生产经营活动中若仅从自身角度考虑成本收益选择,而将环境成本转嫁给他人、社会及未来,以环境污染与资源破坏换取自身利润,此为非绿色生产的"负外部性"问题;另一方面,绿色生产也存在着"正外部性"问题,企业或个人从事的污染治理、改进设备等绿色生产活动为生态环境改善支付了额外成本,但相关主体很难从中得到其他受益方的补偿。存在外部性的情况下,庇古主张通过补贴解决正外部性问题,而税收则用来解决负外部性问题[2]。以科斯为代表的新制度经济学家则认为,如果交易成本为零,庇古税没有必要,通过协商就可以达到资源最优配置[3];如交易成本不为零,法律对初始产权的界定必然会影响资源配置效率,解决外部性问题需要通过对多种政策手段的成本效益权衡比较后确定。[4]

---

[1] See Alfred Marshall. Principles of Economics: an introductory volume (1980).

[2] See Arthur Cecil Pigou. The Economics of Welfare (1920).

[3] See Ronald H. Coase, "The Problem of Social Cost", *The Journal of Law & Economics*, 3 (1960), pp.1–44.

[4] 参见沈满洪、何灵巧:《外部性的分类及外部性理论的演化》,载《浙江大学学报(人文社会科学版)》2002年第1期。

第五章　我国绿色生产法律制度存在的问题

通过市场化机制将社会资本引入绿色生产领域是促进绿色生产多元化发展、壮大绿色生产力量、实现绿色生产目标的重要手段。例如，合同能源管理制度、合同节水管理制度、农业生产托管制度等制度，都在实践中取得良好效果。但必须强调的是，市场机制如果想要发挥其内化外部的功能，还必须满足一些基本条件。从本质上讲，市场机制是以商品经济为基础，由经济运行、资源优化配置等多方面问题组成，其应当具有完善的市场主体准入机制、基本的市场服务机构、必要的资本支持以及监督管理力量等内容。[1]

（二）绿色生产市场化机制立法的具体缺位

对比应有标准，我国目前与市场服务机构、服务标准、审核标准、融资支持等相关的法律法规尚且处于缺位状态。

从我国对绿色生产融资支持的立法现状来看，现中央出台的法律文件多以部门规章和政策性文件为主，无行政法规或法律，各部委以通知、意见形式发布，效力层级低、软约束力的特点突出。且不论是中央还是地方的法律文件、政策措施都体现着倡议性、激励性为主的特征，在内容上也不断重复已有规则或标准，缺乏实质意义上的进步或更新，同时也面临着诸如信息公开和监管等内容缺失的问题。由于绿色生产所涉及的辐射面较广，《绿色产业指导目录（2019年版）》仅规定了绿色发展项目的名称，而并没有与之对应的配套文件，更无从谈及相应措施。以上法律规范的缺位不仅有可能导致金融风险的发生，还可能使我国绿色生产缺少配套制度的支持，不利于发展。

此外，以合同能源管理制度（Energy Performance Contacting）为例，在合同能源管理中，用能单位与节能服务公司订立合同，合同中明确约定节能项目的节能目标，节能服务公司为实现该目标而

---

[1] 参见谢俊丽：《斯密市场机制理论探微》，载《社会科学研究》2000年第4期。

为用能单位提供必要服务，同时，用能单位根据节能所产生的经济效益向节能服务公司支付投入及合理利润。而该制度在法律层面却规定较少，仅在《节约能源法》第 66 条对合同能源管理作了原则性规定，指出国家运用财税、价格等政策支持推广合同能源管理等节能办法；具体内容与规定则散见于各类规范性与政策性文件中。例如，《合同能源管理技术通则》（GB/T 24915-2020）这一侧重于技术规范的规定，其突出强调了合同能源管理的技术要求和合同文本，但并未规定节能服务标准、服务效果审核认定等行业规范，这致使节能服务公司缺乏必要的监督，往往以自我审计的方式取代第三方机构的监督。另一方面，相关立法缺失导致目前市场对节能服务认可度不高，加之合同能源管理本身周期长、所需资金量大、投产比小等问题，节能服务公司很难获得信贷支持。故而在绿色生产进行市场化机制改革过程中，由于缺乏必要的立法支持，合同能源管理等制度难以往纵深处发展。

三、绿色生产多元化机制相关立法缺位

公共治理以公共服务和公共利益最大化为导向，在公共事务治理中反映并实现社会多元主体的合理期待。而在环境公共治理理论中，公共治理则具体体现为"生态优先、绿色发展和基层民主"的执政理念，鼓励"通过国家政权机关、政协组织、党派团体、基层组织、社会组织的协商渠道，参与立法协商、行政协商、民主协商、参政协商和社会协商"[1]。党的十九大提出了"构建政府为主导、企业为主体、社会组织和公众共同参与"的环境治理新理念，意味着环境治理走向"政府、企业、公众共治"多元化阶段[2]。

---

[1]《习近平：关于〈中共中央关于全面深化改革若干重大问题的决定〉的说明》，载 http://www.xinhuanet.com/politics/2013-11/15/c_118164294.htm，最后访问时间：2022 年 1 月 13 日。

[2] 参见金太军、薛婷：《乡村生态环境的精细化治理：逻辑维度与实践进路》，载《理论探讨》2020 年第 4 期。

在绿色生产机制构建过程中，应当纳入社会多元主体的力量，进而实现环境保护与经济发展之间的高度协调，其原因在于包括企业、社会组织、公民等在内的公众是环境信息的传递者、环境权益的维护者、环境决策的监督者，是环境权益的相关方，因此，无论是绿色生产许可的实施、许可后的监管等环节都应当尽可能实现公众参与。

正如前文所及，绿色生产涉及工业、农业、服务业等多个产业，设计、制造、物流、垃圾处理等多个行业，政治、经济、文化等多个领域，行政机关、生产者、消费者、社会组织等多类主体，并非是特定单个主体或单类群体可以完成的任务。社会多元力量的调动有利于补充行政机关的行政管理效果，促进绿色生产的稳定发展。但目前绿色生产法律层面涉及行业协会、公益组织、社会公众等社会主体的规定还处于缺位状态，不利于发挥社会多元主体的支持与监督力量。

以能效"领跑者"制度为例。在我国，能效"领跑者"制度是指以激励性措施为主要手段，在特定领域通过树立企业标杆的方式，激励在该领域内的其他用能主体及用能产品向标杆靠拢，进一步实现节能目标，并通过不断更新能效"领跑者"目录和将之转变为强制性标准等方式，带动提高全行业、宽领域的节能目标标准的激励性制度，适用于终端用能产品、高耗能行业以及公共机构，而该制度的规定散见于国务院以及各省市的实施方案或实施细则中。国家发改委等于2014年发布了《能效"领跑者"制度实施方案》，文件中要求省级节能主管部门、工业和信息化主管部门、质监局等部门应当调动行业协会力量，授权其进行"领跑者"企业入围遴选工作进而向中央上报入围名单，由专家进行审批、公示。2015年的《高耗能行业能效"领跑者"制度实施细则》规定，工信部、发改委、质检总局依托地方有关部门以及行业协会等第三方机构进行企业遴选工作，但是在能效"领跑者"制度实际运行过程中，则主要依靠地方有关部门组织与企业自愿申报相结合的遴选模式，行业协会等并没有参与其中。由于生产具有专业性，而行业协会熟悉其各自领域的生产方式与节能途径，对"领跑者"的确定有着至关重要的作用。由于在现有立法中缺少了对第三方机构地位的认可，在实践中出现了仅靠行政机关审批企业申报材料即上报的情况，这导致许多地方向中央上报的"领跑者"企业水平良莠不齐，行业协会等第三方机构的力量和监督并没有发挥应有作用。

四、我国绿色生产法律之间缺乏整体性、协调性

从法律整体协调性角度来剖析我国在绿色生产领域的现行法律可以发现，相关法律之间不具备协调统一性，并未形成有效的绿色生产法律体系。

就发展进度而言，近年来我国侧重环境保护、污染预防相关法律法规的制定与修改，而《清洁生产促进法》于2012年修正，《循环经济促进法》于2018年修正，清洁生产、循环促进等相关法律法规及其配套规定的制定、修改、清理等工作进展缓慢，内容更新慢。

就法律规定而言，清洁生产、循环经济以及节约能源的内涵与理念存在重合之处，这使得我国存在相关领域重复立法的情况，如《节约能源法》《循环经济促进法》以及《清洁生产促进法》均对节约能源教育作出规定，但教育部门的职责以及教育承担主体等存在差异，这并不利于节约能源教育的推进。此外，废物回收和循环利用方面同样存在类似问题。2016年，国务院办公厅制定了《生产者责任延伸制度推行方案》，在我国确立了生产者责任延伸制度，其中明确了生产者对产品在回收利用阶段的义务；但是，依照2019年《废弃电器电子产品回收处理管理条例》，生产者只需交纳基金费用即可。两者在责任义务的规定上并不一致。

就法律衔接而言，虽然绿色生产相关法律之间存在链接关系，但由于在立法理念、制度设计等方面都有所区别,加上绿色生产涉及行业领域广泛,生产环节复杂,法律之间衔接不畅,甚至有所冲突的问题。在生产领域,与绿色生产最为密切的法律应当为《清洁生产促进法》,但由于该法是以促进法的方式建立的,法律责任条款较少,鼓励性条款虽多但缺乏落实性,导致其实施效果差,并没有实现法律衔接。

五、行政机关设置及其职权划分存在问题

从法律所规定的行政机关及其职权来看,协调统一的行政管理体制是绿色生产法律制度贯彻落实的基础。为了避免政府实践过程中的职能越位、缺位和错位,我们应当依法设定相关机关的行政职能及其权力范围。在法律层面,《循环经济促进法》规定全国循环经济促进工作由循环经济发展综合管理部门负责。《清洁生产促进法》以及《节约能源法》也都规定,全国清洁生产促进(节能)工作由清洁生产综合协调部门(管理节能工作的部门)负责,这种行政设置存在以下问题:

(一)"综合协调部门"法律性质不明

国务院的三定方案、中央编办规范性文件以及《国务院行政机构设置和编制管理条例》中既未将此类"综合协调部门"定性为国务院正式的职能部门,也未将其定性为国务院议事协调机构。首先,这类综合协调部门虽然拥有法律授予的"组织、协调"职权,但法律未对具体职能部门进行授权,这种抽象职权实际上由发改委的具体职能机构和责任人员承担,具体工作仍由国务院现有的职能部门、行业行政主管部门负责和实施。其次,综合协调部门缺乏明确的政府方案与部门公章,不具备完整的行政主体资格,既无法独立对行政相对人作出行政行为,亦无法承担相应法律后果。在这种突出职能、弱化部门名称的模式下,如果发改委、财政部等具体部门只是协商平台,综合协调部门的"权、名、责"要件并不齐备,会导致法律执行、行政监督等问题都难以落实。

(二) 相关部门之间容易协调不畅

部门与部门之间具有独立性，也有各自的利益需求，协调机制的产生并未变更职权分割的局面，部门间的地位、作用及责任存在诸多差异。而在绿色生产领域的综合协调部门由于缺少法律授权，本就运作难度大、举步维艰，再加上不具备明确的权责分配体系、高效的协作机制与程序，极易发生部门间互相"踢皮球"、互相推诿等情况，造成"政出多门"的问题。同时，由于部门独立性与待解决问题的多样性之间的矛盾，法律往往难以列举应当协同合作的"多部门"。在绿色生产领域，除与之密切相关的生态环境部、财政部、工信部等部门外，具有重要功能的教育部、农业农村部等部门往往处于边缘状态。此等部门往往被定义"其他部门"，并未被规定应承担的职责，在各部门协作中将难以形成合力，造成综合协调部门组织、协调工作难以进行。

(三) 法律责任追究机制尚需完善

虽然相关法律中都在法律责任相关规定中规定了"直接负责的主管人员"的法律责任，但是由于"综合协调部门"法律性质不明，各部门之间衔接不畅、职权不清，很难判断责任由谁承担。在综合协调机制的框架下，部门定位、作用功能均不同，如何界定特定部门是否未依法履行职责而应承担法律问题尚无法解决。并且，对部门、对职位、对责任人的具有针对性的追责机制尚未建立，这造成责任难以追究，影响行政质量。

第二节 绿色生产评价机制存在缺陷

绿色生产评价是判断各个生产环节以及生产的产品是否"绿

色"的重要依据,是绿色生产法律和政策体系中的重要组成部分。国内庞杂的生产体系导致构建全面、统一、协调的绿色生产评价机制难度较大。生产环节作为绿色生产的核心,现阶段有关部门主要是以生产环节及其产品为评价重点,借由绿色供应链管理制度完善产品源头设计、原材料采购、产品流通、回收再利用等环节,而该评价机制还存在以下问题。

一、绿色生产审核机制存在问题

绿色生产审核,在狭义上也可以理解为清洁生产审核。清洁生产着眼于产品的生产过程,因此,绿色生产审核机制重点分析和评估生产全过程,从原料、能源、设备、生产流程、产品本身、技术工艺、员工管理等多个角度着手,通过多种手段确定生产过程产生废弃物的具体部位以及废弃物的排放量及排放的具体原因,找出能耗高、物耗高以及污染高的关键节点,并提出针对性的解决对策,最终采用合适的方案提高能源和资源的利用效率,降低污染的排放,实现经济和环境的双重效益。近年来,地方各级政府按照党中央、国务院部署要求,积极推进清洁生产审核工作,不断提高重点行业清洁生产水平,大幅降低污染物排放强度和能耗,在助力打赢污染防治攻坚战、促进产业改造升级等方面取得了显著成效。实践表明,清洁生产审核是推动清洁生产工作的有效手段,是践行绿色发展理念的重要途径。绿色生产审核机制与环评制度相比,其对污染控制工作具有更好的持续性,得以贯穿生产始终;与"三同时"制度相比,其更加具有时效性;与单纯污染防治相比,将污染从末端治理提前到生产和服务流程,使其更加具有灵活性与效益性。但即便如此,还有许多待解决的问题。

(一)清洁生产审核的对象具有局限性

依照《清洁生产促进法》第27条以及《国务院关于加快建立健全绿色低碳循环发展经济体系的指导意见》的规定,目前仅对以下企业实施强制性清洁生产审核机制：①污染物排放超过国家或地方排放标准的重污染型企业；②超过单位产品能源消耗限额标准的高耗能型企业；③使用或生产中排放有毒、有害物质的企业。

除以上提及"双超双有高能耗行业"外，其余企业均为自愿性清洁生产审核对象。根据基本生产原理，其他企业，尤其是广大中小型企业其实同样具备清洁生产潜力与需求，其背后还有巨大的节能降耗空间。自然资源保护协会与中国标准化研究院资环分院于2020年发布的《中小企业节能潜力分析及供应链节能减排政策研究》数据显示，作为试点企业之一的江苏盛恒化纤有限公司在建立起符合企业经营生产状况和中长期发展的能源管理体系后，初步实现年节电量306.44万千瓦时，节省能源费用约214.51万元；吴江佳力高纤有限公司在试点项目第一年（2016年9月~2017年9月）投资302万元，实施了4项管理节能与2项节能技改项目，初步实现年节电量751.15万千瓦时，节省能源费用510.78万元。这些中小型企业可以通过可持续能源管理体系的有效运行，进而实现企业能效提升和用能优化，达成经济效益与社会效益双赢[1]。但是，如何通过配套机制引导该部分企业积极参与到清洁生产审核之中，这一问题亟待解决，全国范围内所有企业的绿色生产转型亟需突破这一局限性。

（二）清洁生产审核的环节不全面

实行强制性清洁生产审核的企业为"双超双有高能耗"企业，因此，条件为这些企业的生产环节超过污染总量、重点污染物排放总量以及总耗能量标准，这一环节限定过于片面。绿色生产应当涉及产品设计、原料供应、生产及销售、使用、回收再制造等环节及期间所涉及的供应方、生产方、销售方、运输方、消费者及回收方

---

[1] 参见自然资源保护协会、中国标准化研究院：《中小企业节能潜力分析及供应链节能减排政策研究》，载自然资源保护协会网，http：//www.nrdc.cn/information/informationinfo？id＝248&cid＝49&cook＝2，最后访问时间：2022年1月13日。

等多方主体。仅以总量作为启动强制性清洁生产审核的条件过于片面，极易造成总体不超标，但发生部分环节漏洞，致使不符合节能要求，造成浪费资源与能源、污染环境的不利局面，进而限制绿色生产的全面发展。

（三）清洁生产审核标准存在交叉、重叠与空白

现存绿色生产标准体系设置较为杂乱，《清洁生产促进法》中未明确规定清洁生产标准，而《清洁生产审核办法》则规定主要由环保部门与节能部门以其标准进行审核，大型企业很有可能同时涉及三种情况，而适用何种标准暂无规定，且《循环经济促进法》中规定的循环经济标准体系也没有被包括在其中。同时，由于我国地方经济发展水平以及环境承载能力差异显著，地方有关部门在制定审核标准时，应当紧密贴合所在地区企业的生产工艺情况、技术装配水平、能源资源消耗状况和环境影响程度等，积极探索具有特殊性的地方性清洁生产审核标准。

（四）清洁生产方案的产生、实施缺乏科学性和全面性

现有清洁生产方案的制定缺少公众参与和专家指导，审核人员具有局限性，以上原因造成现有清洁生产方案过于单一、脱离生产实践，减少污染、节能减排方案并未具体到特定企业、特定生产环节，不能针对性地解决问题。同时，企业选择和实施清洁生产方案缺乏全面分析，缺乏对方案中的环境、技术、经济作出系统研判，未能摆脱唯利润论、成本外部化的落后观念，仍将污染摆在末端治理的位置，这与绿色生产的理念背道而驰。清洁生产审核机制亟待建立清洁生产专家库、加强企业落实方案意识，积极实现计分考核、动态管理，保证清洁生产方案的科学性和全面性。

（五）清洁生产审核法律责任过轻

依据《清洁生产促进法》，拒不实施强制性清洁生产审核或存在弄虚作假行为、实施审核却不报告或不如实报告审核结果的企

业，由县级以上人民政府的综合协调部门、环保部门责令其限期改正，对于拒不改正的，处以 5 万~50 万元罚款。从处罚力度来看，所罚款项并不能与那些应当进行强制性清洁生产审核的企业违反机制而获得的利润相当，简言之，企业违法成本过低。同时，清洁生产审核制度未与企业环境信用评价体系挂钩，不会对企业的生产造成影响，这使得清洁生产审核机制的法律责任威慑力严重不足，甚至会反向推动企业做出违法行为。

二、绿色产品认证机制存在问题

根据《国务院办公厅关于建立统一的绿色产品标准、认证、标识体系的意见》（以下简称《意见》），绿色产品认证意在向消费者传递绿色产品信息，引导消费者选购环境友好型产品，主要依托产品的全生命周期的理念，从资源获取、生产、销售再到使用、处置回收等全周期对产品进行筛选，将具有资源能源消耗少、污染物排放低、低毒少害、易回收处理和再利用、健康安全和质量品质高等的特征的产品标识为"绿色产品"，进而实现生产方式、消费模式双通道改革。因此，绿色产品认证机制是构建绿色市场体系的重要组成部分，是政府进行绿色采购、引导消费者进行绿色消费的前提与关键，也是绿色生产的直接表现。但是，自 2016 年《意见》发布以来，实际的机制运行效果并未达到理想预期，目前还存在如下一些问题。

（一）绿色产品标准覆盖面窄

《意见》要求优先选取与消费者吃、穿、住、行、用领域密切相关的生活资料、终端消费品、视频等产品，并要求加快制定该类产品的评价标准。但绿色产品标准制定与落实的现实并不理想，绿色产品认证面临着目录产品类别少、产品标准要求高的问题。目前，绿色产品标准的主要依据为 2017 年国家标准委发布的《绿色产品评价通则》（GB/T 33761-2017）、市场监管总局发布的《绿色产品标识使用管理办法》等规范性文件。以《绿色产品评价通则》为例，其覆盖面基本集中于制造业与工业等领域，并不涉及农产品、服务产品的生产、使用及回收等方面的评价标准，因此，可以使用绿色产品标识的范围较少。此外，即便是在制造业与工业领域，《绿色产品评价通则》围绕优先制定国标提出的15项工作建议覆盖面也还是较窄，十分容易导致生产污染由高标准产业向低标准产业转移，阻碍生产体系整体性发展。

（二）绿色产品认证监管机制不成熟

由认证机构对相关产品作出是否符合评价标准的判断，是绿色产品标识产生的主要途径。在市场环境中认证机构和企业往往倾向于充分利用现有资源以获取最大利润，因此，在认证过程中极易发生寻租现象。在绿色产品认证程序中，需要成熟有效、权责有效的监管机制把好关。但现有局面是，除了行政部门发布的《绿色产品评价通则》外，民间认证企业数目众多，采取的标准也不尽相同，认证范围十分广泛，而政府监管措施与监管方式难以形成有效监管，削弱了标准体系的实际操作性。《绿色产品标识使用管理办法》指出，获证产品在使用标识时，应当同时标注发证机构的标识。这是利用消费者声誉机制将市场与认证两者联系在一起，政府如何在其中发挥作用、如何在其间履行指导或监管职责，是监管机制亟待解决的问题。

（三）绿色标识违法使用法律责任过轻

《意见》要求严格追究生产者对产品质量的主体责任，认证机构对检测认证结果承担连带责任，对严重失信者建立联合惩戒机制，对违法违规行为的责任主体建立黑名单制度。《绿色产品标识使用管理办法》第12条规定，存在绿色产品标识违规使用相关情况的，依据有关法律法规进行处罚。但并未指出明确的法律法规，法律责任不清晰。根据《产品质量法》第53、54条的规定，对于伪造、冒用、不标注或不如实标注标识的企业，由行政机关责令改正，没收违法所得，没收违法生产、销售的产品，并处违法生产、销售产品货值金额一定比例的罚款，情节严重的可吊销营业执照。从以上对违反绿色产品标识制度的企业所规定的法律责任来看，其惩罚力度与企业违法收益完全不成比例，违法成本过低使得绿色产品认证实效性不足。

第三节　绿色生产激励机制存在缺陷

　　绿色生产要求企业在生产过程承担使用绿色生产工艺与设备、提高资源利用率、减少对环境的影响等责任和义务，企业需要从源头设计开始就增加相应成本。虽然节能会使得企业受益，但绿色生产总体上大概率会增加企业的生产成本、削弱企业的竞争力，与企业的逐利性产生冲突，且其成本还会向产业链下游延伸，影响绿色生产的整体发展，因此，对相关企业进行激励是必要的。

　　不过，立法者同样考虑到了企业自身的逐利性与绿色生产的正外部性，因此，现行不同类型的法律对激励措施都作出了一定规定，但相关规定之间不甚相同，详见表5-1。结合理论与实践，我国绿色生产激励机制目前还存在可操作性不足、标准体系不完善等问题。

第五章 我国绿色生产法律制度存在的问题

表 5-1 不同类型的法律对激励措施的规定

法律	财政激励	政策激励	市场激励	个人激励
《循环经济促进法》	1. 国务院和省、自治区、直辖市政府设立发展循环经济相关专项资金； 2. 对使用、生产列入相关鼓励名录的技术、工艺、设备、产品的企业给予税收优惠。	1. 实行有利于资源节约和合理利用的价格政策； 2. 实行有利于循环经济发展的政府采购政策； 3. 县级以上循环经济发展管理部门应将节能、节水、资源综合利用等项目列为重点投资领域。	1. 金融机构对符合国家产业政策的节能、节水等项目应当给予优先贷款等信贷支持，并积极提供配套金融服务； 2. 对生产、进口、销售、使用列入淘汰名录的技术、工艺、设备、材料、产品的企业不得提供任何形式的授信支持。	县级以上人民政府及其有关部门、企事业单位应对在循环经济发展中有突出贡献的集体和个人给予表彰和奖励。
《清洁生产促进法》	1. 针对利用或通过废物回收来收集生产原料的企业，按规定进行税收优惠； 2. 针对中小企业清洁生产，应从中小企业发展基金中安排适当数额进行支持。	1. 对从事清洁生产研究、示范和培训，实施国家清洁生产重点技术改造项目以及自愿实施技术改造项目的企业予以政策支持； 2. 审核和培训费用可以列入企业经营成本。		对在清洁生产过程中做出贡献的集体和个人作出表彰奖励。

续表

法律	财政激励	政策激励	市场激励	个人激励
《节约能源法》	1. 中央与地方财政安排节能专项资金支持节能工作； 2. 国家建立健全资源有偿使用制度，对节能产品、技术实施税收优惠支持； 3. 通过税收优惠鼓励先进技术、设备进口，控制高耗能、高污染产品出口。	政府制定节能产品、设备政府采购名录，优先列入取得节能产品认证证书的产品、设备。	1. 国家引导金融机构加强对节能项目的信贷支持以及社会资本的投入； 2. 国家实行有利于节能的价格政策。	

一、绿色生产激励机制可操作性不足

从本质上讲，财政激励、政策激励以及市场激励等形式都是政府行使行政职权的表现，均是为促进绿色生产服务的经济工具，如何采取有效激励措施、实现财政与激励双协调是一个重要课题。在依法治国背景下，政府对符合条件的企业予以激励必然需要依法进行，激励程度、激励对象、激励程序等均应由法律规定；同时，激励机制还需要保证合理性以及科学性，符合经济发展的客观规律。但就现有规定而言，我国绿色生产激励机制立法尚不完善，无法发挥其应有功能。

（一）现有激励机制规定较为原则

在法律层面，以《循环经济促进法》为例，该法对激励措施设立专章，分别对发展循环经济的有关专项资金、科技创新的财政支持、税收优惠政策、投资和金融支持措施、有利于循环经济发展的价格和收费及押金政策、政府采购和表彰奖励政策等七个方面的政策措施加以规定。法律虽然从财政、政策、市场、个人等方面作出了规定，为绿色生产的发展提供了较为全面的经济政策保障，但对激励部门、激励资金来源及其比例、激励标准、法律责任机制等内容都未作出规定。虽然这较为贴合我国地方经济发展不均的特点，但由于地方政府仍存在"重惩罚、轻激励"的行政理念，导致其主动性不足，发布的相关条例也较为模糊。

（二）激励内容多有重叠

其一，《清洁生产促进法》中规定了对实施重点技术改造项目、节约资源及减少污染物排放技术改造项目、加强废物回收利用等方面的企业进行激励，鼓励中小企业积极实施清洁生产；其二，《节约能源法》中规定了安排专项资金，用于支持节能产品和节能技术研发及推广、重点节能工程实施、宣传培训等；其三，《循环经济促进法》中规定了通过财政新资金、税收优惠、信贷支持、价格政策等方式对循环经济技术研发、技术和产品的示范与推广、重大循环项目的实施、信息服务发展等项目实施激励。从以上所罗列的内容来看，不同法律中规定的激励内容多有重合，这可能会导致同一技术研发项目或产品获得多次政府激励，或不同激励主体之间相互推诿的现象。无论是哪个层面都过于畸形，二者均不利于企业实施绿色生产制度，使激励政策难以落实。当务之急，应当统筹相关法律中的激励内容，构建合适的激励政策管理办法。

（三）激励反馈与监管机制缺位

对企业的激励应当具有持续性、稳定性与有效性，因此，在激励程序及激励对象上应当具有统一性。激励政策应当具有完备的反馈机制与监管手段，让激励措施之有因、行之有效。激励主体在对激励对象实施激励手段后，可以从激励对象处得到有效反馈，进而根据其对金额、发放方式及利用的反馈调节、完善激励机制，实现激励机制的优化。激励对象也可以主动提交相关支持资金的使用明细、具体需求等，用以推动激励机制发展。但实际是，我国法律中并未提到构建激励反馈与监管机制，企业在接受相关激励的资金后的用途也没有相关管制，此等机制的缺失容易导致资金失去应有作用。

二、绿色生产激励标准存在问题

激励标准主要解决谁可以获得激励以及获得多少激励的问题。我国绿色生产激励标准可以分为一般性标准以及制度性标准，前者指的是从事绿色生产、满足法律规定的企业都可以获得的激励支持，如专项基金、一般税收优惠等；后者指的是达到某一类制度规定的标准才能获得的激励支持，如"领跑者"制度中对于"领跑者"的激励。由于法律层面立法不完善，绿色生产激励机制的激励对象以及激励力度标准并没有详细规定，因而存在以下问题。

（一）一般性激励标准模糊

由于立法不完善，一般性激励标准并没有规定在法律中，相关标准极为模糊。以《循环经济促进法》为例，该法第42条指出，相关激励措施的具体办法由国务院财政部门会同国务院循环经济发展综合管理等有关主管部门制定。在该法的规定中，仅笼统规定对于采取技术研发的企业、符合循环经济要求的产品给予激励，但具体办法并没有落实。因此企业的技术研发成果、绿色产品标准均属于缺位状态，这使得致力于发展绿色生产的企业因为缺少取得激励的标准而陷入两难处境。究竟达到何种标准才得以向有关部门申请财政补贴或专项资金，对技术的持续更新是否能获得更高层次的激励，这些问题均因为标准模糊而无法得到解决。由于政府主动性不足以及法律规定不明确而难以细化，标准模糊成为现有激励机制落地进而推动绿色生产的绊脚石。

(二) 激励力度不足

虽然目前在国家层面，符合标准的绿色生产企业按照规定可以获得相应的财政奖励、税收优惠、绿色融资支持等激励，但在总体上，其力度仍然难以支持全国绿色生产多行业、多企业发展，并且也未形成稳定的长效机制，稳定性不足。对汽车、锅炉、电机系统、空调等节能潜力大的重点用能产品，尚未建立起完善的财税支撑体系。

(三) 激励落实不均衡

在激励力度不足的同时，由于绿色生产标准的限制，能够获得支持的企业主要集中于少数大型企业，大量中小型企业由于自身生产水平及经济实力，很难获得激励支持，绿色生产成本难以得到有效弥补，主动性不足。同时，我国绿色生产发展中的各项激励机制政策主要是由中央政府统一构建，而我国各地区的自然生态环境、经济及区域历史条件又各具特色，当前过于笼统的激励政策很难满足所有地区的客观经济及社会、文化历史条件，从而影响激励机制对各地区绿色生产发展的有效性。

三、绿色生产激励方式单一

按照法律规定，绿色生产激励应当有财政激励、政策激励、市场激励以及个人激励四种，但是由于立法缺位、市场活跃度不足等原因，我国绿色生产激励方式较为单一。

(一) 侧重于财政激励手段，轻市场激励手段

当下政府主要采取的是财政补贴与税收优惠等财政激励方式，其他利用政策激励、市场激励以及个人激励的方式则较为少见，激励机制过分依赖政府决策，而忽略了市场化程度。借助财政手段，采取利益支持是正当的，但过分依赖财政手段则将引发诸多问题。例如，近年来长期执行的新能源汽车补贴政策虽然推动了新能源汽

车产业的发展与汽车消费的转型，但也使得从事新能源汽车领域的企业患上了"补贴依赖症"，这不仅会造成中央及地方的财政压力，同时容易使得企业丧失市场竞争力。更有甚者，一些企业可能会采取虚构销售合同、虚报节能效率等非法手段来获得财政支持，也可能会引发企业与政府工作人员同流合污，发生权力寻租问题。

(二) 节能服务机构融资存在难度

以《循环经济促进法》中关于融资方面的激励措施为例，对于节能、节水、节地、节材、资源综合利用等项目，综合管理部门应将其列为重点投资领域，金融机构对实施该相关项目的企业应当提供优先贷款等信贷支持。但即便法律有所规定，金融机构也不愿意积极主动地提供信贷支持，致使该部分企业融资困难。正如上文中提到的从事合同能源管理服务与合同节水服务的企业，由于法律规定不明、权利义务关系分配缺位、相关市场还不成熟、市场认可度不足等原因，加上节能服务周期较长、相关服务企业存在债务背负问题等因素，这类节能服务机构尤其是中小型服务机构很难获得信贷支持。而政府"重财政激励、轻市场培育"的单一激励模式更是加剧了这一问题，节能服务机构不仅面对着服务启动难、回收成本难的问题，还面临着制度不完善带来的困境，与之相关的则是由政府主导的农业生产托管制度，从事相关服务的企业则很少遇到这一问题。因此，单一激励方式将影响一系列绿色生产制度的落实，应当妥善对其进行处理。

(三) 绿色消费社会氛围不浓

消费是生产的目的，由于对消费者的激励不足，目前社会绿色消费的氛围不浓。利用市场手段（如税收、财政信贷政策等）引导绿色消费相关立法尚处于空白之中。作为消费的主力军，企业与消费者并未形成绿色消费意识。实际上，从促进消费与推动绿色生产角度来看，完全可以通过激励机制鼓励企业采购节能设备、刺激消费者购买、使用绿色产品,但由于当下并未形成社会合力,单一的激励方式仅仅对生产者造成逆向引导,不能将绿色生产理念贯彻到产品的全生命周期中。因此,应当积极制定和修改能够有效促进绿色消费的法律规范,为生产者、消费者的消费活动提供激励,也不失为一种适当的措施。

第六章

绿色生产法律制度的域外经验及其启示

从绿色生产历史演进及实践现状来看,国外发达国家起点较早,发展较为成熟,其中德国、日本、美国各有特色,有许多值得我国借鉴之处。例如,德国以废物回收为突破口,注重对企业生产责任延伸的完善;日本则在关注生态企业建设出发的同时还强调各方责任共担,主要体现在政府、企业、公众参与三个环节;美国的绿色生产制度注重企业自主模式的实施,从绿色消费入手,借助市场机制进行相关利益衡量等。

第一节 德国绿色生产立法及法律制度经验借鉴

德国作为循环经济发展起步较早且取得效益较好的国家之一,进一步形成了具有本国特色的绿色发展经济、政策和法律体系。同时,德国国内的非政府组织、企业、公众等多元社会主体都在一定程度上形成了成熟良好的节能环保意识,为我国绿色生产的发展完善提供了经验。

一、德国绿色生产立法

20世纪70年代初,为了应对愈发严重的环境问题,德国政府就已经颁布了《环境规划方案》《德国基本法》等一系列法律法规。以20世纪80年代德国森林面积大幅减少、"森林死亡"这一表述广泛流传为起点,德国政府与各社会主体都开始意识到必须要对垃圾进行减量化和再利用、从源头削减垃圾并开发可再生能源与新能源,于是以废物资源化为突破口,以《废弃物处理法》为基础发布了《废弃物限制及废弃物处理法》,进一步完善了立法。

20世纪90年代开始,德国对"绿色生产"的关注开始发生变化,由原先以末端治理为特征的环境污染防治,进一步转变为采取积极主动的方式调控和引导绿色生产。《促进循环经济和确保合乎环境承受能力废弃物清除法》(以下简称1994年《循环经济法》)、《社区垃圾合乎环保放置及垃圾处理法》以及《可再生能源促进法》等法律法规陆续生效,对绿色生产的全面控制与废物循环利用方面作出了规定。1994年《循环经济法》是德国发展循环经济和废弃物处理的总纲性专项法律,其明确了生产者的延伸责任制度,要求产品的生产者直接对产品的全生命周期负责。在此基础上,德国还制定了各个行业废物回收利用及发展循环经济的相关法规,如《废旧汽车处理规定》《废旧电池处理规定》《废旧木料处理规定》等。

21世纪初,依托欧盟法律,德国在能源、原料、采购、生产、回收等方面完善了相关配套立法,充分保证各行业、各环节实现绿色生产。为了执行欧盟《关于废弃物的第2008/98号指令》,德国废除了1994年《循环经济法》,并制定了新的《促进循环经济和确保合乎环境承受能力废弃物管理法》(以下简称《循环经济法》)。该法精细区分了废弃物与副产品的概念,构建了关于环境、气候和资源的系统化保护机制。

到目前为止,全德国大约有八千余部联邦和各州的环境法律和法规,还有欧盟的四百多部法规在德国也具有法律效力,德国已经形成了一套较为完善的循环经济和绿色发展法律体系。该体系大致可以分为三个层次：一是法律法规，如《德国基本法》《循环经济法》等绿色发展基本法律；二是条例，主要由联邦、州所制定，如电子废物、废旧汽车、废木材等废弃物的处理条例；三是各种具有一定法律效力的指南，如废物管理技术指南、法律实施操作指南等。

二、绿色生产制度层面

从微观来讲，德国在企业层面注重清洁生产发展，使用绿色原料、采取清洁工艺、建立回收体系、减少废物产量，构建了一套行之有效的绿色生产制度体系；从中观来讲，德国从工业发展层面发展区域生态工业，强调工业发展的绿色清洁要求；从宏观来讲，德国从社会层面推进绿色发展意识，培育绿色生产和消费意识，建设绿色发展社会。具体来说，德国构建了以下值得我们借鉴的制度。

（一）环境标志认证制度

德国环境标志认证制度包含"绿点"标识制度、"蓝色天使"标志制度等内容，这一类环境标志制度对政府监管、企业生产、消费选择等都有着良好的促进作用。

1. "绿点"标识制度。"绿点"标识制度的核心实际上是包装物的双元回收系统（Duales System Deutschland，DSD）。该系统是针对包装废弃物进行回收再利用的制度设计，主要由德国国内生产企业、销售及消费企业、相关行政主管部门联合建立，在其国内已有超过1.6万家以上企业加入。设计该系统的主要目的是通过构建除公共部门废物处理服务外的第二个处置系统，将工业、企业和零售业等主体从德国《包装法》《循环经济法》等法律法规中规定的回收义务中解放出来，通过促进二手包装等原材料的回收和利用，构建闭环经济。[1]

---

〔1〕参见邵萱婷：《德国双元系统对电子废弃物回收的启示》，载《中国环保产业》2007年第12期。

第六章 绿色生产法律制度的域外经验及其启示

具体来讲,该系统的运作原理是,在产品的包装阶段就在需要或可以回收再利用的包装物上进行"绿点"标记,表示其可回收再利用,并设立黄色袋子或专类垃圾箱或要求居民主动上交至专门地点,之后再由负责回收的企业进行处理。依据"谁产生垃圾谁负责"的原则,由加入DSD系统的企业成员依据产品包装的重量、体积或面积的不同,向回收企业进行比例付费。在向DSD组织支付费用之后,相关企业才能够取得"绿点"标志的使用权,以表明该产品包装的生产企业参与了DSD系统且已为此缴纳了费用。以成员缴纳费用为基础,DSD组织负责针对产品包装废弃物组织消费者进行积极放置、收集、清理、分拣、回收以及利用等一系列任务,实现废弃物的逆向运输。在此过程中,运输者既可能是DSD组织内部的收运单位,也可能是自发履行社会义务的消费者、志愿者等主体。此外,DSD组织还与各地政府积极合作,对政府要求的回收指标进行统计并形成全国性数据,且在核实数据真实性的基础上提交给相应行政部门,在协助行政部门履行环境保护职责的同时,也帮助完成回收指标的企业进行税收优惠申报。

此类模式还出现在许多国家,如美国的"再生银行"[1]模式、巴西的"赛普利"[2]模式。这些模式为废弃物的处理处置问题做出了有益探索,也调动了社会多元主体的积极性。

2. "蓝色天使"标志制度。1971年起,德国在国内实施的国

---

[1] 即利用物联网技术,重整排放者、商家、再生资源回收利用企业和政府之间的再生资源交易链与利益链,通过市场化经营和政府适度补贴,在排放者得到实惠、商家绑定更多的消费者、再生资源回收利用企业获得稳定的原材料来源和政府减少财政补贴的前提下,提高资源回收率,促进废弃物分流分类,实现再生银行(企业)的预期收益与商业运作。

[2] 即通过建立拾荒者合作社,分拣市政环卫部门无偿送来的干垃圾,从中回收再生资源,并将再生资源卖给登记合作的回收利用企业,达到强化资源回收和促进垃圾干湿分类的目的。

家层面的环境计划中就提出了要以"绿色标志"等手段对消费者的消费行为予以引导的倡议；1977年，德国政府官方与国内部分民间团体共同发起了具体的绿色标志计划，此计划也被称为"蓝色天使"计划。1978年，德国正式创立"蓝色天使"环保标志，并以此明确引导消费者绿色购买、鼓励企业绿色生产、以环境政策引导绿色市场。从适用该制度的一开始，官方就已经明确了其目的在于：其一，引导消费者购买、使用对生态环境影响相对较小的产品；其二，鼓励生产者向市场生产、供应不会对生态环境造成不合理破坏的产品；其三，将绿色标志制度作为引导生产模式、市场机制积极转型的政策性工具。[1] 由此，这一制度受到了德国国内的欢迎。

绿色标志的管理工作也在官方与社会两个方面力量的共同推动下展开，即以德国联邦环保署以及联邦环境自然保护和核安全部为主导，以德国国内专门的环境标志评审委员会、质量与标牌研究会为配合。随着技术不断发展，联邦环境署每3~4年重新修订评测标准，保持一种动态更新调整模式。

（二）生产者责任延伸制度

德国早在1972年《废弃物处理法》中就针对生产、消费过程中产生的废弃物处理处置问题予以规定，并经过几次修改，该法于1986年被修改为《废弃物限制处理法》，其中第5b条规定了经销商的信息和回收义务。德国对于生产者责任延伸制度的明确规定，来源于1991年制定的《包装废弃物处理法》，该法又在2000年、2001年进行两次修改，要求生产者、销售者以及相关主体在包装、运输以及售卖产品过程中要尽量减少不必要包装并尽量循环利用，

---

〔1〕参见陈健：《发展绿色产业，规范绿色标志制度——概述德国"蓝色天使"绿色标志给我们的启示》，载《生态经济》2009年第1期。

进而减轻废弃物处理处置压力[1]。该法分三条规定了包装的回收义务，尤其强调了运输包装、外包装和零售包装三种包装类型。以此为基础，德国确立了固体废物回收中由公法人回收和私法人回收相结合的回收双系统。[2]

此外，德国《循环经济法》在第23～27条中也具体规定了生产者的产品责任，在用语上"产品责任"与"生产者责任延伸机制"稍有区别，但是在制度内容上有很大的相似之处。该法的立法目的是促进循环，以保护自然资源，并保证在废弃物的生产和管理中保护人体健康与环境质量。该法规定，废物的生产者或持有者有义务回收其废物；废物的回收应当采取适当且无害化的方式进行；废物的处理必须减少其数量和危害性，废物的处置方式不得损害公共利益。同时，该法还进一步规定了任何开发、制造、加工或分销产品的人，均应承担实现循环经济目标的产品责任；产品的设计应尽可能减少废物的生产和使用，并确保以无害环境的方式回收或处置其使用后产生的废物；在产品制造中优先使用可回收的废物或者二次原材料；对产品中所含的关键原材料贴上标签，以防止这些产品成为废物，并确保关键原材料可以从产品或使用产品后产生的废物中回收等内容。综合来看，德国并未通过法律明确定义产品责任的概念，而是采取制定具体规则的模式对产品责任的范围进行描述。产品责任更类似于一种抽象的基础性规范概念，发挥着类似于预防原则的制度作用。[3]

---

[1] 参见孙佑海：《国外循环经济及立法的现状和借鉴》，载 http://hbj.wuhan.gov.cn/fbjd_19/xxgkml/zwgk/kjybz/kjgl/t20200427_1143639.html，最后访问时间：2023年11月17日。

[2] 参见沈百鑫：《生产者责任延伸机制的发展和演变趋势——中国、德国及欧盟固废治理的法律比较》，载《中国政法大学学报》2021年第6期。

[3] 参见沈百鑫：《生产者责任延伸机制的发展和演变趋势——中国、德国及欧盟固废治理的法律比较》，载《中国政法大学学报》2021年第6期。

总结来说，德国国内对生产者责任的延伸内容主要包括：其一，尽量开发、生产、使用可多次利用的产品，并进行无害化处理；其二，优先采用可再生资源或可利用的废物作为原材料；其三，如实标注产品物质；其四，实施消费者押金返还制度；其五，回收废物并进行再利用或无害化处理；其六，明确产品上进行可回收再利用的可能性及其方法说明。[1] 为了促进生产者承担产品责任，该法确立了"谁排污谁付费、谁生产谁回收"的原则，要求生产者最大限度地避免废物的产生以及对废物进行合理处置。

（三）绿色生产经济类制度

为了促进生产者、消费者以及其他主体能够切实做到绿色生产，德国紧抓生产与消费这两个核心，以政策、经济等多元手段，兼顾责任与激励目的，进一步推动绿色生产。其中，较为典型的有以下制度：

1. 废弃物处理处置收费制度。"谁排污谁付费、谁生产谁回收"的原则是绿色生产制度运行的核心基础，其目的正是以落实生产者个体付费义务为手段，促使单个生产者积极改进产品设计，将废弃物的减量化从生产源头阶段抓起，进一步注重资源循环利用率的提升，同时有效减少对生态环境的负面影响。例如，《循环基本法》第 23 条第 2 款规定了生产者在生产产品时应当优先使用可再利用的废弃物或二次原材料。此外，针对生产者收取废弃物处理处置的费用也会反映在产品价格上，为此倒逼生产者在减少生产带来的负面影响的同时积极提升自身市场竞争力。针对消费者，德国也在一定范围内收取垃圾处理费用，主要采用按户征收的方式，部分地区也存在根据废物以及排放量决定费用的计量收费制。

2. 绿色税收制度。自 1971 年起，德国环境类税收体系由零散

---

[1] 参见翟巍：《德国循环经济法律制度精解》，中国政法大学出版社 2017 年版，第 250 页。

征收、个别税种征收逐渐完善,并于1999年4月施行《生态税改革法》。德国环境类税收目前存在三个大类税目,但范围较广,已涵盖可能对生态环境保护造成威胁的各类相关税种,如碳税、水资源税、电力税、废弃物处理税等。[1] 在此基础上,德国对原有税制进行调整,并将"生态税"引入其中。例如,对含硫量超过500毫克/千克的汽油、柴油加收1.5欧分/升的生态税,对社会发展、经济转型、生态环境保护等多个方面都起到了非常明显的作用。

3. 政府财政、金融支持制度。政府对可再生能源生产、使用者以及绿色消费者进行财政补贴,例如,对节能降耗设备、设施建造费用进行25%的补贴。此外,德国政府注重对绿色生产者进行金融支持。此类金融支持主要由政策性银行承担项目融资者及监督者的职责,例如,联邦德国银行向相关主体贷款的条件包括其能够切实提高用能效率、节能降耗、削减排污等,且可以进行后续监督。其中,十分具有代表性的是德国复兴信贷银行。该银行自1970年以来就是德国绿色生产和消费的主要提供者,也是目前包括全球气候应对等多个生态环境保护领域的最大融资者之一,在2003年就在碳排放交易领域进行探索,并于2012年通过了"德国复兴信贷银行能源转型行动计划",对德国国内能源转型作出直接支持。[2]

(四)多元化主体共同参与

企业是绿色生产的核心主体,德国从各类法律、政策、审核标准以及社会市场声誉两方面要求企业与整体行业承担社会责任。例如,德国注重发挥行业协会的作用,强调行业自律,在多项立法过程中、制定各类标准时广泛听取行业协会的意见。同时,德国注重

---

[1] 参见沙丽塔娜提等:《德国环境税的经验及其对中国的借鉴意义》,载《新疆环境保护》2014年第4期。

[2] 参见曲洁、杨宁、王佳:《德国复兴信贷银行发展绿色金融的经验与启示》,载《中国经贸导刊(理论版)》2019年第11期。

发挥政府与社会组织机构的协作。例如，德国自然保护联合会（NABU）等相关组织在社会监督、环境宣传、资金筹集等方面起到了很大作用，对绿色生产和消费制度落实、意识培养具有重要意义。

此外，德国还强调环境保护教育。德国一方面采用法律手段，通过对销售端提出要求，以较为强制的手段推动公民实施环境保护措施。例如，为了督促消费者进行包装返还，德国《包装法》规定，相关商品售出时销售者就收取一定费用作为押金，消费者返还包装物时即可收回；对于不可回收利用的液体饮料容器，消费者应当就每个容器多付0.25欧元左右的押金。另一方面，德国也注重通过加强教育、推动环保科技研发等途径强化公民环保意识，为实现绿色生产营造社会氛围。

第二节　日本绿色生产立法及法律制度经验借鉴

与德国不同，日本国土面积相对狭小、资源较为匮乏。由于其特殊的历史背景，日本在20世纪六七十年代经济迅速发展。但是，高速发展同时带来了频繁的公害事件与愈加严重的资源短缺问题。在这一背景下，日本不得不推动节约资源、清洁生产、污染防治相关立法工作。

一、绿色生产立法层面

基于自身资源短缺的国情，总体来看，日本发展绿色生产在注重生产污染控制之外，还十分注重通过立法、颁布相关政策促进废弃物的循环再利用。

以《环境基本法》为引领，其规定了日本环境的基本法律规则。在1970年，日本针对废弃物及资源短缺问题制定了《废弃物处理及清扫法》，并后续出台了《促进再生资源利用法》《家电再利用法》等法律。2000年，《推进循环型社会形成基本法》（以下简称《循环基本法》）出台，总领日本国内循环经济发展指导工作，是有关废物回收和循环利用的基本法律，为促进日本"形成循环型社会"奠定了坚实的基础。

在《循环基本法》的框架下，日本循环经济立法主要分为废弃物处理机制和推进再生资源利用两个主要方面。在废弃物处理方面，主要的立法是《废弃物处理法》，其中规定了抑制废弃物的产生、废弃物的适当处理、废弃物处理设施的设置限制、对废弃物处理业者的限制、废弃物处理基准的设定等内容。在推进再生资源利用方面，主要的立法是《资源有效利用促进法》，其中规定了再生资源的再利用、便于再利用的结构和材质等方面的措施、分类回收的标识、促进副产品的有效利用措施等内容。

除了整体性法律之外，日本还根据个别物品特性的限制进行专门的立法，具体包括《容器包装法》《家电回收法》《食品回收法》《建设材料回收法》《汽车回收法》《小型家电回收法》等。[1] 同时，为了促进企业的绿色生产，日本还出台了《绿色采购法》，鼓励国家率先推进可再生材料的采购。

与此同时，相关政策在促进日本绿色生产方面同样起到了重要作用。当前，日本关于发展循环经济、推动绿色生产的主要规划是2018年日本内阁通过的《第四次构建循环社会基本计划》。该计划是依据《循环基本法》制定的，为日本建立健全循环型社会设定了中长期方向。该计划的要点包括：构建可持续社会建设的统一措施；建设区域循环与生态圈（通过地域循环共生圈的形成实现地域的活性化）；推动全周期的资源循环利用；实施海洋垃圾问题和塑

---

[1] 《家电回收法》主要针对空调、冰箱、电视、洗衣机、衣物烘干机等；《小型家电回收法》包括个人电脑、手机、游戏机、数码相机和微波炉等约400种物品。

料资源循环战略;实现适当的废物管理和环境恢复目标;完善自然灾害废物的管理体系;实现国际资源循环等措施。

具体而言,针对以上计划要点,日本提出了推广和评估2R相关业务(如共享等);在全国开展将家庭食物浪费减半的运动;构建与老龄化社会相适应的废物管理体系;进一步推广废物能源利用等方法和措施;以综合方式提高地方资源效率,振兴地方经济;实现弹性和紧凑的城市规划;促进小型家电的收集和回收,加固建筑物以延长其使用寿命,减少建筑以及拆卸废物等措施。

二、绿色生产制度层面

日本始终把环保科技发展和绿色产业培养放在核心位置,侧重于国内大规模生态工业园区的建设。同时,日本国内的企业也越来越注重通过内部"逆向制造"建立企业内部循环模式,有效实现绿色生产。

(一)"逆向制造"生产模式

"逆向制造"生产模式(inverse manufacturing)主要是提倡企业设计、生产可跨平台通用的零部件,且保证其高质量,使得这些通用零件能够在整机报废时继续回归新产品装备工作而不必经过再造阶段。其要求通过在产品生命周期内使用通用零部件制造低能耗、低污染的产品。不难发现,这种生产模式体现出一种显著革命性,直接提出"再利用"而不是单纯的"再生"。[1]

该生产模式的形成离不开日本国内相关法律的完善,日本《废物处理法》《资源有效利用促进法》等法律都将重心放在减少产品成为"废弃物"的数量,并且当产品可以进行再利用时,应当促进其适当循环。在这一过程中,企业的责任也得到了强调。[2]"逆向

---

[1] 参见谢芳、李慧明:《日本逆向制造与循环型企业的构建》,载《现代日本经济》2006年第5期。

[2] 参见日本《循环型社会形成推进基本法》的第11条;参见国家环境保护总局政策法规司编译:《循环经济立法选译》,中国科学技术出版社2003年版,第7页。

第六章　绿色生产法律制度的域外经验及其启示

制造"的生产模式促使日本国内制造业的部分龙头企业，如日本富士施乐，向绿色、节能、循环型企业转变。其在生产原料采用、产品设计、产品功能等多个方面实行减量化、绿色化，在完善产品功能、提供产品服务的同时，针对产品性能进行深入变革，形成完整的"整合再生系统"，如图6-1所示。

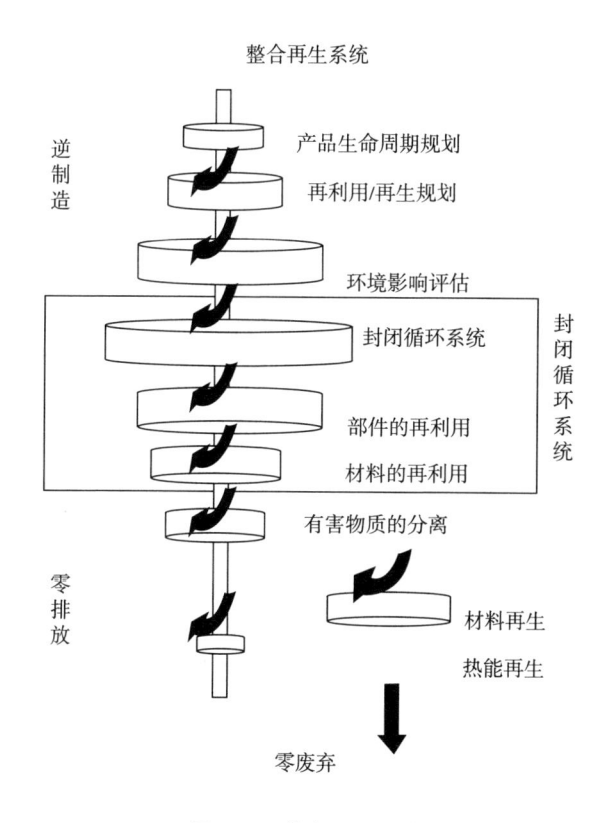

图 6-1　整合再生系统

在这一生产模式中，废弃物从废料成为宝贵的生产原料，在产品生命全周期中，各个生产阶段都在追求两种方法，即"逆向制

· 159 ·

造"或"零排放"。具体而言，该生产模式尤为注重对二手设备的回收及其在各个生产阶段的再利用工作、在产品设计与生产规划中制定合理的环保措施、在废弃产品的后续拆解及再生利用过程中采取必要的手段。

(二) 生态企业及园区建设

生态企业即相关企业承担起社会责任，将自身利益与社会可持续发展相统一，加强自身环境管理、建设企业绿色形象。具体来说，就是确立企业环境经营战略，从绿色产品设计、绿色采购、清洁生产、环境审计、环境信息公开等环节实现经营及管理的生态化。例如，松下集团于1991开始制定实施企业内部的《环境管理基本方针》。1901年，日本北九州建设了首座拥有现代化高炉的炼铁厂——八幡炼铁厂。该炼铁厂的正式生产开启了日本工业发展的进程。然而正如前文所言，高度经济增长同样带来了严重的环境危机，这也拉开了日本绿色发展的序幕。直至1997年，为了推进绿色生产的发展，日本开始着手以生态企业建设为基础加强生态工业园区的规划建设工作，即以生态企业为模型，将环保相关企业进行聚集发展，完善企业间的循环经济链条，加强企业文化、相关技术、项目发展等方面的支持与交流，并取得了良好的成绩。

相关实践：日本北九州工业园区"从摇篮到摇篮"模式[1]。日本选择以规模效应的手段推广、发展先进的废弃物处理技术，由此开始建设"生态园区"项目，又称"静脉产业园区"[2]，并且以此为基础进行了一系列推进工作。例如，建设国家层面的生态工业园区、开发"无废都市"等项目，进而实现污染管控、能源节

---

[1] 参见徐宜雪等：《工业园区绿色发展国际经验及对我国的启示》，载《环境保护》2019年第21期。

[2] "静脉产业"这一概念最早由日本学者提出，因其变废为宝，循环利用，如同将含有较多二氧化碳的血液送回心脏的静脉，所以，后来专家们形象地将废弃物转换为再生资源的行业称为"静脉产业"，又称为"静脉经济"。

第六章 绿色生产法律制度的域外经验及其启示

约、废物零排放等目标。在此背景下，日本北九州工业区迅速呼应时代，结合自身地方实际制定了具体政策，在国内最早开启了"生态工业园区"建设工程。经过多年建设，该工业区在园区内建设了包括实证研究区、循环利用区以及综合环保联合企业群区这三大区域，汇集了多个领域的产品废弃物再利用的处理厂，如塑料饮料瓶再循环厂、建筑混合废物再循环厂等。园区内借由复合核心设施，对残渣、工业产品碎片等工业废料进行处理，将熔融物质再资源化并利用焚烧产生的热能进行发电。具有代表性的有制作建筑的平衡锤、混凝土再生砖等项目，真正实现了"从摇篮到摇篮"的绿色生产模式以及整体循环的结构。为进一步推动、彰显北九州工业园区的积极探索，日本政府在绿色发展框架之下实现产学研合作。具体而言，以经产省为主导、提供必要的硬件技术，环境省积极配合、提供软件技术支持，二者共同负责为生态工业园区的建设、技术发展运用及时进行审核，并提供有力的财政扶持、税收优惠，积极建设成熟制度体系以在全国范围内推广。

（三）政府财政支持机制

与德国相似，日本政府同样在《循环基本法》等法律中规定，对于符合条件的企业予以一定的财政支持。具体而言，其一，在税收优惠方面，针对企业节能环保行为，日本政府给予一定的税收优惠。例如，对购买废物再造处理设备的企业可以在设备规定的使用年度内享受退税以及设备购入价格的14%特别退税。其二，在财政补贴方面。日本政府对企业相关技术研发和实践运用进行财政补贴。其三，在绿色金融制度方面，对于满足条件的企业，政府的政策性、非营利性金融机构可以优先提供中长期低利贷款。其四，在废物回收处理收费方面，日本政府规定废弃者应该承担废旧家电回收再利用的费用，不同电器价格不一。其五，在"绿色GDP"考核方面，日本政府进行特定区域GDP计算时会在经济增长数值之后详细列出该项活动所造成的环境影响、资源消耗总量等参数,以此体现具体的环境成本。

(四)政府绿色采购制度

为了构建循环型社会、促使企业进行绿色生产,除了"再生资源等的供给侧的努力"之外,从"从需求侧进行的努力很重要"的观点出发,作为《循环基本法》的个别法律之一,日本政府还针对性地制定了《绿色采购法》。该法旨在促进国家和其他公共机构主动采购环境商品,其中当然包括有助于减少环境影响的产品和服务。除了国家层面的努力外,该条例还规定了地方政府、企业和人民的责任。《绿色采购法》第6条规定,国家、独立行政法人和特殊法人应全面、有计划地促进环境商品的采购。该法还规定了特定采购项目及其判断标准,这些物品是国家等机构应当特别重视、促进采购的环境物品类型。基于《特定采购品种既判断基准》的规定,具体的绿色采购类型包括纸张、文具、办公家具、画像机器、电子计算机、办公设备(如钟表等)、移动电话、家电制品、空气调节器、照明设备等22大类,共计275种物品。

(五)各方责任共担制度

随着经济高速发展,生产及消费过程中的大量废弃问题在日本社会中已成为顽固性问题,而官方亦认识到这种"浪费型"社会模式内在是相互连接的而不是某部分社会成员的责任。在此种非良性的社会模式内,社会相关主体间相互束缚,仅凭某一或部分主体,如中央政府、地方行政机关、生产者和消费者、非政府的社会团体,难以变更这种轨迹。在此情境下,要想对此问题进行根本改变,就需要全体社会成员履行自身义务,改变以往的价值观。[1]因此,除了针对企业的生产者责任延伸制度,日本还在《循环基本

---

[1] 参见于杨曜、唐荣智:《论日本推进循环型社会形成基本法的理念、规划与原则》,载《华东理工大学学报(社会科学版)》2005年第2期。

法》《流通基本法》等法律法规中构建了国家、企业、社会团体甚至民众的责任义务。

《循环基本法》第 4 条规定，采取这些必要措施的成本应由上述各主体基于合理、公平原则进行分担。具体而言，在生产者责任延伸方面，扩大生产者责任主要包括实物责任（实施回收的责任）和财物责任（费用支付的责任）。具体而言，包括采取抑制废物产生的措施，适当循环利用、适当处置；收集和交付成为循环资源的产品，以及循环利用此类产品的措施；提高产品的耐久性，展示产品的材料和成分，并负责对某些产品进行接管、交付和循环使用等义务。对于国家而言，国家有制定循环经济、绿色发展基本政策；采取监管和其他必要措施，鼓励经营者在经营活动期间适当循环利用资源；促进公众合作，构建循环资源的必要措施，为地方政府、经营者和公众履行义务提供支持等义务。对于社会团体与公民而言，有遵守法律、积极减少废物、积极使用可循环利用产品、加强与生态型企业合作等义务以及对政府、企业进行监督的权利。

（六）能效"领跑者"制度

能效"领跑者"制度是推动生产者技术进步，提升产品能效水平的重要制度。该制度的运行方式是要求生产者生产的某种产品，其节能性必须超过现有该种产品中最好的产品（既能效"领跑者"），实质上来看可以认为是节能标准不断更新的过程。经过实践的不断磨合，能效"领跑者"制度通常只是对节能目标进行明确、积极鼓励企业进行技术创新与降低能耗，并不干预生产者的具体实现途径及其过程，但限定时间节点后即淘汰非达标设备。这一制度大多针对社会广泛需要，能耗相对较大但有极大降低可能性的设备或行业，典型的如电冰箱、汽车等。

"领跑者"制度在前期一直作为政策存在，直到 1998 年在对《合理使用能源法》进行修订时，将能效"领跑者"制度写入法律，作为和能效表示制度相配合的能效规制措施。依据当前的《合理使用能源法》（2018）的内容，当前日本的能效"领跑者"制度主要分为两类，分别是产业"领跑者"制度和机械器具"领跑者"制度。产业"领跑者"制度涉及钢铁冶炼、火力发电、造纸、石油精炼、商品零售、食品、酒店等13大产业及大学和国家公务机关，共15类。机械器具"领跑者"制度产业的相关范围覆盖率为家庭能源消费的70%，涉及汽车、家用电器、建材等32类产品。[1]

（七）环境宣教制度

从公害频发时期开始，日本就开始注重社会内部公民的环境教育。日本的环境教育主要以公害防治教育、生态环境保护教育为起源，在经历了导入及确立、发展之后，于21世纪开始进入绿色发展的教育阶段，且教育主体并不仅仅限于日本中央与地方政府，教育机构、生产企业、社会组织等主体都注重展开内部人员及对外输出的环境教育，由此共同构建起相对完善的环境教育社会网络，[2]为世界各国的环境教育体系建设提供了良好借鉴。日本在构建绿色生产体系的过程中同样始终将引导社会参与、提高公民环保意识作为重点工作。

日本在其国内的《环境教育促进法》中规定了公民、私人组织等的责任。其中，第4条指出，公民、民间组织应努力促进环境保护活动、鼓励环境保护积极性、推动环境教育和合作，并努力与他人开展的环境保护活动展开合作。第5条指出，国家应根据基本原则制定和实施有关环境保护活动的基本和全面措施，努力促进环境保护活动、提高环境保护意愿、推动环境教育和促进合作。第6条

---

[1] See Top Runner Program – ECCJ / Asia Energy Efficiency and Conservation Collaboration Center, available at https：//www.asiaeec-col.eccj.or.jp/top-runner-program/.

[2] 参见卢冬丽、高见茂：《日本环境教育的演变及其构成》，载《继续教育研究》2015年第6期。

指出，地方政府应当与国家适当分担责任，同时制定并实施与本地区自然社会条件相适应的措施。《环境教育促进法》还规定了环境教育人才登记制度、环境教育支持团体指定制度、环境体验机会场所认证制度、促进私人组织进入公共服务行业机会的制度等，构建了一套较为完整的环境教育促进体系。

第三节　美国绿色生产立法及法律制度经验借鉴

美国绿色生产的起步较早，也已有一定成就，有许多可取之处值得我们学习借鉴。但由于其自身体制原因，也有许多问题值得我们反思。

一、绿色生产立法层面

美国的绿色生产也是起源于环境问题治理，因此，一开始美国也着手严格的环境治理体制。在此过程中，美国联邦政府同样注重管理公众的参与问题，以可持续发展为前提与相关机构、公民一起制定合理标准，拟定绿色生产的运作模式。

与德国、日本不同，美国暂时并未出台循环经济建设或绿色生产的基础性法律。但美国于1969年颁布了《环境政策法》，明确了环境政策的法律地位，确立了环境影响评价制度。针对特定领域的生态环境保护，美国颁布了《固体废物处置法》《有毒物质控制法》等一系列法律法规。在专项法律层面，针对废弃物，美国于1976年颁布了《资源保护与回收法》，1990年通过了《污染预防法》；针对生态农业，2000年颁布了《有机农业法》；针对资源节约，2001年颁布了《能源政策法》《资源保护与回收法》。

综合来看，美国全面推行清洁生产始于1984年通过的《资源保护与回收法-固体及有害废物修正案》，这项法案以污染防治为立法目的,要求产生有毒有害废弃物的单位应向环保部门申报废物产生量、采取削减废物的措施、明确废物的削减量,并制定本单位废物最少化的规划,明确指出"废物最少化"就是"在可行的部位将有害废物尽可能地削减和消除"。[1]

不过,自20世纪中后期起,美国各地方州针对绿色生产模式制定了不同形式的法律法规,并十分关注生产废弃物的来源削减和再利用。可以说,虽然美国暂未形成一部通行于全国的统一法规,但其国内各地方对于绿色生产的意识已有基础,甚至早于当局联邦政府。[2]

二、绿色生产法律制度层面

美国发展绿色生产注重借助市场机制,从鼓励绿色消费入手,进行优化资源配置、协调利益关系,且呈现出基于联邦政府框架的地方自治的特点。

(一) 杜邦模式

杜邦模式是美国企业内部一种典型的循环生产模式,即生产者自行组织企业内部不同产业链条、相关部门之间的物质衔接与循环以达到节约能源、清洁生产、减少排污的目的。该模式来源于美国著名企业——杜邦公司(DuPont)。该公司是全球首家明确将"实现废弃物零排放"作为公司经营目标之一的国际性科技制造公司。杜邦公司于20世纪80年代末开始把生产工厂作为贯彻循环经济理念的载体,将减量化、再利用、再循环(Reduce, Reuse, Recycle)的"3R"要求贯彻于产品制造过程中,杜绝有害生态环境的化学物质的使用,并减少特定化学物质用量。于20世纪90年代起,其就在公司发展目标规划中进一步列入了清洁生产、节约减排等环保

---

〔1〕 参见王曦:《美国环境法概论》,武汉大学出版社1992年版,第350页。
〔2〕 参见王浩:《基于域外立法经验的我国循环经济法制构建》,载《求索》2012年第12期。

目标，并始终坚持"3R"原则，通过减少有毒有害物质使用量、扩展延长产业链、研发废物再造相关技术等方式完成了减排目标，并提供了典型的生态型生产模式范例。在原料选取上，该公司积极以废旧资源回收再利用的形式作为公司产品研发原料，从而减少污染物排放，具体包括回收流失物料返回原工序、生产废料经处理后转化为生产原料或其替代物、生产废料用作其他生产环节等。

2021年11月，杜邦在我国首次公开发布2021版《杜邦可持续发展在中国》，概述了其在创新、产品、运营和员工等多元议题上的公司理念、实际行动，为我国企业转变生产模式、进一步进行绿色生产作出了良好示范。

(二) 环境影响评价制度

依据美国《国家环境政策法》，环境影响评价制度是以解决社会经济活动中经济效益与节能环保之间的冲突为主要目的的一项重要法律制度，其适用范围十分宽泛，不仅包括项目建设，还包括政府的行政决策甚至法律行为。美国环境影响评价制度需要生产者列举预计生产活动的可选方案及其环境影响，同时还需要详细说明可选方案的替代性方案以及发生环境影响后的补救措施。同时，美国非常注重社会公众参与，社会公众与非政府组织都可以通过参与环评制度对政府与企业进行监督。可以说，该制度赋予了生产者最基本的环境保护义务，虽然不可能强人所难，提出其应当进行绿色生产的强制性、具体性规定及罚则，但能够在实践层面为其承担社会责任奠定良好基础。

(三) 生产者责任延伸制度

美国同样注重对生产者责任进行延伸规定，其主要采取综合性的手段促进生产者承担废物回收等责任。美国的生产者责任延伸主要集中在废弃电子设备领域，在联邦环境保护局的指导下，依靠各州的废弃电子设备管理法规运行。虽然总体上缺乏法律强制性，但具有可操作的政策。生产者需要依照规定同时承担源头预防、产品信息披露、产品回收与再利用等责任。为避免企业与公众间的信息不对称问题，美国企业需要在产品上标注产品为原生产品或再生产品，以及产品添加剂等信息。与日本类似，美国也实行消费者付费制度，即消费者需要对自己在消费过程中产生废物的行为付费，在一定程度上补偿企业废物回收成本。

(四) 排污权交易制度

排污权交易是在生态环境保护领域运用市场机制而衍生出的一项制度，其前提是"环境有偿使用"，即以核定特定区域内排污总量为手段，赋予"排污总量"市场意义，并积极创设市场供求双方的交易市场、允许处于同一区域的排放有毒有害污染物企业之间以及排放有毒有害污染物企业和其他企业之间进行排污削减量交易或转让。排污交易制度既能够灵活地控制污染源，又能够在大幅降低区域污染治理费用的同时改善区域环境质量。美国《清洁空气法》对该制度进行了明确规定，即在确定空气质量标准的基础上强调，因排污较少而具有富余排污指标的企业与缺少排污指标的企业之间可以就排污指标进行交易，交易行为包括容量节余政策（netting）[1]、补偿政策（offsets）[2]、泡泡政策（bubbles）[3]、排放

---

[1] 这项政策允许污染源在能够证明其厂区污染物排放量没有显著增加的条件下进行改建和扩建，以避免污染源承担更严格的污染治理责任。

[2] 这项政策是指以一处污染源的污染物排放削减量来抵消另一处污染源的污染物排放增加量或新污染源的污染物排放量，或者指允许新建、改建的污染源单位通过购买足够的"排污削减信用"，以抵消其增加的排污量。该政策将未达标地区视为一个整体，允许有资格的新建或扩建污染源在未达标地区投入运营，条件是它们从现有的污染源购买足够的"排污削减信用"；其实质是通过新污染源单位购买"排污削减信用"为现有污染源单位治理污染提供资金。

[3] 这项政策是将一个工厂的多个排放点，一个公司的下属多个工厂或一个特定区域内的工厂群看作一个整体或"泡泡"。在泡泡的内部允许现有的污染源利用其排污削减信用增加排放，而其他的污染源则要更多地削减以抵消排放量的增加。

信用存储政策（emissions credit banking）[1] 等多种类型。通过排污权的交易市场，节能降耗、削减排污等绿色生产行为也逐渐开始从政府管制行为变为了市场主体的自觉行为。目前，该制度已在包括我国在内的多个国家得到适用。

（五）绿色食品标签制度

根据有机食品生产的1990年法案（OFPA）和国家有机计划（NOP），美国政府创建了有机农产品的产品标准，构建了绿色标签制度。OFPA建立了国家有机认证计划，该农产品计划在不使用合成物质的情况下生产和处理农产品时可以标记为有机产品。该计划禁止使用合成肥料，禁止在牲畜中使用生长激素和抗生素，在加工过程中不得添加合成成分。设立农业管理援助有机认证成本分担方案，向每位合格的生产商或经销者返还其有机认证费用的75%，最多不超过750美元。同时，各州还为从传统农业转为有机农业的农民提供财产税返还，并试图减轻小农的税负。为了避免因为"环保"或"绿色"产品的市场蓬勃发展，导致在产品标签或广告中出现虚假的绿色声明或者不正当竞争，美国制定了使用环境营销声明的《绿色指南》。当前的《绿色指南》包括一般环境声明的准则以及"回收""可再生"和"可堆肥"以及"无"声明和"减少源头"声明等术语。当然，《绿色指南》本身并不具有强制约束力，但确实在实践中避免了FTC认为在绿色营销领域中不公平或具有欺骗性的内容。

（六）经济激励制度

与德国、日本一样，美国亦十分重视通过经济激励的方式推动企业进行绿色生产，具体而言：

第一，联邦和地方政府积极使用财政援助等经济支持手段。依

---

[1] 这项政策是指污染源单位可以将"排污削减信用"存入当局授权的银行或机构，以便在将来的气泡、补偿和节余政策中使用该"排污削减信用"。

据《美国清洁能源安全法案》，联邦政府应尽一切可能提供财政和技术援助，指导能减少有毒有害物质产生的新工艺的发展、示范和推广，指导各类处置有毒有害物质新方法的应用；联邦法律要求有毒有害污染物的产生设施必须具有合理性和先进性，并严格限制该项设施补助金的发放，补助金总额原则上不超过全部工程费用的75%；联邦法律还鼓励从事有毒有害污染物控制的其他有关机构开展减排研究、提供技术服务，政府给予有关机构和个人补贴。

第二，联邦和地方政府积极运用税收刺激手段。联邦政府通过各种税收奖励制度实施清洁生产方案，采取投资减税、比例退税和特别扣除等多种方式，淘汰落后技术设备，抑制有毒有害污染物排放；联邦政府还将税收与环保表现挂钩，对排放有毒有害污染物且造成严重污染的企业课以重税。部分州和地方政府则把环境税收义务同州环境标准挂钩，以此向污染企业施加压力。

(七) 国家创新系统支持机制

美国认为科技发展是推动循环经济发展的重要支撑，注重通过国家创新机制，采取宏观管理、多元化创新发展的模式推动循环经济发展，以促进绿色生产的实现。其中，芯片产业、大数据技术、绿色化智能制造、区块链技术、绿色工程技术等内容都是美国重视的绿色生产创新机制。例如，2012年，美国联邦政府与产业界、学术界及科学家合作，开展了"美国制造业计划"（Manufacturing USA）。在这一机制的推进下，美国政府创设了大量的创新中心，其中有数字化设计与制造中心、清洁能源智能制造创新中心等，以国家力量推动产业创新机制发展。

总体来看，美国的绿色生产相关制度中，行政制度约束较强，法律制定或修改程序繁杂，"联邦—州"的行政体制也使得相关法律在"全局—局部""局部—局部"会出现脱节或衔接不畅。并且，由于美国经济一直处于快速增长，加上行政意识形态问题，其

第六章　绿色生产法律制度的域外经验及其启示

降低能耗、低碳发展的工作落实得并不是非常到位。最后,"民主"往往代表利益的妥协与平衡,相关法律的公益性也没有达到预期。

第四节　域外经验总结

通过上述域外考察,可以发现德国、日本、美国等绿色生产起步较早、相关法律制度较为完善国家的经验,对我国在绿色生产法律体系完善、绿色生产具体制度建设等方面具有一定的借鉴意义。

一、完善的绿色生产法律体系是实现绿色生产的重要保障

体系性是现代法的重要特征,也是对现代法和法律实践的要求,法律的体系化受到法学研究的成熟和法律实践的发达的直接影响。[1]构建完善的绿色生产法律体系,是实现绿色生产的重要保障,绿色生产法律体系是绿色低碳法律体系的重要组成部分。构建有利于绿色低碳发展的法律体系,既涉及新领域的法律制定,也涉及现有《可再生能源法》《循环经济促进法》《清洁生产促进法》等的修改[2],我国需要通过法律的"立改废"等方式对绿色生产法律体系加以完善。

无论是德国、日本还是美国,其国内绿色生产的相关法律都呈现出一定程度上的体系化,为本国绿色生产相关制度的实施提供了重要法律保障。在立法理念层面,其国内绿色生产立法主要是在"可持续发展""循环经济发展"等理念指导下进行展开,其中以"循环经济发展"更具有代表性,相关规制重点也从末端治理向绿色发展转变。在立法模式层面,其国内绿色生产相关立法明显按照

---

〔1〕　参见李桂林:《论法律的体系性》,载《求索》2021年第5期。
〔2〕　参见栗战书:《深入贯彻习近平生态文明思想 加快完善中国特色社会主义生态环境保护法律体系》,载《中国人大》2022年第2期。

"基础性法律—综合性法律—专项性法律""中央—地方"等法律层级形成了协调统一的法律体系。例如，德国以"3R"原则为基础，以废物处置、循环利用为主体，从《循环经济法》这一纲领性法律出发，绿色生产相关法律体系覆盖再生能源及清洁能源开发与使用等多个领域，构建了行之有效的绿色生产法律制度。再如，日本以构建"循环社会"为主要目的，以1994年《循环基本法》为基础性法律，在废弃物处理机制、推进再生资源利用这两个主要方面开展相关立法，其相关法律能够覆盖不同行业领域、不同产品，包含循环利用、清洁生产、节约能源、环境保护等多方面内容。

相比之下，虽然我国清洁生产、循环经济发展实际上已得到政府及社会的高度重视，相关立法也已制定并得到修改、发展，但正如前文所述，此二者立法原则性太强，且具体操作性法律尚不充实。我国在立法数量、立法质量以及体系化等方面仍存在明显不足。可以说，目前我国绿色生产实践正处于由理念倡导转向制度建设的过渡阶段。随着绿色生产理论研究逐渐成熟，法律实践日益发达，我国进一步完善绿色生产法律体系的时机已经成熟。

二、有效的绿色生产法律制度是推动绿色生产的重要助力

立法具有固有的滞后性，将所有的期望都寄托于立法完善则很容易陷入"立法万能主义"，绿色生产制度的实现需要通过各类手段进行综合调整，而非单纯依靠单一的立法方式。实际上，国外现有的绿色生产法律制度经验也值得本土化研究与借鉴，可以考虑能否通过发布政策、行政指令以及在现有法律框架下完善已有制度等途径加以反思与完善。

（一）明确不同主体的责任

不论是德国、日本还是美国，生产者始终是实现绿色生产的核心主体，也是各国法律的重点规制对象。但正如日本立法与实践中体现的那样，绿色生产不可能仅凭单个个体或单类群体就可以实

第六章　绿色生产法律制度的域外经验及其启示

现,明确国家、生产者以及消费者的责任分配制度是必要的。换言之,明确社会各个主体在绿色生产中的责任分配有利于落实法律规定、形成社会合力。该制度在德国、日本和美国皆有体现,但日本对不同主体绿色生产责任的明确最为典型。日本法律规定,在国家层面,政府应当发挥引领和主导作用,制定并完善相关法律法规并及时发布相关政策规划进行调整,对社会其他主体进行管制的同时还需要提供合理激励与帮助;在企业层面,法律也明确规定了生产者责任延伸的内容及违法责任,同时大力鼓励生态型企业的发展并引导企业开展绿色低碳生产改革;在消费者层面,国家也通过财政税收、产品销售规则制定等方式对消费者进行引导,以提高消费者的绿色消费意愿。而我国人均资源拥有量较低、部分经济欠发达地区各类条件不足,实际上也面临着日本存在的问题,因此,可以考虑通过完善立法及明确责任制度调动社会多元主体、形成绿色生产的合力,实现推动各主体共同促进绿色生产制度实现的效果。

当前我国的绿色生产主体责任,尤其是生产者的责任仍存在较大改进空间。例如,在我国生产者责任延伸领域,新修订的《固体废物污染环境防治法》虽然对具体制度进行了进一步明确,但是对该制度的原则层面进行了弱化[1],生产者责任延伸的指导原则、具体内容和执行模式仍需在立法和实践中进一步明确和强化。在能效"领跑者"制度方面,该制度存在规范层级较低、"领跑者"标志的法律属性不明确、制度实施的强制性有待提高等不足,因此,"领跑者"制度的运行效果不尽如人意。[2] 除此之外,各类绿色认证标识的使用不规范、效力不明确也导致此类标识对于消费者的引

---

[1] 参见沈百鑫:《生产者责任延伸机制的发展和演变趋势——中国、德国及欧盟固废治理的法律比较》,载《中国政法大学学报》2021年第6期。
[2] 参见于文轩、冯瀚元:《"双碳"目标下能效"领跑者"制度的完善路径》,载《行政管理改革》2021年第10期。

导作用大打折扣，使得消费者难以依据相关标识准确做出绿色消费行为。

(二) 完善激励机制

对绿色生产企业、消费提供经济激励几乎是国际通行做法，这一点在上述国家立法及法律制度框架中均有所体现，而如何利用市场机制将企业逐利性与绿色生产公益性相结合则是各国需要具体考虑的问题，不同的国家有不同的做法。但综合来看，国外在这方面的优秀经验主要包括以下几个方面：其一，利用政策性金融机构向符合条件的企业进行优惠性贷款以保障其绿色生产的动力、能力。例如，德国、日本都采取了相似的绿色金融措施，对于满足条件的企业，政府的政策性非营利性金融机构可以优先提供中长期低利贷款，以此提供政策性金融激励，鼓励企业按照政府推荐的相关绿色标准开展生产活动。其二，构建资源价格体系，即通过市场机制体现环境资源的价值以内化绿色生产的外部性。如日本对废物回收进行定价收费、德国要求企业缴纳相应回收费用、美国通过排污权交易促使企业通过绿色生产获得可获利的"排污权"。其三，完善市场竞争机制，即在产业结构方面更加注重绿色产品及其市场培育、消费者消费习惯培育，以市场竞争机制倒逼非绿色生产企业。例如，日本强调生态企业及园区的建设并加以配套的优惠政策；德国建立了绿色标识制度等。

相较而言，我国在绿色生产激励方面存在一些不足之处。例如，在可操作性上，存在激励规则制定较为原则，内容多有重叠、反馈与监督机制缺位等问题，导致我国绿色生产激励规则的操作性较弱；在激励标准上，存在一般性激励标准模糊、激励力度不足、激励落实不均衡等问题，导致在实践中对绿色生产激励效果不佳；在激励方法上，存在重财政激励轻市场激励、节能服务机构融资困难、绿色消费氛围不浓等现实情况，导致我国绿色生产激励方法具

第六章 绿色生产法律制度的域外经验及其启示

有较强单一性的特点。

(三) 加强社会公众参与

社会公众参与环境治理具有多重优势,学者从理论和实践层面总结出强化对于具体问题的认识与理解、解决决策信息的不对称性、强化社会凝聚力,提高相关决策的合理性和质量等特点,且有利于完善社会舆论监督体系。[1] 落实在绿色生产领域,作为绿色生产相关制度中的利益相关者,包括企业、社会组织、公民等在内的公众是环境信息的传递者、环境权益的维护者、环境决策的监督者。在绿色生产相关机制中强化公众参与力量,有利于实现环境保护与经济发展之间的高度协调,实现绿色发展与可持续发展的目标。由此可见,无论是绿色生产许可的实施,还是许可后的监管等环节都应当尽可能实现公众参与。无论是德国、日本还是美国,对社会公众参与都高度重视。社会多元主体的积极参与,不仅有利于监督行政机关与企业的各类行为,也有利于形成绿色生产的社会氛围、形成社会合力。例如,德国就以法律形式明确行业协会及其行业自律的重要性;日本同样也对社会团体给予了高度的重视,对加强公众环境教育也作出了明确规定;美国则以环评制度为工具更为直接地赋予了社会团体及公众以诉权,鼓励公众监督。实际上,社会公众参与和明确各方责任具有一定契合之处,即二者均强调社会主体在实现绿色生产过程中的重要性,只是一方更多地面向权利一侧,另一方则更多地面向义务一侧。

我国在社会公众参与方面仍存在较多不足。绿色生产相关制度中公众参与的主要形式,仍然集中于政府单方信息传达或有限互动下的政府咨询。例如,作为重要公众参与模式的听证会制度,也存在由于代表构成中公众比例不合理、公众对听证议程设置缺乏话语

---

[1] 参见郭进、徐盈之:《公众参与环境治理的逻辑、路径与效应》,载《资源科学》2020年第7期。

权、听证结果经常仅被作为参考等问题，进而导致现行的听证制度容易流于形式。我国仍需要进一步保障公众参与权利，推动公众参与由形式参与向实质参与转变。

第七章

完善我国绿色生产法律制度的思考

结合相关经验,为了解决我国绿色生产法律制度存在的缺陷,我们首先需要统一绿色生产法律制度的基本原则,基于基本原则来解决绿色生产相关法律存在的立法滞后、立法缺位、缺乏协调性等问题,从而进一步对绿色生产法律制度提出具体的完善建议。

第一节 绿色生产法律制度的基本原则完善

绿色生产的基本法律原则即集中反映绿色生产相关法律法规本质内容、指导相关法律制度落实的原理及准则,在绿色生产法律体系中应处于核心地位,具有普遍效力、解释效力、兜底效力等效力。根据绿色生产内含的兼顾生态环境保护、社会经济可持续发展等价值追求,其基本法律原则应当以环境保护优先为基础,包含预防为主、公众参与以及整体性原则等具体内容。

一、坚持环境保护优先原则

我国2014年的《环境保护法》明确规定了环境保护优先这一基本原则,简单来说,其要求当经济发展与环境保护之间出现矛盾时,应当坚持优先对生态环境进行保护。具体而言,考虑到人类社会整体层面的可持续发展之追求,环境利益应当处于优先的保护地位,生态环境的开发利用行为也应当劣后于保护行为,因此,这种保护优先是两个层面,即利益层面的与保护行为方面的双层优先。[1] 但需要注意,这种优先并不是没有限制的无区别优先,生态环境背后隐含着基本的安全环境利益与舒适发展环境利益,相较于经济发展,前者应该绝对优先,后者相对优先,可以就成本及收益、公益与私益进行利益衡量。

视角回到绿色生产方面,实现绿色生产是经济发展的重要组成部分,甚至是不可或缺的重要动力,绿色生产法律制度的建立健全必然需要处理经济发展与生态环境保护之间关系的平衡问题。但必须强调,实现绿色生产的最终目的也是通过节约能源、清洁生产、减少污染等途径保障人体健康、人类社会可持续发展、人与自然和谐相处,与环境保护优先原则有着内在契合性。由此,不可将二者割裂开来,而应当基于绿色发展战略,始终坚持环境保护优先原则,绿色生产的实现也必须将环境保护放置于优先地位。

二、坚持预防为主原则

预防为主原则是 2014 年《环境保护法》规定的"预防为主、防治结合、综合整治"原则的简称,是指相关主体在生态环境保护时,应当以防止环境污染、生态破坏为目的,积极在开发和建设活动的具体过程中采取有效的预防措施,积极治理已有的环境污染、生态破坏问题。[2] 可以说,此项原则是针对生态环境问题自身解决成本高、难度大的特点以及实践教训得出的经验,即采取各种有效措施防止生态环境问题的出现而不能先污染后治理,也有学者将其视作环境保护优先原则的递进与保障。[3] 在风险社会的语境下,

---

〔1〕 参见王社坤、苗振华:《环境保护优先原则内涵探析》,载《中国矿业大学学报(社会科学版)》2018 年第 1 期。

〔2〕 参见吕忠梅:《环境法》,法律出版社 1997 年版,第 61 页。

〔3〕 参见王伟:《保护优先原则:一个亟待厘清的概念》,载《法学杂志》2015 年第 12 期。

此项原则正在逐渐被各个领域吸纳、理解与适用，有学者以此为基础进一步强调，面对客观存在的科学不确定性，包括环境法在内的传统法学思维应当积极创新、转变，除了对相对确定的损害进行预防之外，也应当关注到科学不确定性引发的"风险"规制工作。[1]

事实上，节约能源、清洁生产、循环经济促进、固体废弃物污染防治等绿色生产法律法规提出的废物的资源转化、减量及无害化等要求，构建循环经济规划、节能目标责任、环境影响评价以及"三同时"等制度在本质上也是预防原则的体现与落实。并且，绿色生产过程中不乏面临着对新技术的开发适用、危险物质的管理以及其他潜在的未知风险，直接或间接地受到科学不确定性的影响，以法律制度来规制"风险"具有显著必要性。

三、坚持公众参与原则

在现代化国家治理的体系之中，公众参与原则是社会公众对政府公权力行使进行监督、在生态环境治理过程中积极行使自身权利的重要保障，其"不仅必然有助于实现民主目标，而且能够催生更加良好和更灵通周全的政策决定"。[2] 正如部分学者所强调的，在作出生态环境相关的行政决策过程中，社会公众应当起到必要的作用，这不仅是全过程民主的要求，也是环境正义理念的集中体现，更是展开环境权研究的前提。[3] 在此基础上，有学者提出，公众参与原则在我国环境保护领域主要适用于特定领域，其发展还远远不足以满足现代生态环境过程中社会的需要，因此，不管是宪法修

---

[1] 参见张梓太、王岚：《论风险社会语境下的环境法预防原则》，载《社会科学》2012年第6期。

[2] See Cary Coglianese, "Heather Kilmartin and Evan Mendelson, Transparency and Public Participation in the Federal Rulemaking Process: Recommendations for the New Administration", *77 George Washington Law Review 924*, 927 (2009).

[3] See A. du Plessis, "Public Participation, Good Environmental Governance and Fulfilment of Environmental Rights", *11 Potchefstroom Electronic Law Journal* 1, 3 (2008).

改,还是环境法典编纂,都应当注重从规范形式、制度完善两个方面确定此项原则的基础地位,并扩大其适用范围、发挥其适用效果,进而保障社会成员的合法权利,监督、补充政府公权力。[1]

就绿色生产而言,绿色生产的实现不仅涉及政府的行政职责以及企业的环境责任,更会对生态环境质量直接产生影响。因为关系到不特定人群的环境利益,社会公众当然有权利参与其中并对政府公权力进行监督。此外,正如日本对于其国内公民义务的规定,我国《宪法》《环境保护法》等法律规定,社会公民既有要求享受良好生态环境的权利,同时也负有保护、改善生态环境的义务,绿色生产也需要全社会共同参与,营造绿色生产和消费的氛围与基础。

四、确立整体性原则

在马克思主义理论框架内,整体性是观察、处理问题的基本线索之一,通常适用于对历史的完整准确把握,也是研究历史问题较为倡导的方法论准则。[2] 简单来说,整体性原则即把研究对象视作各个构成要素形成的有机整体,以"整体"与"部分"相互依赖、相互制约的关系为基础,从中把握研究对象的内在特征和发展规律,进而深入了解研究对象的整体性质。

生产是具有整体性的社会活动,绿色生产法律体系同样具有整体性,应当从侧重于污染防治法律向全面关注生产过程转变,即生产源头预防、生产过程控制以及生产末端治理多阶段并重。同时,整体性原则还直接表现为应当注重节约能源、清洁生产、循环经济、环境保护并重,完善行政管理体制与建立健全绿色生产市场机制并重,政府主导与相关企业、社会组织、个人参与并重,并以此

---

[1] 参见王建学:《论环境公众参与原则的宪法化及宪法审查——以法国〈环境宪章〉和〈环境法典〉为中心》,载《苏州大学学报(法学版)》2020年第4期。

[2] 参见孙钦梅:《习近平历史观的整体性原则论析》,载《高校马克思主义理论教育研究》2021年第6期。

为基础进行法律之间的衔接、协调。

第二节 建立健全绿色生产法律体系

在现有相关法律中,《节约能源法》《固体废物污染环境防治法》内容相对集中、较为完善,而《循环经济促进法》《清洁生产促进法》则需要进一步的细化落实,相关法律之间也需要进一步协调统一。

一、修订《循环经济促进法》

《循环经济促进法》于2018年修正,但实际上,其与2008年版本区别并不大,且主要是行政管理部门名称的改动而没有实质性变化。实际上,2021年8月,国家发改委在实现"双碳"目标以及《"十四五"循环经济发展规划》相关要求的推动下,组织启动《循环经济促进法》的修订研究工作。[1] 对此,可以以绿色生产法律制度的基本原则为修订基础,进行以下具体完善:

(一)完善立法目的

我国《循环经济促进法》目前确定了"促进循环经济发展""提高资源利用效率""保护和改善环境"以及"实现可持续发展"这四个立法目的。实际上,"促进循环经济发展"中"促进"这一表述就暗示着该法的"软性",可以考虑改为"保障循环经济发展";而"提高资源利用效率"在实践中也并不能完全覆盖清洁生产、节约能源以及固体废物处理处置等丰富内涵,可以直接改为"实现清洁生产与节约能源";至于"实现可持续发展",实际上已

---

[1] 参见《国家发展改革委环资司启动〈循环经济促进法〉修订研究工作》,载https://www.ndrc.gov.cn/fzggw/jgsj/hzs/sjdt/202108/t20210825_1294673.html?code=&state=123,最后访问时间:2022年2月12日。

经不完全符合该法所处时代背景,可以考虑改为"实现绿色发展"。

(二) 明确、统一概念

《循环经济促进法》在进行"循环经济"这一概念界定时没有区分可用的"废物"与完全不可用的"废物",也未区分煤炭、石油等一次能源以及可循环再利用的再生能源,同样也没有注意"再利用"与"再生利用"的区别。

事实上,德国、日本均将"废弃物"分为可回收再利用的"再生资源"与需要进行处置的"废物",并进行区分性立法,如德国的《循环经济与废弃物管理法》与《可再生能源促进法》,日本的《废弃物处置法》以及《资源有效利用促进法》。在明确、统一概念的基础上,我国有必要进行《循环经济促进法》的框架厘清,进行"再生资源回收""废物处置"的规制与完善。

(三) 落实"减量化""再利用"和"资源化"要求

"减量化"主要指的是对具有消耗性的一次资源的节约利用,虽然《循环经济促进法》单列一章进行规定,但现有规定内容都较为原则性,实质性规定比较少。该章可以从重点一次资源概念界定入手,对其使用范围、使用途径、使用量等相关内容进行具体规定。而"再利用"与"资源化"的落实则主要是针对废品二次资源,《循环经济促进法》同样单列一章进行规定,但该章规定内容包括生活、工业、农业、水资源等多方面的循环利用,法律规定十分庞杂且抽象,难以落实。该章可以侧重于针对工业、农业及生活废品的回收利用,并进行强制性规定,落实强制回收制度。基于强制回收制度,还需从"鼓励和推进"废物回收体系建设转变为"建立健全"废物回收管理体系。可以借鉴日本废物回收的做法,全面覆盖生活、生产、消费、公共机构多类区域,由国家机关掌握秩序、主导建造完善回收节点。在此基础上,兼顾财政补贴、管制措施,培育龙头企业、强化行业监管。

(四) 明确各方主体责任分配制度

《循环经济促进法》对于国家、企业以及消费者的权利义务规定零散且较为原则，使得追责难度较大。可以在"基本管理制度"一章中进行修改，并针对不同主体在"法律责任"一章中进行完善。

1. 国家的管理职责。针对国家，应当明确"循环综合协调管理部门"并规定其权利与责任，并在法律责任中落实追责规定。在此基础上，还应当对《循环经济促进法》中的管理制度加快落实，对循环经济发展综合管理部门、环境保护部门以及其他相关主管部门的义务予以具体落实，对于不依法履行相应义务的行政主体严格依法予以处罚，这就需要将《循环经济促进法》第六章，即"法律责任"部分予以现实适用。[1] 此外，还需要结合目前实际，如各地污染治理能力、资源综合利用效率等，在管理制度中加强对环境保护、资源利用管理的制度建设，将此二者作为循环经济发展的重要组成部分，进而为建立绿色生产法律体系奠定基础。

2. 企业的生产延伸责任。在实现绿色生产的过程中，生产者责任延伸制度已成为一项核心制度，也是解决资源短缺问题与生态环境问题之双重危机的重要制度设计。正如上一章节提及的德国和日本，其国内同样将生产者责任视作绿色生产相关法律的重要规制内容。生产者的法律责任还体现出若干鲜明特点：其一，具有相对完善的责任体系，这在基本法中有明确规定，并辅以特定领域的单行法予以具体规定，责任类型涉及刑事责任、民事责任以及行政责任三种；其二，立法涉及的生产者责任范围比较广，但核心还是在于生产过程的审核监督以及废弃物的处理处置环节；其三，对生产

---

[1] 参见周松:《〈循环经济促进法〉实施成效和完善建议》，载《环境保护与循环经济》2021年第9期。

者违法行为的处罚力度趋于加重。[1]

在理论层面，生产者延伸责任应当覆盖产品的全生命周期，而不能只限于某部分环节。但在实际层面，这一观点的可操作性并不强。这不仅是因为"全能式"承诺本身就代表着承诺实现的虚幻，也是因为并非所有生产者能够有现实能力予以兑现，尤其是在我国仍是发展中国家的社会背景下。因此，《循环经济促进法》对于生产者不宜过度苛责，可以通过紧抓产品消费后的废弃物处理处置环节，并以此为基础要求产品生产者、运输者以及销售者共同承担相关法律责任，以倒逼具有逐利性的生产者在产品研发、设计、原料选取等上游环节注重循环性、安全性、节能性、环境友好性；运输者、销售者选取相对能耗较少的物流方式、包装方式、销售方式，进而实现产品废弃物的减量化、无害化和资源化。[2] 在法律层面，应当逐步强化企业的强制回收制度、正式确立生产责任延伸制度以及企业应当承担的具体责任，并增加其违法成本和法律责任。

除了个体企业的延伸责任，企业整体上应当在行政机关的引导下积极建设生态型企业。可以将国企央企以及行业龙头企业作为抓手，在法律范围内，号召其深入学习党与国家的政策方针，在提升自身市场竞争力、政策扶持等利益的激励下，超越自身的自利性，在生产过程中强调对生态环境价值、社会价值、个人价值的关注，积极为消费者利益、社会利益以及生态环境利益作贡献，[3] 努力实现园区建设、规模化建设，承担自身社会责任。

3. 社会公众。针对公众，《循环经济促进法》一方面应当确立

---

[1] 参见张旭东、雷娟：《我国生产者延伸责任的偏差与矫治》，载《西南交通大学学报（社会科学版）》2012年第4期。

[2] 参见张旭东、雷娟：《我国生产者延伸责任的偏差与矫治》，载《西南交通大学学报（社会科学版）》2012年第4期。

[3] 参见李伟等：《和谐发展 共享未来 建设内部循环型生态企业》，载《环境保护》2007年第12A期。

第七章　完善我国绿色生产法律制度的思考

公众参与原则的基础，明确公众的监督权利、具体监督途径以及回馈机制；另一方面应当明确社会公众辅助废物回收、进行垃圾分类等原则性义务，并注重培育社会公众履行绿色消费义务的责任意识，如以环境教育为手段引导公众进行绿色消费等。

二、修正《清洁生产促进法》

清洁生产是循环经济发展的重要一环，也是绿色生产的核心，因此，《清洁生产促进法》应当是绿色生产法律体系内的综合性立法，也是绿色生产最为相关的一部法律。该法于2012年进行修正，但变动同样也不大，多为原则性规定，用词多处也表述为"可以"而非"应当"，在理念、制度等方面需要进行及时更新、完善。

（一）完善立法目的

该法确立了"促进清洁生产""提高资源利用效率""减少和避免污染物的产生""保护和改善环境""保障人体健康""促进经济与社会可持续发展"的立法目的。与《循环经济促进法》一样，"提高资源利用率"可以改为"实现节约能源""可持续发展"，也可以改为"绿色发展"，而"减少和避免污染物的产生""保障人体健康"可以被"保护和改善环境"涵盖，因此，建议增加"减少和避免废物产生"以与《循环经济促进法》进行良好衔接。

（二）确立绿色设计制度

绿色设计，一般指的是在产品的研发设计环节就应当注意到其对于生态环境、资源利用造成的可能性影响，并基于降低其负面可能性影响来设计产品的功能、外观、寿命、开发及使用周期、成本等属性，最终使其制造过程、使用过程、回收再利用过程对生态环境造成的负面影响最小，且同时符合包括绿色生产在内的其他相关环保指标。[1]《清洁生产促进法》规定了产品和包装物的设计应当

---

[1] 参见王帅、王育才：《生产者责任延伸视角下的绿色设计制度研究》，载《生态经济》2009年第11期。

考虑对健康和环境的影响,避免过度包装,没有体现循环利用的要求,也并未构建相应的制度进行落实。对此,建议可以借鉴日本"逆向制造"的生产模式,提倡企业设计和生产高质量、可跨平台通用的零部件。在坚持"3R"原则的基础上构建绿色设计制度,以试点先行的方式完善配套标准。

(三) 确立绿色供应链管理制度

《清洁生产促进法》部分规定中间皆体现出供应链管理思维,但目前绿色供应链管理制度仍然未得到该法的明确规定。绿色供应链作为一种新型管理方式,主要以上下游企业间的供应关系为依托,并且以这一链条中的核心企业为主要支点,以管理绿色供应商、调控绿色采购等为手段,向上下游企业有效传递绿色生产的相关要求,进而引导链条上的企业及其相关企业积极实现绿色生产,同时持续提升全产业链的绿色化水平。[1]可以借鉴日本"生态企业建设制度"将其进行法律层面的确定,在依托市场供应关系的基础上,政府应当将核心企业作为切入点和重点,通过激励形式使其进行生态化转变,出具"企业环境规章",继而深化其对供应商、销售商的管理,在产业链内传递绿色理念,并逐步扩大"生态企业"的范围,促进产业链"绿色"程度稳定提升。

(四) 完善清洁生产审核制度

此外,《清洁生产促进法》明确规定了企业的清洁生产审核制度。相较于旧法,该法虽然确定了强制性清洁生产审核的情况,即企业排污超过国标与地标、高能耗或排放有毒有害物质,但是该法仅对污染物超标的企业规定了治理责任,其余强制治理企业并未有所强制性规定。同时,此类情况本身由环境保护相关法以及《节约能源法》进行规制,清洁生产审核应当还要注重加强与"领跑者"

---

〔1〕 参见毛涛:《绿色供应链体现哪些创新之处?》,载《中国环境报》2018年10月31日,第03版。

制度的衔接、对企业更高生产标准的确定。另外，还需要完善清洁生产审核制度的配套制度，如人才队伍建设、生产审计及统计等。

除了工业生产，《清洁生产促进法》还要求农业生产者在生产过程中应秉持清洁生产的原则，规定生产者不得使用有毒有害的肥料等，但是相应规定及法律责任并未明确制度化。对此，首先应当确定主管行政部门及其监管体系，确定农产品绿色生产及产品标准体系。该法鼓励措施部分除了针对工业清洁生产进行激励的规定外，还应当注重对农业生产在基金设立、税收优惠以及集体和个人表彰奖励等激励机制的构建以及信息平台建设、技术指导等方面进行支持和完善。

（五）合理加强各方责任

该法针对法律责任的规定较少、较为原则且惩罚程度较轻，这一内容同样可以基于"基本管理制度"的修改进行补充。

针对国家而言，应当明确"清洁综合协调管理部门或其他部门"的绿色供应链管理、下位法制定等责任，并将"处分"转化为相应的"法律责任"。针对企业而言，应当强调进行企业绿色设计、接受清洁生产审核、完善环境信息公开等义务并增加其违法成本和法律责任。针对公众而言，应当明确行业协会、社会组织以及公众的监督权利，以及进行绿色消费、协助形成清洁生产社会氛围等义务。

三、制定"再生资源回收利用法"

废弃物是生产生活的产物，对于废弃物的回收利用与处置是循环经济发展的核心组成部分，也是清洁生产的最后环节。废弃物可以分为"废物"与"再生资源"，对于无法再利用的废物，主要由《固体废物污染环境防治法》《医疗废物管理条例》等法律法规进行规制，而针对"再生资源"的规定则散见于不同法律之中。我国再生资源的回收利用的相关法律及法律制度的建立尚在起步阶段。

2007年，商务部、国家发改委等联合发布的《再生资源回收管理办法》（以下简称《办法》）仅属于部门规章，且内容庞杂、涉及广泛，虽然2019年该《办法》经过修订，但目前实际落实效果不佳、全文仅有27条，实践中大部分"再生资源"仍然被当作"废物"处置，不仅导致了资源浪费也增加了废物处置压力。因此，建议基于现有《办法》以及地方立法实践从以下方面制定"再生资源回收利用法"。

（一）明确法律主体的权利义务

基于武汉、昆明等地方立法，该法应当是基于《循环经济促进法》制定的综合性法律，也是绿色生产法律体系的重要部分，其主要目的在于明确、落实再生资源回收利用法律关系中国家、企业、个人等主体的权利义务。

在国家方面，行政部门职权应当进行集中，可以继续将商务部确立为主管部门，完成保障、引导、激励以及监管的责任；在生产者方面，借鉴德国、日本，生产者应当基于强制回收制度、生产责任延伸制度等承担产品质量责任、经济责任、亲自参与责任、信息如实标注责任、拆解跟踪动态调整责任等；在消费者方面，鉴于我国国情，借鉴日本进行消费者责任体系完成废物回收并不现实，可以通过押金返还、积分兑换、宣传教育等方式引导消费者实施垃圾分类、废物返还等行为；在社会组织方面，借鉴德国DSD系统，建立健全行业性的社会组织，通过社会力量与生产者、销售者建立委托关系的方式进行再生资源的回收利用。同时，社会组织作为法律主体还可以发挥社会监督、协助实施、宣传教育等效益。

（二）针对不同再生资源进行细化规定

以回收安全性为主要标准将再生能源进行归类细化规定，在废旧电子电器、金属、报废汽车等传统分类上增加快递、餐饮、服务等类别，并以此为基础清理、更新《废旧有色金属回收管理暂行办法》《报废汽车回收管理办法》等滞后或失效的规章制度。可以通过更新、完善《资源综合利用目录》（已失效），以现行工业再生资源为基础建立健全再生资源体系化管理。

在绿色发展的时代背景之下，再生资源的回收再利用产业也得到迅速发展。此产业的核心在于对资源的合理利用与配置，兼顾生态环境保护、节约资源、促进经济发展等特征。因此，不同的再生资源回收再利用都应当满足一定标准，基于此，制定再生资源回收利用的评价标准显得尤为重要。[1] 本书主张，可以考虑紧抓再生资源回收利用企业这一核心主体，在鼓励社会资本积极承担再生资源回收利用责任、从此产业中获利的同时，对其回收利用行为进行监管。就评价指标而言，可以利用层次分析方法，选择以包括企业自身发展程度、资源利用有效性、环境保护力度、社会公益效果等维度为基础，构建具体指标，为再生资源回收利用主体的绩效评价及其后续激励提供真实的客观依据。

（三）完善再生资源回收利用的主要内容

虽然我国还没有制定出"再生资源回收利用法"，但《循环经济促进法》《清洁生产促进法》《办法》以及地方相关立法为再生资源回收利用相关制度的建立健全提供了许多优秀经验。首先，再生资源回收利用同样应当建立规划和计划制度。再生资源的回收利用规划是资源循环利用发展中的一部分，也是保障循环经济发展的重要保障，应当属于国民经济和社会发展规划的组成部分，接受中央政府、上级政府以及社会公众的监督。其次，可以考虑确定废弃物回收清理的付费制度。目前，对于生活垃圾等，大部分地方已经实施了收费制度，但对于废旧家用电器等部分废弃物仍与生活垃圾等同，这并不利于废弃物与废物的区分，因此可以考虑对不同类型

---

[1] 参见支太雄、张其春、郗永勤：《再生资源回收利用绩效评价指标体系构建研究》，载《再生资源与循环经济》2017年第4期。

的废弃物采取不同的付费标准。再次，可以考虑参照环境法领域的环境影响评价制度，确定再生资源回收利用的评价制度，即再生资源回收利用相关主管机构为评价主体，由其对生产者的设施、工艺技术、原材料选取及投入、产品设计与包装等方面事先依据标准体系作出评价，并借助评价后结果决定生产单位能否投产。[1]最后，可以借助名录制度完善再生资源回收的监管制度、公示制度、激励制度等，即由主管部门会同相关行业机构共同发布再生资源的相关名录，进一步明确再生资源再利用的行业办法，制定再生资源的运输、储存、再利用等环节的规范与其他应遵守的事宜，以及相关技术机构认证标准等，并将这些标准作为评价、惩戒、激励等措施的依据与指引。

此外，还需要考虑到资源回收再利用必不可少的配套制度，具体主要包括：①结合城市规划合理安排再生资源回收点以便居民和企业进行再生资源的回收再利用；②以统一行政机关设置、构建责任追究机制、共享数据平台、加强技术支撑等方式衔接循环经济规划制度、强制回收制度、生产者责任延伸制度以及绿色供应链管理制度，切实落实企业的治理责任与相关政府部门的监管责任；③坚持分类经营许可及备案制度，保持市场平衡，筛除、取缔不合格的市场主体，通过市场工具合理引进社会资本，发展完善绿色金融机制；④针对作出突出贡献的企业与消费者应当给予表彰奖励，对于遵守垃圾分类、废物返还等法律规定的消费者可以给予适当奖励以作引导，对于违规或不履行义务的企业采取惩罚性税收、借贷限制等惩戒措施。

---

[1] 参见秦鹏：《发达国家再生资源回收利用的立法研究及对我国的启示》，载《林业、森林与野生动植物资源保护法制建设研究——2004年中国环境资源法学研讨会（年会）论文集》（第四册），第17页。

四、加强绿色生产法律制度与其他相关法律的衔接与协同

《循环经济促进法》最贴近绿色生产的内核和要求，内容更加全面且宏观，可以考虑将其作为绿色生产纲领性法律，以《清洁生产促进法》《节约能源法》《固体废物污染环境防治法》作为绿色生产的综合性法律。可以以《循环经济促进法》为坐标统一四部法律中的立法目的以及相关概念，分解该法关于清洁生产、节约能源、固废污染防治的内容，同时去除其他法律中与之重复、冲突的部分，如对于循环经济规划、清洁生产规划、节能规划以及固废防治规划的协同等。

第一，应当加强绿色生产法律制度与《环境保护法》的衔接与协同。其一，可以加强环境规划制度与循环经济制度的衔接，即在环境保护工作安排中加入循环经济的内容，并作为环境质量考核的一部分。其二，可以加强环境影响评价制度与节能评估和审查制度的衔接，即可以在环评文件中加入对循环经济、清洁生产、节约能源、固废污染防治等内容的评价，并在清洁生产审核中以环评文件作为审核依据扩大审核范围、落实企业的治理责任、加强环保主管部门与循环经济发展主管部门的联系与合作。其三，可以加强环境公益诉讼制度与循环经济法律责任追究体系的衔接，即加强社会组织及公众对相关企业的监督，并尝试参与环境公益诉讼，赋予满足一定条件的社会组织以诉权，追究违法行政机关及企业的法律责任，落实各方责任分配制度。

第二，应当加强绿色生产法律制度与税法相关法律制度的衔接与协同。税法相关法律主要包括《企业所得税法》《环境保护税法》《资源税法》等，加强与其的衔接与协同主要是通过"税收法定"建立健全绿色生产的税收激励机制，避免重复立法或立法不明，切实从增值税、营业税、环保税等多方面为绿色生产的发展提供支持，并引导生产者、消费者切实进行绿色生产与消费。当然，

在税收法律体系内部，我国同样需要进行税收制度的绿色转变，积极对包括消费税、车船税等在内的其他税种进行结构性减税，推动其他税种顺利实现"绿色"转型，并开征环保相关税种，最终推动绿色生产的实现与持续性发展。[1]

第三，还需要加强绿色生产法律制度与其他相关法律的衔接与协同。围绕产品展开，其一，需要加强与《政府采购法》的衔接，即在法律层面正式确立政府绿色采购制度并完善下位法，统一绿色产品的采购指南与标准。其二，需要加强与《产品质量法》的衔接，即在追求产品本身质量的同时，可以将产品的节能、环保、可循环等"绿色"属性作为产品制造的价值追求之一。其三，需要加强与《电子商务法》的衔接。目前，电子商务领域迅速发展，有必要加强其与绿色产业链管理制度、强制回收制度、生产者责任延伸制度的衔接，加强电子商务领域的"绿色"与"循环"，从电子签章扩展到电子快递单再到可回收包装等环节，加强生产商、物流服务商的回收责任。其四，需要加强与《农业法》的衔接。农业生产与工业生产之间存在一定区别，但随着农业生产机械化、市场化程度不断加深，《农业法》在侧重污染防治的基础上也需要不断补充绿色生产法律制度的内容。

第三节 完善绿色生产评价机制

在产业相关性不断加深的时代背景下，绿色生产评价必然也需要走向统一化、协调化，应当建立健全综合性标准体系，引导绿色生产进一步发展。

---

[1] 参见沈君逸：《低碳经济下我国绿色税收制度探析》，载《经济研究导刊》2022年第10期。

第七章 完善我国绿色生产法律制度的思考

一、建立健全综合性标准体系

完善绿色生产评价机制的要点在于以重点领域监督制度突出重点领域、重点产业，完善评价标准体系与认证机制。

在工业方面，工信部与国家标准委目前正在以《绿色制造标准体系建设指南》为基础组织综合基础、绿色产品、绿色工厂、绿色企业、绿色园区、绿色供应链以及绿色评价与服务等部门的绿色制造标准，详细如图7-1：

```
                          ┌ 术语分类方面的标准
                          │ 图形符号方面的标准
                          │ 计量与监测方面的标准
                  综合基础 ┤ 计算与统计方面的标准
                          │ 绿色技术与工艺方面的标准
                          │ 绿色基础设施方面的标准
                          └ 绿色管理方面的标准

                          ┌ 绿色产品设计方面的标准
                          │ 减量化方面的标准
                          │ 无害化方面的标准
                  绿色产品 ┤ 产品能效及水效方面的标准
                          │ 利用清洁能源方面的标准
 绿色制造标准体系         │ 资源化方面的标准
                          └ 生命周期方面的标准

                          ┌ 绿色工厂规划方面的标准
                          │ 资源节约方面的标准
                          │ 能源节约方面的标准
                  绿色工厂 ┤ 清洁生产方面的标准
                          │ 废物利用方面的标准
                          │ 温室气体方面的标准
                          └ 污染物排泄方面的标准
```

```
                    ┌ 绿色企业创建方面的标准
                    │ 资源结构方面的标准
                    │ 能源结构方面的标准
            绿色企业 ┤ 产品结构方面的标准
                    │ 产出效率方面的标准
                    └ 环境社会责任方面的标准

                    ┌ 生态环境及空间布局方面的标准
                    │ 基础设施共享方面的标准
            绿色园区 ┤ 产业共生耦合方面的标准
                    │ 资源消耗与产出方面的标准
                    └ 污染物协同处理方面的标准

                    ┌ 绿色供应链构建方面的标准
                    │ 绿色采购方面的标准
          绿色供应链 ┤ 绿色营销方面的标准
                    │ 绿色物流及仓储方面的标准
                    └ 回收及综合利用方面的标准

       绿色评价与服务 ┌ 绿色评价、标识与报告方面的标准
                    └ 绿色服务方面的标准
```

图7-1 绿色制造标准体系

针对农业,同样应当加快建立健全绿色食品、产品标准体系,主要应当包括安全指标、绿色产品质量指标、技术指标等内容。其中,安全指标应当对接发达国家,推动进出口贸易;不断完善产品质量标准,体现食品"绿色"属性的优势,满足并引导消费者需求;同时,还应完善相关技术标准,针对农药、化肥使用进行规范化管理。在此基础上,应当保持标准体系的动态调整,建立健全标准清单动态发布机制以及跟踪评价反馈机制。

国家标准制定周期较长且内容宏观,建议地方先结合自身实际

出台地方性相关绿色标准，重点落实循环经济发展规划制度，以清洁生产、节约能源、废物回收利用与污染防治、污染管控为重点，统筹区域内经济发展状况，分阶段、分区域地逐步推进以保障效果。

二、完善清洁生产审核机制

正如前文所述，清洁生产是工业领域实现绿色生产的基础前提，也是实现绿色生产的核心组成部分。而清洁生产标准是生产是否做到清洁生产的评判标准，理论上，完善的清洁生产标准能够显著提高绿色生产水平。不过，有学者以相关模式得出结论：在实践中，清洁生产标准对经济发达的东部地区的生产者绿色生产水平有较大的提高作用，而对于经济欠发达的中西部地区生产者绿色生产水平起到的提高作用相对较小；并且，在实践中，清洁生产标准或许在短期内难以体现出显著影响，但可以通过长期努力，通过优化生产者的固定资产支出结构、优化生产者的创新能力来实现其绿色生产水平的提高，其中，劳动力成本这一生产因素受影响较小。[1] 由此，以清洁生产审核机制为手段、针对清洁生产进行有效监管与推动是可行且合理的。具体而言：

第一，应当优先促进产业结构升级。正如部分学者实证研究所强调的，我国东部与中西部地区、传统能源与新能源等领域间生产者的生产水平存在较大的不平衡。少部分大型企业已经达到国内甚至国际领先水平，但大部分中小型企业仍面临着技术实力、经济实力等方面的不足，部分领域的清洁生产已进入成熟阶段，部分领域则还面临着技术、经济以及人员等方面的客观难题。清洁生产审核不能"一刀切"式地直接适用，而应当先由地方政府以循环经济发展规划、绿色供应链管理等制度为基础，通过"领跑者"逐渐提高

---

〔1〕 参见曹翔、李慎婷：《清洁生产标准如何影响企业绿色生产水平？——来自中国工业企业的证据》，载《产业经济研究》2021年第3期。

生产标准,并通过一般性激励、技术支持等形式有针对性地扶助中小型企业,优先促进产业结构调整。

第二,应当扩大审核对象与范围。随着经济发展,《清洁生产审核办法》中除了应当接受强制性审核的企业外,行政机关应当主动通过激励为主、管制为辅的政策促使企业接受清洁生产审核,鼓励企业积极向生态型企业转变,地方政府、行业协会以及企业自身都可以主动参与并推动生态企业规模化建设、生态园区建设工作。就清洁生产审核的内容而言,除了能耗、排污、有毒有害物质外,还应当关注企业生产链的其他环节,尤其是固体废物产生及回收量。

第三,应当通过多途径来保障清洁生产的审核质量。由于生产具有复杂性、专业性,现有清洁生产审核队伍以及第三方审核机构建设均存在不足。清洁生产审核应当调动多方力量,以行政机关为主导规范各行业协会以及第三方审核机构的建设与培育,并且应当坚持终身负责制的原则,强调机构与相关专家对自身作出的评审结果终身负责。同时,还需要从政府财政支持、市场社会资本引入两方面进行资金筹集,进行技术研发、人才队伍培养、相关企业激励,切实从多方面完成清洁生产审核,并保障其质量。

三、完善绿色产品认证机制

在产品端,同样应当建立完善的绿色产品认证机制,这是激励生产者积极供给绿色产品、并提升供给支持与效率的基础,也是培育绿色市场的前提。针对绿色产品认证机制的完善,可以考虑从以下几个方面进行发力[1]:

第一,应当统一绿色产品认证。地方可以在备案的基础上,结合已有权威标准以及本地实际制定区域内统一的绿色产品标准,并

---

[1] 参见孙小锋:《快递包装绿色产品认证制度的建立及认证规则解读》,载《质量与认证》2021年第8期。

以此为基础进行绿色认证机构的资质标准确认，完善认证机构资质审查，筛除不合标准的认证机构，清理民间认证体系与标识，规范绿色产品认证市场以及相关标识的使用与监管。同时，这种统一还包括不同行业领域的统一。我国绿色产品认证机制尚在不断发展的阶段。例如，我国2020年强调快递包装的绿色产品认证制度，这不管是在国内还是在国际上均属首例。因此，与产品、物流、销售等其他行业领域的绿色产品认证紧密衔接就成了必须要正视和解决的问题。[1]

第二，应当完善绿色产品监督机制。针对产品，依据生产者责任延伸制度，生产者应当如实标注产品是否"绿色"、是属于"一次性资源生产产品"还是"再生资源生产产品"等信息，不可以混淆，以误导消费者；针对产品认证，应当建立统一全面的信息平台，面向公众公开产品认证程序、机构、信用情况、销售情况等内容，认证机构应当对平台信息负责，社会公众有权对信息真实性、全面性进行监督，同时建立有效的举报及反馈、激励机制；最为重要的是，应当加大对伪造、冒用、虚假标注等违法行为的法律责任追究，而不可轻纵。

第三，应当加强绿色产品认证与绿色产品消费的引导。应当将绿色产品认证机制的建设情况作为政府循环经济目标责任考核内容的一部分，促使政府切实采取激励、引导等措施推动认证机制建设。在加强绿色产品消费引导方面，依据绿色采购制度，政府行政部门及相关机构应当对绿色产品进行优先采购，且应当不断扩大采购范围、提高采购比例，并在政府投资项目、市政项目中优先生产、使用绿色产品。同时，应当通过互联网、官方网站等途径，以优秀案例解读、分发纸质材料等形式加强绿色产品标准、绿色产品

---

〔1〕 参见孙小锋：《快递包装绿色产品认证制度的建立及认证规则解读》，载《质量与认证》2021年第8期。

认证、绿色产品标识等法律及政策的宣传教育，引导社会公众积极参与绿色消费，营造绿色发展的社会氛围。

第四节 完善绿色生产激励机制

针对我国绿色生产缺乏长效且合理激励机制问题，可以结合《循环经济促进法》《清洁生产促进法》和"十四五"关于改善环境质量的目标，基于大气、水等环境因素的污染防治专项资金，农业生产财政补贴，重点生态功能区的转移支付等制度基础上，建立健全以财政转移支付为主、市场激励机制为补充的绿色生产长效激励机制。进一步发挥好财政激励的导向功能，激发地方政府、生产者积极进行绿色生产的动力，进而形成实现绿色生产的有效动力机制。[1] 具体而言，可以考虑从财政激励、税收激励、价格政策引导、绿色金融支持、社会宣传教育等多个方面对绿色生产激励机制予以建立健全。

一、完善绿色生产的激励机制的基本原则

完善绿色生产的激励机制必要且合理，相关工作的具体展开应秉持以下若干基本原则：

1. 法定原则。因为我国目前绿色生产激励的主要来源仍为财政税收途径，而财政预算、"税收法定"是我国财政税收框架体系内的重要原则，绿色生产激励机制也应当通过在《税法》《环境保护税法》等法律的基础上制定细化条例的方式进行确定，必须依据法律法规来形成稳定而规范的长效机制，在避免重复激励或激励缺位的同时，更重要的是避免激励机制的滥用。

---

[1] 参见王金南等：《建立国家环境质量改善财政激励机制》，载《环境保护》2016年第5期。

2. 公平原则。公平原则不仅是法律的基本属性，也是市场机制的内核。激励机制应当秉持客观公平的原则，以客观的评价标准而非临时性、主观性的行政指定作为激励依据。且公平原则还表现为政府与企业的权利义务公平，即政府若激励缺位或不到位，未能提供必要的激励协助等，企业也可以要求相关政府行政部门及时履行职责，甚至是追究其法律责任。

3. 平衡原则。平衡原则是指激励与惩罚应兼顾，激励的力度应当与企业所付出的成本之间成比例，而无惩罚的激励也会削弱激励的稀缺性、有效性。正如上文所述，若企业的违法成本与违法收益不成比例，则会反向促使企业采取违法行为而不会选择争取获得激励。

此外，平衡原则还表现为宏观层面的、企业之间的平衡，即在激励部分大型企业、龙头企业的同时，也对实力较弱的广大中小型企业进行扶持，避免陷入弱者恒弱、强者恒强的畸形局面。且正如前文所强调的，由于大型企业、龙头企业具有更强的绿色生产能力以及资金能力，往往其绿色生产程度较高、改进空间相对较小，而广大中小型企业的改进空间更大、也更需要激励。

4. 因地制宜原则。由于我国在地理上客观存在着幅员辽阔、经济发展不均的现状，虽然经过法律层面的确立，绿色生产的激励机制具有相对的稳定性、规范性，但此机制要避免陷入僵化的困境，还需要结合特定区域、特定行业领域内的实际情况，因地制宜、动态调整。例如，经济欠发达的中西部地区市场机制不完善，财政激励的占比就需要适当扩大。

二、完善财税激励机制

税收是政府进行宏观调控、调整市场主体行为的重要工具之一。《环境保护税法》于 2018 年 1 月开始实施，我国正式开征独立型环境税标志着绿色税制进入新阶段。[1] 而绿色税收也是协调生态环境保护与经济社会发展间关系的重要手段,[2] 对于推动我国绿色生产的实现及持续性发展十分关键。具体来说,绿色生产的税收激励机制可以从税收优惠与税收加重两个方面进行针对性完善。

一方面,应当针对进行绿色生产的生产者进行税收优惠。基于绿色生产评价机制,对满足标准的企业可以采取减免所得税、增值税、营业税、环境税、资源税或者退税等措施进行税收激励。而这种税收优惠也会体现在产品价格上,即会引发绿色生产相关企业市场竞争力加强、消费者积极进行绿色消费的场面。另一方面,针对高污高耗企业进行税收加重。其一,资源税的征收,在《资源税法》生效后,应当在落实矿产资源税征收工作的基础上注重对森林资源税、水资源税等环境资源的税目建设;其二,排污税,可以尝试以污染物种类为基础征收固体废物污染税、水污染税等;其三,增加消费税,即针对生产、使用难以循环利用的产品增加消费税,以此完善废物回收体系的激励基础、减少废弃物数量、促进绿色生产和消费的社会氛围。

财政补贴是政府促进绿色生产最为直接的调控手段,即通过直接的财政拨款对相关企业、项目、设备等提供经济补贴及奖励,效果直观。

针对激励力度不足问题,应当适当加大对绿色生产企业、相关行政项目等内容的财政激励支持力度。具体而言,在完善税收制度的基础上,我国应当加大对相关项目的资金支持,针对生产、服务周期较长或市场还未成熟而难以获得金融机构支持的企业,可以以

---

[1] 参见刘心怡:《以绿色税收助推生态文明建设》,载《社会主义论坛》2022年第3期。

[2] 参见李小梅、喻宣瑞:《绿色税收体系对经济和环境的协同效应研究》,载《工业技术经济》2022年第5期。

名录的形式进行资金支持、资质认可、树立示范典型，而非仅关注头部企业或大型企业。同时，还可以落实专项基金政策、完善绿色债券，合成资金合力，通过资本运作完成激励资金的良性循环，也可以通过政策性银行对符合条件的企业进行融资支持。

此外，无论是税收激励还是财政激励，都需要以法律为依据，促使生产者形成绿色生产理念、自觉实现绿色生产的目的，坚决打击偷逃税、骗取财政补贴等违法行为，创造依法纳税的社会环境，进一步贯彻生态文明建设。同时，基层行政机关需要注重提升财税队伍的职业能力、道德与法治素养、行政效率以及绿色发展的行政理念。建立健全服务反馈机制，杜绝不同企业间的差别化待遇，及时听取纳税人针对纳税服务的评价与建议，积极改进、推动财税服务的优质化，并进一步完善相关行政人员的法律责任追究机制、增加追究惩处力度。

三、完善价格激励机制

产品价格是市场机制中供求关系的直接反映，通过完善价格激励机制可以引导消费者进行绿色消费，提高生产者进行绿色生产的积极性。完善价格激励机制可以从原材料定价与环境容量定价两方面着手。

在完善鼓励资源节约的价格机制方面，主要是通过财政、税收、市场价格调整等手段，提高石油、天然气等不可再生能源价格，适当降低清洁能源、可再生能源的价格，在技术改进的基础上，以价格机制推动可再生能源以及清洁能源的应用。而资源成本则会通过具体企业的生产成本传递至产品价格端，从而促使消费者进行绿色消费，进而形成良性循环。

在完善环境容量价格机制方面，需要意识到，环境容量是在人类的生存和发展不受危害、自然生态平衡不受破坏的前提下，特定区域内的环境能够容纳污染物的最大负荷值。特定环境的环境容量与环境的空间大小、相关环境要素特性、污染物自身特性等因素相关，但总体而言一般都是有限的。其有限性使得环境容量兼具生态价值和经济价值。如何合理配置环境容量资源也是生态环境保护必须正视的问题。[1] 以排污权交易、碳排放交易为例，环境容量已经具有了商品属性，可以尝试以排污权交易为基础建立环境容量价格机制，规定排污、废弃物回收处置费用，培育、完善节能服务和废物回收利用等市场，将绿色生产纳入其中，进一步体现绿色生产的市场价格。

四、完善绿色金融支持机制

绿色金融是金融理论与社会需求的结合体，是社会经济发展的必然趋势，也是为解决环境制约等问题而衍生出来的新概念。正如有的学者主张，以管理金融中长期风险、实现金融体系自身的可持续发展为目的，"绿色"金融不仅要求相关主体的投融资行为需要"绿化"，在决策时要考虑生态环境保护因素，减少、停止支持对生态环境具有负面影响的项目，加大对生态环境保护项目的扶持力度，且将生态环境保护因素纳入金融机构风险规制体系。[2] 绿色金融支持机制指的是基于国家法律和政策，金融机构针对符合条件的节能环保项目进行融资支持的制度设计。针对绿色金融，我国应当完善国家支持政策，强化政策评估。

我国绿色金融尚处于发展初期，规范化、体系化程度不足，在这一背景下，应当注重针对事前、事中以及事后评估机制的完善，即应当通过事前科学论证进行金融产品设计和风险预估、通过事中持续性检测进行投资管理、通过事后反馈进行机制的动态调整和不

---

[1] 参见李兴锋：《排污许可法律制度重构研究——环境容量资源配置视角》，载《中国地质大学学报（社会科学版）》2016年第2期。

[2] 参见张承惠、谢孟哲编著：《中国绿色金融：经验、路径与国际借鉴》，中国发展出版社2017年版，第1页。

断完善。同时，应当以绿色债券、绿色信贷以及绿色保险等发展支撑类政策为基础吸引社会资本、增加融资量、降低交易成本，注重完善排污权交易市场、绿色银行体系、绿色数据库等专业机构及系统，以基础设施作为依托，同时建立健全企业环境信息公开、投资者绿色网络等监管机制。

在具体制度层面，首先，应完善绿色金融的激励与约束机制，必须要深入研究宏观金融政策，为绿色金融的发展提供有力的外部支持。在绿色信贷方面，应提高银行开展绿色信贷的积极性；在绿色保险方面，应加快制定系统性的法律法规；在绿色证券方面，要给绿色企业提供融资便利。其次，绿色金融标准和信息披露机制是绿色金融最重要的基础，是绿色金融健康稳定发展的基本要素。为此，出台绿色信贷标准、制定绿色保险标准、统一绿色证券标准和建立全国统一的绿色资产交易平台势在必行。最后，应明确银行等金融机构的环境法律责任，积极推动绿色金融工具创新方面的细则落地，建立强制性环境信息披露机制，进一步完善绿色金融风险防范的制度框架，积极推动绿色金融在地方落地试行，积累可复制的推广经验，从而更好发挥绿色金融助推经济和城市的绿色转型的作用。

第八章

消费绿色化的理论基础

第一节 消费绿色化的机理及其类型

一、消费绿色化的机理
（一）公共消费绿色化的机理

1. 公共消费。公共消费和与之相对应的私人消费共同构成了社会的最终消费。公共消费指的是由政府和为居民服务的非盈利机构承担费用、对社会公众提供的消费性货物与服务的价值。公共消费包括国家行政管理和国防支出、教科文卫事业支出、社会救济和劳动保险方面的支出等。简而言之，公共消费是指由政府出面为社会公众购买公共产品或服务。这些消费不是面向某些个别群体，而是面向整个社会公众，包括了大多数人，如铁路、公路等基础设施建设，图书馆、美术馆、博物馆等公共文化设施建设，公办学校的教育开支，公立医院的医疗设施设备，与国防科技相关的核心技术研发等。在现如今，更简单的且更为常见的一种公共消费形式出现在我们眼前，即各地政府推出了消费券，通过刺激消费，扩大需求，来带动企业复工复产，进而带动经济发展。

公共消费带来的公共服务和产品体现了全面共享、全民共享的新发展理念。公共消费在社会消费中的比重一定程度上反映了整个社会的公平程度和公民的幸福感程度。公共消费在实现社会群体的公平的同时，也完成了收入再分配。现如今，我国经济由快速增长转变为高质量增长，且面临着统筹推进新冠肺炎疫情和经济社会发展两方面的难题，增加公共消费不仅可以为公民提供更加优质的公共产品和公共服务，还可以加强传染病预防和应对能力，调整和优化国家财政支出结构。

2. 公共消费绿色化之意义。不少人质疑消费绿色化的意义，主要是因为商品生产过程中会导致污染。由于部分企业的生产技术、设备落后，在生产过程中易制造一些污染源或过度损耗资源而对生态环境造成负面影响。但是，从经济学上来看，生产、分配、交换和消费四个环节是不断循环进行的社会再生产过程。消费是生产的终端，也是再生产的起点，因此，消费绿色化可以进而影响再生产的绿色化。同时，值得注意的是，随着经济水平的不断提高，人们对商品的可选择性增加，商品供大于求，商家更加迎合和追求消费者的喜好，市场不再是"我生产什么你用什么"，而是"我想要什么，你才生产什么"，卖方市场逐渐向买方市场转变。因此，消费可以倒逼生产方式的转变。由此可见，消费的绿色化对生态环境保护同样有极其重要的作用。

而公共消费作为社会消费之一占有很大的比重，因此，推动公共消费绿色化极为重要。同时，由于公共消费与私人消费相比较，主体较为单一和固定，程序规定较为严格，因此，绿色化的可操作空间更大。以我国为例，以政府为主体进行货物、工程和服务的采购，是有明确的法律法规进行约束的。例如，《政府采购法》中就规定了政府采购的基本原则、采购范围和采购人员的回避制度，同时也明确规定了供应商参加政府采购活动的严格条件。比如，除要求其具有独立承担民事责任能力以外，还要求其具有良好的商业信誉和健全的财务会计制度，具有履行合同所必需的设备和专业技术能力等。这些在一定程度上限制了公共消费的自由，也说明了政府采购不同于一般的买卖合同，即不仅仅需要双方当事人的合意，还需要受到别的一些限制。

公共消费本来就是一种消费，通过对资源的损耗，带动整个社会收入、资本和信息的流动。在公共消费中融入低碳、绿色、节能和环保的理念，促进公共消费绿色化，也会带动私人消费的绿色化。公共消费绿色化优化升级，可以增加公共服务和公共产品的绿色化，进而实现收入再分配，促进社会公平。

值得注意的是，政府具有一定的公信力，其作为公共消费的主体，若在货物、服务的选择消费上做到绿色化，会起到一定的带头作用，影响私人消费向其看齐，最终与私人消费达到协同"绿色化"。

3. 绿色化公共消费之途径。公共消费如何绿色化？最为有效的途径又在何处？解决这一问题之前，我们需要先厘清参与公共消费的利益相关方有哪些。首先，直接参与公共消费的主体为政府和企业，二者各自为买方和卖方，即采购人和投标人。同时，社会公众作为公共消费的直接受益者、监督者和践行者，也起到很大的作用。因此，接下来笔者将从以上三个主体着手探讨公共消费绿色化的途径。

（1）社会公众——积极推进公众参与。首先是社会公众，这一群体数量大，且社会公众是公共消费的直接受益方，间接上影响了公共消费的发展。社会公众在推动公共消费绿色化的过程中有很大的参与空间。公共服务的根本是以人为本，社会公众作为公共产品和服务的使用者和享受者，其个人喜好和审美追求也在一定程度上影响了公共消费的价值取向。现如今，人民生活水平大幅提高，崇尚消费，奢侈攀比之风日渐兴起。人们不仅追求"吃得饱穿得暖"，还追求"吃得花样多""穿得款式多"，不仅有物质需求，还有诸多精神需求亟待满足。因此，为推进公共消费绿色化，我们需要从

第八章 消费绿色化的理论基础

社会公众着手，一方面，我们需要运用新闻媒体工具和学校教育，引导社会公众形成正确的绿色消费观，引导树立正确的消费意识和生活方式，在全社会中形成良好的"以保护生态为荣"的绿色、节能、低碳的文化氛围，引导公众追求低碳环保的绿色产品和服务，推动绿色消费革命。这不仅要成为政府、产业部门和企业的自觉行动，而且要成为全社会的自觉行动。另一方面，《政府采购法》第70条就规定："任何单位和个人对政府采购活动中的违法行为，有权控告和检举，有关部门、机关应当依照各自职责及时处理。"社会公众可以监督公共消费是否"绿色化"，因此，我们要增大政府采购过程中的公众参与空间。因为公共消费一般都是由行政部门来主导，其主体的限制一定程度上增加了交易的不透明性，行政部门在实际操作中，很难做到完全用之于民，可能会囿于财政预算的不足或对自己部门存在一定程度的偏私，而对采购的货物、服务或工程的环保性要求不高。同时，行政部门工作人员对相关采购信息不是很了解，特别是涉及一些较为专业的设备和工程建设，同样需要有一定专业知识背景的人来给予指导和建议。因此，引入专家对生态绿色要素的评估以及着重于生态环境保护的公众参与对公共消费绿色化极其重要，一方面可以建言献策，另一方面可以对政府采购形成监督，防止行政部门腐败。要提高政府采购流程的公开化、信息化和透明化，引导和鼓励社会公众行使监督权，发挥公众在公共消费绿色化建设中的作用。

（2）企业——推进自身绿色革命化。企业作为供给侧的供方，是商品服务的主要生产者，也是污染源的主要制造主体。比如，企业在生产过程中会产生废水，这些生产废水成分复杂，不经过处理就排放，会对环境造成很大的影响。再比如，有些行业在商品生产过程中，会产生大量的有毒有害气体，有些企业在生产过程中也会产生固体废物。企业如何推进自身绿色革命化呢？笔者认为，主要可以从三个阶段来分别入手，在商品生产前，对原材料进行把控，选择更加绿色环保的原材料；在生产过程中，需要做好建设项目主体工程和与其配套建设的环境保护设施，二者同时运行；在生产结束后，要妥当处理废水、废气和废渣，对其采用化学手段进行净化。例如，对废气进行脱臭脱硫，对废水采用沉降，达到一定标准后才可排放出去。

但在这三个阶段中完成相关的绿色革命，需要大量的人力和物力支持，一方面要寻求绿色的替代品作为原材料，另一方面要寻求技术、工艺和设备的绿色化创新，同时降低绿色成本，企业的绿色化是最终公共消费绿色化的目的所在。这需要政府对市场进行一定的引导，引入更多的企业，形成社会竞争。社会公众对公共消费绿色化的重视，影响了政府采购对绿色环保的重视程度，进而也影响了企业作为产品供给方去探索更加多元化和绿色化的绿色产品和服务的积极性。

（3）政府——完善相关制度保障。政府是公共消费的实行者，因此，政府需要把好公共消费绿色化这一关，对无论是通过竞标、谈判，还是询价等方式开展的采购，都要重视投标人相关产品和服务的绿色化，将绿色化提到作出选择考量的重要地位上。同时，扩大招标范围，在保证时效的前提下扩大招标期限，以期待能有更多的绿色产品可供选择。此外，也要加强政府采购监督管理部门对政府采购活动及集中采购机构的监督检查，尤其是要考察中标产品的绿色要素是否达标。

政府作为公权力主体，有义务承担一定的社会责任，而环境保护和绿色发展就是其中应有之义，因此，需要制定和完善促进公共消费绿色化的相关政策。现在我国对公共消费绿色化的规定在《节约能源法》第 64 条中有所体现："政府采购监督管理部门会同有关部门制定节能产品、设备政府采购名录，应当优先列入取得节能产品认证证书的产品、设备。"比如,《政府采购法》第9条规定:"政府采购应当有助于实现国家的经济和社会发展政策目标,包括保护环境……"再比如,《清洁生产促进法》第16条第1款规定:"各级人民政府应当优先采购节能、节水、废物再生利用等有利于环境与资源保护的产品。"这些法律都对政府采购需要保护环境提出了要求,但是这三部法律的制定年代较为久远,且最近一次修订也已经是在五六年前。在实现创新、协调、绿色、开放、共享的新发展理念下,在生态文明建设背景下,这三部法律中与环境保护相关的法律条款过于简单,似乎对新时代发展没有更切实际的操作空间,因此,应完善相关的制度,将公共消费绿色化由倡导性转变为强制性,建立配套的法规体系,使其更具有实践性和可操作性,为公共消费绿色化提供强有力的保障。

与此同时,笔者建议应首先将环境公众参与明确纳入公共服务和产品采购中,完善公众参与在公共消费中的合法合规性,同时,更新与绿色产品标识相对应的政府采购品目清单。再者,制定相关政策,鼓励大众创业、万众创新,激励企业进行科技创新,选择更加绿色环保的原材料,提高生产技术的水平,改进生产设备。

(二)个人消费绿色化的机理

绿色消费是一种与保护当代和子孙后代的环境相适应的消费形式。这一概念将消费者的责任或共同责任归因于通过采取环保行为来解决环境问题,如使用有机产品、清洁和可再生能源以及研究零影响或几乎零影响的公司生产的产品。近几十年来,消费者的习惯发生了迅速变化:消费者现在不太可能根据品牌忠诚度或价格作出购买决定,也不太可能尝试选择符合其价值观的产品,而是从环境、道德和社会角度表达了对更具可持续性的产品的偏好。绿色消费是一种趋势,是一种解决环境问题而不损害市场经济的手段,意味着消费者购买对环境影响较小的产品,以便子孙后代也能从我们现有的资源中受益。消费绿色化主要源于两个方面的动机：一是消费者的主观意识（主要是价值观）促进消费者主动地选择对环境影响较小的产品；二是绿色消费市场促使消费者被动地选择绿色消费。

消费者的价值观可以划分为与环境相关的价值观和并非与环境相关的价值观。前者是消费者意识到消费行为与环境相关，他们会出于保护环境的主观目的或者意识到自己的消费选择会对环境产生影响而选择绿色消费。后者并非与环境保护直接相关，而是涉及一些可能影响行为的一般个人特征，如文化，对创新产品的态度或个人身份取向（如个人主义或集体主义）等。

保护环境在很大程度上取决于人类的行为和行动，所以应鼓励消费者采用更具环境可持续性的生活方式和消费模式。关注环境并认为自己有责任保护环境的人往往更喜欢绿色产品。"绿色消费主义"和"可持续消费"的概念是相互关联的，因为两者都强调对资源的利用和体现消费者的意识，并表现为购买不会导致环境恶化的产品。可持续消费的定义是，对地球提供的生态系统服务能力的需求较低，因此，不太可能损害后代满足自身需求的能力。这一概念最初在奥斯陆可持续消费专题讨论会上被定义为"对维持生活质量至关重要"，同时满足"在整个生命周期内尽量减少自然资源、有毒材料的使用以及废物和污染物的排放，以免危及子孙后代的需求"这种消费要求。消费者可以对环境保护持积极态度，并表示愿意采取生态友好的生活方式，愿意购买绿色产品。印度是世界第二大人口的国家，也是世界经济中的一个新兴市场。印度消费者更具环保意识，因此，印度的绿色消费主义浪潮并未受到破坏。印度人在购买任何产品之前，更有可能考虑"环境价值"等因素。一项对印度绿色消费者数量进行分析的调查显示，大约60%的印度消费者更喜欢作出绿色选择，75%的印度消费者声称这样做是为了环境。

而在许多情况下,消费者使用或购买绿色产品时没有经过深思熟虑。使用绿色产品可以增强伴随的消费体验的享受,即绿色消费效应。有研究表明,使用绿色产品可以让消费者感知到他们的社会价值的增加,以及他们认为自己作为个人受到社会重视的程度。感知到的社会价值的增加会带来愉悦感,并随之增强消费体验。当消费者遭遇社会排斥时,绿色消费效应更强,这表明使用绿色产品有助于消费者的福祉,而不仅仅是其环境效益。即使消费者没有主动选择使用绿色产品或购买绿色产品,仅仅使用绿色产品也会让消费者感觉到他们更受社会重视,从而增加社会价值。而当消费者能够享受伴随的消费体验时,企业可以从绿色产品的投资中受益,从而促使企业进行产品绿色化。

消费绿色化的主动影响因素分类也可以分为消费价值观和个人价值观。个人价值观可能涉及利他主义、利己主义和对生态系统的态度等,比如,动物保护主义者可能会倾向于选择更加环保的商品。而消费价值观是一个多维结构,包括功能、社会、情感、认知和条件价值。

在消费价值观的五个不同维度结构中,功能价值主要代表产品的效用(性能),这似乎是消费者偏好的关键决定因素。社会价值反映了特定的产品在社会上塑造了一个面向消费者的形象。社会价值是影响消费者对有形产品偏好的主要因素,这部分产品主要集中在服装业、汽车业和家用电器业。情感价值是与产品相关的积极影响或消极影响,即消费者从购买中获得愉悦还是痛苦。认知价值反映了对知识的渴望,它主要与消费中的追求创新有关。在绿色消费的现实情境中,绿色产品往往以新产品的形式出现在消费者视野中,由于绿色产品具有技术的先进性、功能的实用性、外观的新颖性以及环境的友好性等产品特征,能够满足消费者对创新性消费的需求。最后,产品的条件价值体现在各种情况中,即折扣、奖品、保修和分期付款等。

个人价值观也包括功能、社会、情感、认知和条件价值这五个维度。此外，个人价值观还至少包括三个额外价值组成部分：享乐价值、审美价值和整体价值。享乐价值是指从产品的能力中获得的利益，以满足享受、乐趣、愉悦或从工作或焦虑中分心的需要。人们并不总是在寻求利益，消费者可能想要追求情绪价值来使自己愉悦，如旅行、去娱乐场所、关注运动、观看电影或电视节目等。审美价值是指从产品呈现美感或增强个人表达能力中获得的效益。消费者追求审美利益的例子包括风格需求、产品外观要求、艺术购买和追寻时尚等。整体价值是指从产品的互补性、连贯性、兼容性和一致性中获得的感性价值。

环境恶化日益引起舆论关注，然而环境问题的增加并没有伴随着绿色产品消费的平行增长。尽管消费者对环境保护持积极态度，但他们对购买绿色产品的态度可能与之矛盾。影响绿色消费的因素包括绿色产品的有限可用性、过多的营销信息、消费者的怀疑、更高的价格、质量的难以保障、获取的难度等。

价格成为消费者实际购买可能性的限制，这种限制已在电动汽车、笔记本电脑方面得到证实。所有这些产品也可以很容易地再制造并以较低的价格在市场上转售，就这些更绿色的选择而言，价格代表着绿色消费的驱动力。在大多数情况下，绿色产品意味着更高的价格，因此，价格成为绿色购买的阻碍因素。产品最重要的属性之一是价格，价格是消费者衡量购买绿色产品的实际可能性的一种手段。

与价格密切相关的是产品的质量，因为这可能会严重影响最终产品的选择，质量是与绿色产品相关的一个重要因素。首先，就产品功能而言，电动汽车通常被认为质量较差，因为消费者认为电动汽车功能较差，再制造产品也被认为性能较差。其次，设计和产品形象可能会影响感知质量，再制造笔记本电脑和电动摩托车经常被认为质量或性能不好。有时，产品的复杂性也会影响质量感知和购买更环保但更复杂的产品的意愿。产品的选择也会受到产品在未来经济节约方面感知经济价值，以及可以从其特定特性中获得的优势的强烈影响。例如，由于能耗较低或时间较长而带来后续更低的消耗，电能汽车充电就比汽油更便宜。

产品相关的其他内在价值也会影响消费者的绿色消费意愿。例如，只有当消费者主要的自利动机得到满足时，即消费者认为产品能够实现其主要功能时，这些价值才会影响最终的产品选择。这些内在价值包括产品原产国或生产商对员工福利的关注。在某些情况下，生产者形象和声誉也会强烈影响产品选择，绿色品牌形象和绿色品牌信任已在多项研究中被确认为绿色消费行为的重要原因。绿色产品较低的感知质量通常可以通过提高消费者的产品知识来缓和，让他们相信绿色产品的实际功能并不比传统产品的差。另外，如果绿色产品真的很难找到，需要付出太多的努力，消费者可能更喜欢其他更容易获取的替代品。

这些客观环境因素可以归纳为四个方面：产品准入和市场刺激、社会规范、经济效益、媒体和广告宣传。

因此，消费者私人消费绿色化也与一个完备的绿色产品市场密不可分。绿色产品的准入不能因为追求绿色而放低下限。这些绿色产品必须在质量和功能上可以基本替代传统产品。这步也需要消费者产品知识的提升，消费者容易产生习惯性消费，这会导致他们倾向于传统但安全的消费选择。比如，大多数人依然愿意选择传统汽车，因为惯性思维导致消费者认为传统汽车的性能更好。如果绿色产品质量因为"环保"而被授予绿灯，会对消费者的绿色消费意愿产生巨大的反作用力。一个例子是特斯拉电动汽车的事故导致消费者在选择电动汽车上可能会更加犹豫不决，即使政策和经济激励都对电动汽车进行了偏移。

　　与产品相关的也有经济利益的影响：这些可能是销售、特殊优惠和激励措施或旨在激励某些产品的公共补贴。绿色产品进入市场往往因为消费者的消费惯性处于弱势地位，经济激励可能是鼓励消费者绿色消费中最常用的手段，尤其是公共补贴。绿色车牌是一个有代表性的实例，因为传统车牌需要的时间和金钱对消费者的负担要比绿色车牌大得多。如果绿色产品在进入市场前取得公共补贴，可能会带来两种积极效果：一是企业更加积极地推进绿色产品，参与绿色市场，因为它们有公共补贴作为兜底；二是可能会让绿色产品的价格降低以增强绿色产品的市场竞争力。

　　社会规范也会影响消费者对行为的感知，使其在特定时刻与他们所处的社会环境保持一致。一个提倡绿色环保的社会环境不仅会改变消费者的绿色消费意识，也会被动地让他们去顺应社会要求。人们会主动审视自己的行为是否符合社会规范，而当这个社会规范在传递绿色的价值观时，无论消费者的价值观是否会受到影响，他们所处的社会环境会使他们的行为趋同。这个趋同可能产生于家庭内部，也可能产生于企业内部，甚至是年轻人的同龄圈内。为了提高消费者对产品环境性能的认识，可以使用生态标签。生态标签也可以作为与消费者对标签赞助商或所有者的信任相关的因素，然而，生态标签的功效取决于消费者对标签含义的有效了解以及消费者对其准确性和可靠性的信任。因为如果信任水平极低，生态标签对购买意愿的影响也可能是负面的。

　　客观环境因素也可能与基础设施的存在有关，绿色产品的配套设施建设是完备的绿色产品市场重要的一环，如用于电动汽车的充电桩网络。充电网络丰富的地区（如山东地区）的汽车购买者比起充电桩建设并不完善的地区（如贵州地区）的汽车购买者更愿意购买电动汽车。除此之外，绿色产品的维修服务、后续适用能力都会对消费者选择绿色消费产生重要的影响。

媒体对环境问题或与特定品牌相关的环境丑闻的关注可能会改变消费者对该品牌形象的看法,从而影响他们的购买。但这并不代表环境丑闻或者对环境的负面影响应该被掩盖,相反,市场管理者应该对有意愿参与绿色市场的企业进行严格的监管。因为掩盖意味着企业与个人之间的信任关系破裂的可能性,这种信任关系一旦破裂,会从根本上打击消费者消费绿色化的意愿。因此,要求企业进行 SEG 信息披露或者对企业进行直接或第三方监管,以避免出现环境丑闻或绿洗等情形,这也会有利于促进个人的消费绿色化。

二、消费绿色化的类型化

(一) 政府采购绿色化

政府采购是市场经济国家公共财政体系的重要组成部分,也是政府加强财政支出管理和调控经济的重要手段,这在国际上很常见。政府采购是指各级公共机关、公共机构和社会组织以竞争、择优、公平、公正和透明的方式,按照法律程序和标准做法,使用财政资源,以合同或租赁方式购买、获得货物、工程和服务。绿色公共采购实际上是对公共采购活动的系统性绿化。对绿色产品的要求包括系统、组织、机制、产品和供应商的绿化和升级。

我国《政府采购法》第 9 条规定:"政府采购应当有助于实现国家的经济和社会发展政策目标……"依据该条,国务院于 2015 年颁布《政府采购法实施条例》,其中第 6 条重申了《政府采购法》第 9 条的原则性规定,将法条中有助于实现将国家保护环境的政策目的细化为实现节约能源、保护环境等目标。

在世界各国,公共采购在国内生产总值 (GDP) 中所占的份额很大,足以影响市场份额和消费者对某些产品的偏好。据统计,欧盟等发达国家的公共采购占其 GDP 的 15%~25%。自 20 世纪 90 年代以来,GDP 已经发展成为指导可持续消费的首选手段,而国际社会也持续关注如何通过 GDP 计划实现社会目标，如促进就业保障和保护弱势群体，促进社会和谐发展。绿色公共采购以经济发展和环境保护之间的关系为基础，有助于解决生产和消费过程中产生的"市场失灵"和"政府失灵"，实现资源的优化配置。绿色公共采购通常体现为两种方式：一种是由中央政府制定政策方针，指导下一级政府的公共采购；另一种是由中央政府指导地方政府和公民社会组织和团体推动绿色采购，即地方主动领导绿色采购行动，中央政府只扮演指导者和推动者的角色。

绿色政府采购制度的实施可以调整经济发展和保护环境两者的关系，以实现两者的协调和可持续发展。绿色政府采购不仅可以维持并且积极发展宏观经济，而且可以使 GDP 满足环境保护的目标，有助于资源的优化配置和生产与消费中环境效率的内部化。GDP 所依据的技术要求考虑到产品生命周期的各个阶段对人类健康和环境的影响，对产品中的可持续重量、回收和包装都有详细的规定，这些规定提供了巨大的经济、社会和环境效益。

绿色公共采购在发展可持续的经济和社会方面发挥着主导作用。绿色公共采购在引导经济和社会发展向环境可持续方向发展方面发挥了广泛、全面和有影响力的作用，有助于提高公众对能源、资源节约和环境保护的认识，刺激对绿色产品和服务的需求，追求环境友好和可持续的消费模式。为了赢得大型公共合同，供应商必须自觉意识到环境问题，并刻意遵守标准，使其产品能满足环境要求。我们应组织绿色生产，提供绿色产品，建立绿色企业。

(二) 绿色消费的补贴

随着生态过剩、环境污染和全球变暖等现象的出现，绿色消费已经成为人们普遍关注的问题，公民消费更多的绿色产品，对中国建立可持续的生产和消费体系至关重要。2021 年，中共中央、国务院制定了《中共中央、国务院关于完整准确全面贯彻新发展理念做好碳达峰碳中和工作的意见》，明确提出了非化石能源发展的若干目标：到 2025 年，非化石能源消费比重达到 20% 左右；到 2030 年，经济社会发展的整体绿色转型取得显著成效，非化石能源消费达到 25% 左右；到 2060 年，非化石能源消费比重达到 80% 以上。在电力领域，据国家能源局新能源司司长在国家新能源办公室会议上介绍，"十四五"期间，中国的可再生能源发展将进入一个新阶段，可再生能源的装机规模将大幅增加。到"十四五"期末，可再生能源的发电装机容量预计将占中国总发电装机容量的 50% 以上。根据这些目标，中国迫切需要创造更多的经济激励措施，鼓励市场投资绿色能源，促进能源结构的转型。在 2021 年 11 月 13 日结束的《联合国气候变化框架公约》（UNFCCC）第二十六次缔约方大会上，一些缔约方提到了减少煤炭消费的目标，这也成为促进中国未来能源消费结构转型的外部因素。在内部和外部因素的共同作用下，开发新能源、转变能源生产和消费结构是未来的方向。

绿色产品消费是指以高效、环保的产品和服务为特征的消费行为，这些产品和服务有助于节约资源、保护环境，在消费过程中不仅能满足消费者自身的福祉，还能带来其他好处，如改善环境和节约能源。这些利他主义的结果是现在和未来的社会所共有的，因此，政府设计公共政策以促进绿色消费是一项基本任务。补贴和税收是主要的政策工具，是政府提高能源效率和减少稀缺资源消耗的重要实施工具。前者为使用或生产绿色产品引入货币激励，而后者为使用或生产能源密集型和污染型产品引入税收和罚款。然而，改变财政激励措施以补贴绿色产品与对能源密集型产品引入消费税和资源税具有不同的分配和长期效果。这表现在：一方面，税收是家庭和企业向政府的资金流动，与征税前相比，增加了能源密集型部门的平均交易成本，将投资转移到其他领域，导致该部门的规模缩小；另一方面，补贴是政府向家庭和企业的资金流动，减少了绿色产品部门的平均交易成本,由于增加了投资,与非补贴时期相比,该部门的规模扩大。鼓励企业绿色生产和促进政府绿色采购的一个有效机制是,政府考虑在购买绿色产品时收取附加费,或对生产绿色产品的企业进行价格补贴。

政府应加大对致力于生产绿色产品的公司的支持力度,并可向购买绿色消费品的消费者提供折扣。政府也可以为绿色消费的初始投资提供支持。应该更密切地监督支持,仔细检查生产绿色产品的公司所提供的产品或服务的绿色价值,并在适当的时候向那些符合标准的公司提供支持。同时,政府应考虑利用各种补贴来刺激企业和消费者的积极性,如税前还贷,适当补贴从事绿色生产的企业的损失,以及根据各种财政支持政策给予适当的财政补贴,引导企业进行绿色生产。这将为企业选择生产绿色产品提供一定程度的保护,增加消费者的选择,引导消费者选择有利于环境保护的产品,鼓励绿色消费的发展。

实行价格补贴是促进绿色政府采购的经济手段,这一手段指政府以高于一般产品的正常价格去购买绿色产品。也就是说,财政部在撰写国家绿色采购的预算时,对于清单中所列的产品要进行一定的价格补贴,确保购买者在购买绿色产品时有一定的资金保障。价格补贴机制鼓励供应商开发和生产绿色产品,并允许买方满足对绿色产品的需求,同时减轻购买的财政限制。虽然政府在公共采购上花费了更多的资源,但它也给整个社会的发展带来了不小的整体效益。财政补贴政策可以补偿生产者在对稀缺资源保护进行环境管理时所付出的成本,以这样的方式激励更多产业从事绿色环保活动,制造更多绿色产品以供社会需求。

国家财政补贴包括固定和可变方法:固定补贴与生产和销售量无关,其优点是更容易管理,而补贴是基于生产和销售量的一定比例。虽然政府花了更多的钱进行补贴,但供应商和买家更有动力去保护资源和环境，使绿色产品更广泛、更容易获得和使用，这对整个环境保护有利。总体而言，经济和社会效益是巨大的。

我国自2006年以来一直有对新能源发电价格进行补贴的政策，但由于新能源发电成本的大幅下降，我国从2019年开始大规模推动风电和太阳能发电的平价上网。虽然对新能源的价格补贴正在逐步取消，但仍存在一些挑战，包括可再生能源发展基金不可行；由于煤炭和电力的定价机制问题，新能源发电的价格效益仍不明显等。在价格补贴逐步取消后，需要进一步完善新能源发电的激励机制，以促进我国能源结构的转型。

(三) 私人消费产品信息绿色化

我国绿色产品的标识为"China Green Product"，C、G、P三个字母构成了一棵蓬勃健康的小树，为绿色形象代言。2016年，国务院办公厅制定《国务院办公厅关于建立统一的绿色产品标准、认证、标识体系的意见》（以下简称《意见》）。根据《意见》的相关内容，应加快构建统一的绿色产品标准、认证与标识体系，发挥行业主管部门的职能作用，建立符合中国国情的绿色产品标准、认证、标识体系，以统一的产品标准、认证与标识来推进构建绿色产品信息平台。绿色产品认证以"生命周期理念、代表性、适用性、兼容性、绿色高端引领"为理念导向，鼓励企业认证绿色产品，获取绿色产品标识，营造良好的产品认证氛围。

第一，在完成认证前，企业需要不断更新产品配置以满足认证要求。《绿色产品评价通则》对绿色产品进行了定义，绿色产品是指在生命周期过程中，符合环境保护要求，对生态环境和人体健康无害或危害小、资源能源消耗少、品质高的产品。其产品的材质需要采取节约资源和能源型材质，以保护消费者人体健康为根本，产品需要做到无毒无害或低毒低害，以及在后续使用该产品时对周围环境无影响或降低影响至极小。满足以上需求后，产品才能经过验证、测评后冠以绿色产品的标识。通过使用环保、可回收、节约资源型材料、设备，能够提升该产品自身的绿色化，满足市场需求。企业有意识地将产品构成不断更新，对于产品本身契合社会发展水平、国民价值理念起到促进作用。

第二，消费者的绿色消费理念，能够与绿色产品起到正向促进作用。随着绿色消费意识的不断增强，消费者对于产品的需求升级，消费者在挑选商品时，会有意识地选择附带绿色化标志的商品。根据标识能够清晰定位绿色产品，提高选购效率。附带绿色化标志的商品由于其环保材质、低耗能，更能获得消费者的信任，消费者对于绿色产品品质的信赖感得到满足。企业根据产品购买率的回馈以此不断优化产品，对商品产生积极影响，从而满足消费者对绿色商品、美好生活的需求。当产品与理念相互印证时，供应与需求达到平衡，不再是供应落后于需求，可以保持稳定发展，推动绿色环保产业，建立绿色市场。

第三，绿色产品认证能够提升企业的核心竞争力，在品牌间形成良性竞争。相似产品间，继有的产品更改配置不断研发后进行申请，通过有资质机构的评审、认证后获得证书，得到消费者的认可，提高了企业知名度、品牌形象。绿色认证提升了产品的附加值，成为其潜在价值，逐步成为企业的竞争优势。同行业间产品实现绿色化之后，相似品牌也会跟随，竞相提高产品的绿色化水平，从而形成良性公平竞争。

第四，有利于推广新型环保技术，促进理论与实践应用更好地融合，如采用生物降解技术，利用植物或微生物分解污染物及有毒物质；采用无纸化技术，重复利用"电子纸"取代传统纸张。以应用清洁生产技术为根本，发挥其在产品生产过程中的作用，对产品及服务采取预防污染的策略来减少污染物的产生。在生产过程中，要求企业节约原材料与能源，淘汰有毒原材料的使用，同时减降废弃物的数量与毒性；对产品来说，要求减少从原材料提炼到产品最终处置的全生命周期的不利影响；对服务来说，要求将环境因素纳入设计与所提供的服务中。从生产过程、产品与服务全方位、多层次地使用污染防治技术，尽可能将对环境的影响减至最低，使清洁生产理念能够整体预防的环境战略持续应用于产品中，在产品开发、实践运用中提高生态效率，减少人类对环境造成的风险。

第五，有利于规范绿色市场的秩序，维持市场的公平与正义。绿色市场是新兴产业，在初始阶段未推广绿色产品标识的时候，出现了假冒绿色产品标识的产品。一些企业打着产品已经通过绿色认证的名号进行销售，侵害了绿色市场的秩序。因此，只有严格规范认证程序，对认证标志进行统一管理，让消费者认定准确、统一、可靠的标志来进行购买，才能真正保护消费者的合法权益，维护按照程序进行认证的企业的合法权益。结合《商标法》《反不正当竞争法》《产品质量法》《刑法》等法律法规的规定，打击假冒伪劣绿色认证的产品，维护绿色市场的公信力，有利于推动构建绿色产品信息平台。平台按照规定的认证标志进行管理，公开发布绿色产品相关政策法规、标准清单、规则程序、产品目录、实施机构、认证结果等，将产品成果、成效在全国层面进行发布和分享，让消费者了解。

产品标准、认证与标识的绿色化，是产品更新的趋势。通过不断更新产品配置，满足认证的需求；打造绿色产品，契合消费者的需求；提升企业的核心竞争力，形成良性竞争；推广新型环保技术，融合理论与实践；规范绿色市场，维护公平与正义。通过认证绿色产品，不断提升我国产品的质量以及竞争力，对出口国际、打破贸易壁垒发挥根本性的力量，向国际表明我国可持续发展、节能减排、综合治理、多元维护生态发展的理念。

（四）私人消费产品处置绿色化

自2019年起，垃圾分类走进大众视野，须按照一定规定或标准将垃圾分类储存、投放和搬运，以促进资源回收利用。2020年9月，修正后的《北京市生活垃圾管理条例》开始实施。以北京市的垃圾分类制定的规则为基本，垃圾分为厨余垃圾、有害垃圾、其他垃圾与可回收物。厨余垃圾指居民在日常生活及食品加工、饮食服务、单位供餐等活动中产生的食品类垃圾；有害垃圾指对人体健康或者自然环境造成直接或者潜在危害的生活废弃物；其他垃圾指危害比较小，没有再次利用价值的垃圾，如建筑垃圾、生活垃圾等；可回收物指适宜回收利用和资源化利用的生活废弃物。通过对这四类垃圾进行科学、明确的分类，按社区分点制科普宣传垃圾分类的相关知识，能够有效处理垃圾，提高正确投放垃圾的效率。公众参与投放垃圾，培养绿色意识，参与全民环保行动，使"绿色、低碳、环保、节约"的理念深入人心，不断推进生态文明建设。垃圾分类的益处具体体现在以下几点：

第一，垃圾分类能够减少占地，充分利用回收资源。垃圾分类能够减少的垃圾数量达50%以上，有效缓解占地面积，减轻杂乱堆放垃圾的土地侵蚀。露天堆放垃圾会产生有害气体，造成空气污染。垃圾中的致病微生物会严重污染水体，废塑料流入湖泊会引起白色污染，造成难以降解或被动物误食的后果。通过垃圾分类，能够有效处理可回收物、厨余垃圾、其他垃圾以及有害垃圾。对于可回收物的管理，能够利用现有工业产能强化资源回收利用；对于厨余垃圾，可以通过建设餐厨垃圾资源化处理设施，加强餐厨垃圾等易腐有机垃圾的分类处理；对于有害垃圾按照特殊、正确、安全的方式进行填埋或特殊处理；对于其他垃圾，则通过集中焚烧、分解等方法进行处理。通过对四种垃圾的分类，并安排相应的运输，能够高效地对垃圾进行回收再处理。从事生活垃圾经营性处理服务的企业，需要取得城市管理部门核发的生活垃圾处理经营许可。此外，企业通过研发生活垃圾减量化、资源化、无害化的新兴技术，可以促进可回收物的工艺研发与应用,能够有效提高生活垃圾再利用和资源化的科技水平。

第二,垃圾分类能够增进人们的绿色意识,提高环保生活的参与感。从居民生活来看,每天定点且分类归置垃圾,在垃圾分类行动的开始会增加人们的生活成本。人们需要按照垃圾分类的相关规定来查看垃圾如何归置,对于倒置厨余垃圾后的塑料袋要归置到其他垃圾,家中需要一次准备几个垃圾桶来进行整理,以及会经历错过倒垃圾的时间就无法清理垃圾等一系列较麻烦的事情。但经过一段时间的系统化管理后,在社区志愿者的帮助下,小区成员逐渐习惯分类归置垃圾并养成精准、有效投放垃圾的习惯。在每日的倒垃圾环节,人们无意识地参与了环保行动,提高了自身的绿色意识。对于一些老年人社区,出于对老年人的照顾考量,社区会采取奖励措施来鼓励老年人分类投放垃圾。在每日完成垃圾分类,在投放后由志愿者进行刷卡,一次奖励0.3元。《北京市生活垃圾管理条例》第64~77条规定,个人、单位违反本条例应处罚款,对于妨碍、阻挠生活垃圾管理监督检查人员依法执行职务的,按照《治安管理处罚法》进行处理。部分区域通过奖惩结合的管理方法来吸引或警示民众参与,使公众树立垃圾分类的环保意识;广泛开展垃圾分类的宣传、教育,以及倡导工作,科普垃圾分类的知识,使公众对垃圾分类逐渐形成自觉。

第三,生活垃圾处理是关系民生的基础性公益事业,有利于推进生态文明建设。加强生活垃圾管理,维护公共环境和节约资源是全社会共同的责任。全民参与垃圾分类环保行动,以提高公众的环保、绿色生活的意识。让"绿色、低碳、环保、节约"的理念深入人心,提高公众内心对于环保的认同感与参与感,增强国民环保意识有利于提高资源利用效率,坚持全面、可持续的发展,推进生态文明建设。此外,从垃圾分类的行动来看,正在向国际社会表明,我国坚定地践行多层次、多领域的环保理念,与国际"4R"环保理念相契合,即 Reduce、Reuse、Recycle、Recovery。通过践行"4R"理念,逐步实现绿色发展,促进人与自然和谐相处。

第二节 消费绿色化的法制基础及其创新需求

一、消费绿色化的法制基础

(一) 法律层面

截至目前,我国共有环境保护内容相关法律约 40 部,而有关绿色消费的法律高达 12 部,如表 8-1、图 8-1 所示。2001 年,我国《国民经济和社会发展第十个五年计划纲要》第十五章明确提出"推行绿色消费方式",自此我国政府开始聚焦绿色生态模式发展的生产消费方向,通过政府主导,不断调整、制定、增设绿色消费的法律条款和立法目标。

表 8-1 中国绿色消费相关主要法律

法律名称	具体法条	涉及的主要内容
《宪法》	第 14 条	国家厉行节约,反对浪费。
《环境保护法》	第 4 条	协调发展原则。
	第 6 条	提倡公民采取低碳、节俭的生活方式。
《水法》	第 8 条	厉行节约用水,单位和个人均有义务。
《固体废物污染环境防治法》	第 100 条	鼓励单位和个人消费再生、可重复利用产品。
	第 5 条	单位和个人应采取防止或者减少固体废物对环境污染防治措施。

续表

法律名称	具体法条	涉及的主要内容
《节约能源法》	第8条	加强节能宣传和教育活动,倡导节约型的消费方式。
	第64条	相关部门配合政府采购监督管理部门,制定节能产品、设备政府采购名录清单,并优先列入获得节能产品认证证书的产品、设备。
《循环经济促进法》	第10条	国家倡导公民使用节能、节水、节材和有利于保护环境的产品及再生产品,减少废物的产生量和排放量。
《消费者权益保护法》	第5条	国家鼓励节约资源、保护环境的消费方式,反对浪费。
《清洁生产促进法》	第16条	各级人民政府应当优先采购节能、节水、废物再生利用等有利于环境与资源保护的产品;鼓励公众购买和使用节能、节水、废物再生利用等有利于环境与资源保护的产品
	第三章	清洁生产的实施。
《政府采购法》	第9条	政府采购应有利于国家的经济和社会发展政策目标,包括保护环境。
《可再生能源法》	第四章	推广与应用。
《长江保护法》	第74条	长江流域地方各级人民政府加强对城乡居民绿色消费的宣传教育,并采取有效措施,支持、引导居民绿色消费。
《电子商务法》	第65条	国务院和县级以上地方人民政府及其有关部门应当采取措施,支持、推动绿色产业链,促进电子商务绿色发展。

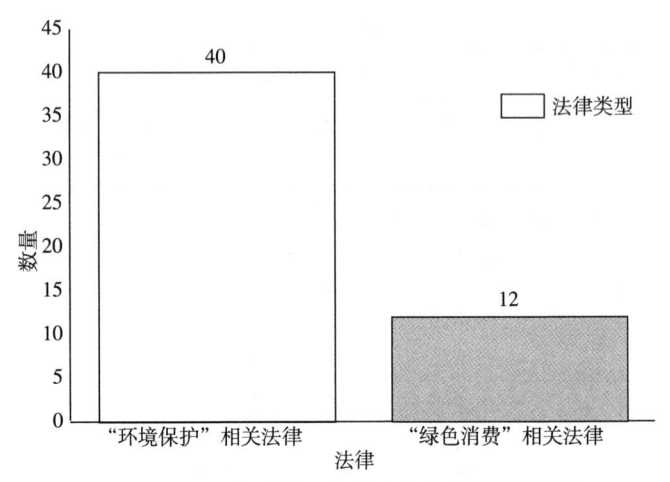

图 8-1 "绿色消费"相关法律类型数量柱状图

从发布时间上来看，最早提出绿色消费的条款是 2012 年修正的《清洁生产促进法》第 16 条和第三章的有关规定："各级人民政府应当优先采购节能、节水、废物再生利用等有利于环境与资源保护的产品。各级人民政府应当通过宣传、教育等措施，鼓励公众购买和使用节能、节水、废物再生利用等有利于环境与资源保护的产品。"从政府参与消费过程的指引和企业清洁生产实施等行为规范进行法律规定。2009 年通过的《可再生能源法》（已修正）第四章明确规定，国家鼓励单位和个人安装和使用太阳能利用系统。以政府推广的方式加大各企业事业单位和个人消费绿色能源的应用面。2018 年修正的《循环经济促进法》第 10 条第 1、2 款规定，"公民应当增强节约资源和保护环境意识"，倡导绿色消费意识。"国家鼓励和引导公民使用节能、节水、节材和有利于保护环境的产品及再生产品"，以减少废物的产生量和排放量。该条款确立了政府在促进清洁生产推行工作的支持作用和服务要求。2013 年修正的《消费者权益保护法》第 5 条第 3 款规定："国家倡导文明、健康、节约资源和保护环境的消费方式，反对浪费。"在消费者合法权益保护的条款中明确了绿色消费的行为方式和原则。2014 年修正的《政府采购法》第 9 条规定："政府采购应当有助于实现国家的经济和社会发展政策目标，包括保护环境，扶持不发达地区和少数民族地区，促进中小企业发展等。"从政府采购消费的过程进行环境保护的原则性规定来实现社会发展目标。2020 年修订的《固体废物污染环境防治法》第 13 条规定，"县级以上人民政府应当将固体废物污染环境防治工作纳入国民经济和社会发展计划"，采取经济、技术政策和有效措施治理固体废物污染环境问题。第 5 条和第 100条则规定"单位和个人"消费的方式和治理的措施等，从固体废物污染防治的原则性规定中体现出绿色消费过程应遵守的准则。2018年通过的《电子商务法》第 65 条要求："国务院和县级以上地方人民政府及其有关部门应当采取措施，支持、推动绿色包装、仓储、运输、促进电子商务绿色发展。"该条是从支持电子商务发展中可进行绿色环保环节的包装、仓储、运输等过程来对政府部门进行要求的。2018 年修正的《环境保护税法》从应税污染物税收依据、减免、管理等方面进行规定，旨在减少污染物排放，推动绿色消费发展，推进生态文明建设。

从法律位阶和类别上看，1982 年的《宪法》对环境保护问题作出了最高原则的专门规定，将环境保护确定为国家的一项基本政策，其第 14 条"国家厉行节约，反对浪费"这一条款从最高位阶体现了绿色、节约的环境保护准则和国民生产生活方式。1989 年施行的我国第一部单行环境保护法律——《环境保护法》第 4 条规定："国家制定的环境保护规划必须纳入国民经济和社会发展计划……"国家应当配合采取环境保护的经济、技术政策和措施，将环境保护工作同经济社会发展协同发力，这一条款直接为此后政府制定国民经济和社会发展的各类规划设置了环境保护的前置要求，既明确了绿色生产与经济社会发展相协调的旗帜，也体现了绿色消费的理念规定将成为各部门法规划中必须考量的重要因素。2014年修订的《环境保护法》第 6 条中新增加了"公民应当增强环境保护意识，采取低碳、节约的生活方式，自觉履行环境保护义务"的规定，确立了公民个人进行低碳、节俭的绿色生活方式和环境保护的义务性规定。而在针对特定的环境领域制定的单项法律来看，2002 年修订的《水法》第 8 条第 1 款规定："国家厉行节约用水，大力推行节约用水措施，推广节约用水新技术、新工艺，发展节水型工业、农业和服务业，建立节水型社会。"对国民经济和社会发展各个环节和过程等涉及水资源开发、利用、节约保护等内容进行原则性规定，以实现水资源的可持续利用。2020 年通过的《长江保护法》第 74 条第 1 款规定："长江流域地方各级人民政府加强对城乡居民绿色消费的宣传教育，并采取有效措施，支持、引导居民绿色消费。"这则条款直接明确了长江流域地方各级政府在加强城乡居民绿色消费工作内容的原则规定。而从法规类别和出处来看，如图 8-2 所示，《宪法》是最高法律，属于根本性规定，占比 8.33%；《环境保护法》《长江保护法》和《固体废物污染环境防治法》等法律是典型的环保综合规定，属于绿色消费环保层面规定的渊源，占比 25%；《节约能源法》《循环经济促进法》和《清洁生产促进法》成为环保综合规定内容中的节能管理层面有关绿色消费规定的渊源，占比高达 33.33%；而《水法》是涉及水资源、水利综合规定，属于绿色消费的特别资源类型可持续发展规定的渊源，占比 8.33%；《政府采购法》《电子商务法》《消费者权益保护法》则分别是从政府采购、商贸物资综合规定、消费者权益保护等营商环境优化等内容的规定中体现绿色消费内涵的渊源，占比 25%。

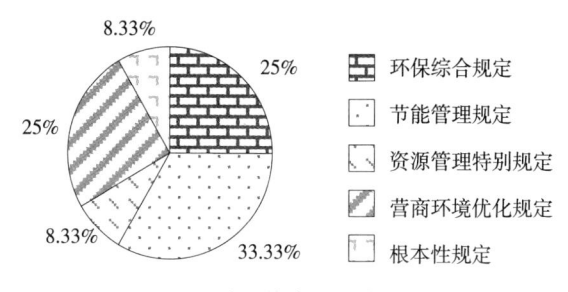

图 8-2　按法律类型分类饼状图

饼图数据：环保综合规定 25%；节能管理规定 8.33%；资源管理特别规定 33.33%；营商环境优化规定 8.33%；根本性规定 25%

（二）法规文件层面

1999 年，在我国原环境保护部的率先统筹下启动了以"开辟绿色通道、培育绿色市场、体长绿色消费"为主题的"三绿工程"，成为推动我国消费政策的统一制定和消费模式的科学确立的有力标准和原则。2005 年，《国务院关于落实科学发展观加强环境保护的决定》（国发〔2005〕39 号）明确了"实行环境标识、环境认证和政府绿色采购制度"，提出"在消费环节，要大力倡导环境友好的消费方式"。此后，随着社会经济发展和生态环保要求的提高，针对绿色消费的关注领域不断具体化，主题特色化也愈加明显，相关政策法规文件数量不断递增。

从发布时间上看，据中央人民政府发布的行政法规统计可知，2008 年~2022 年共出台 55 份包含"绿色消费"相关政策法规文件，如图 8-3 所示。其中，中央有关文件为 10 份，国务院文件 45 份。

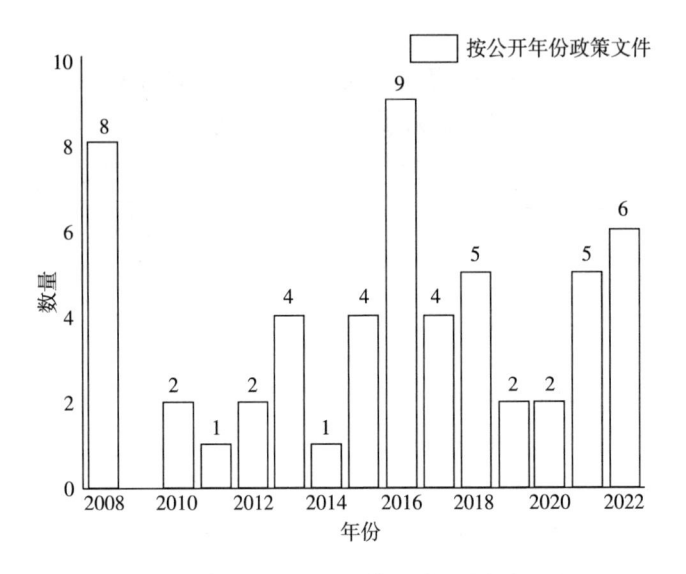

图 8-3　按公开年份政策文件分布柱状图

在中共中央制定的政策法规中，有的文件是从国家和社会经济发展专门性规定的角度制定绿色消费规划的。例如，中央主要的政策文件中最早提出绿色消费理念的文件为 2014 年发布的《国家新型城镇化规划（2014-2020 年）》。该规划对城镇化建设规划进行专门性规定，在其发展目标章节中，提出要使"绿色生产、绿色消费成为城市经济生活的主流，节能节水产品、再生利用产品和绿色建筑比例大幅提高"。2018 年，《中共中央、国务院关于全面加强生态环境保护坚决打好污染防治攻坚战的意见》提出要"大力发展节能环保产业、清洁生产产业、清洁能源产业，加强科技创新引领，着力引导绿色消费，大力提高节能、环保、资源循环利用等绿色产业技术装备水平……"该意见首次从科技创新和产业优化的角度要求建立市场导向的绿色技术创新体系，进而推动形成绿色发展方式和生活方式。有的文件是从原则性或者价值性规定体现绿色消费理念的。例如，2018年发布的《中共中央、国务院关于完善促进消费体制机制 进一步激发居民消费潜力的若干意见》和2020年《关于构建现代环境治理体系的指导意见》仅是从其基本原则和体系规定中提出坚持绿色发展，提高公民环保素养、提高全社会绿色消费意识，培育健康理性消费文化和生活方式，营造绿色消费良好社会氛围。有的文件要求对建立绿色产品市场、绿色消费机制等进行明确规定。例如，2021年《中共中央、国务院关于深入打好污染防治攻坚战的意见》明确指出要建立绿色消费激励机制，推进绿色产品认证、标识体系建设，营造绿色低碳生活新时尚。2022年，《中共中央、国务院关于加快建设全国统一大市场的意见》明确提出培育发展全国统一的生态环境市场，要求推动绿色产品认证与标识体系建设，促进绿色生产和绿色消费。

在国务院发布的政策法规和规章文件中，国务院印发的文件为27件，国务院办公厅印发的文件为17件，国务院转发的函为1件。初期阶段表现为：2008年，政府对食品药品行业的绿色消费产品认证、绿色市场建设、绿色消费理念和食品药品安全知识普及的教育等内容关注极高，印发了《国务院办公厅关于实施食品药品放心工程的通知》（已失效）、《国务院关于进一步加强食品安全工作的决定》（已失效）、《国务院办公厅关于印发国家食品药品安全"十一五"规划的通知》（已失效）等文件。2012年~2016年的各个阶段有关绿色消费的相关规定主要体现在国务院印发的"十二五""十三五"等国家战略性新兴产业发展规划、旅游业发展规划、打赢蓝天保卫战三年行动计划、水污染防治行动计划的通知等文件中。随着社会经济发展新阶段的要求，政府不断加大促进绿色消费体制的规划研究，如2022年的《国务院办公厅关于进一步释放消费潜力促进消费持续恢复的意见》。在绿色生态经济和国家战略规划层面，2021年《国务院关于印发2030年前碳达峰行动方案的通知》和《国务院关于加快建立健全绿色低碳循环发展经济体系的指导意见》强调大力发展绿色消费，推广绿色低碳产品，完善绿色产品认证与标识制度，提升绿色产品在政府采购中的比例。通过分析可以发现，这些规章最突出的特点是不再局限于绿色消费理念的原则性规定，而是出现类型化和指导性操作的规定。其中，2003年《国务院关于印发中国21世纪初可持续发展行动纲要的通知》、2010年《国务院关于加快培育和发展战略性新兴产业的决定》、2013年《国务院关于加快发展节能环保产业的意见》、2016年《国务院办公厅关于建立统一的绿色产品标准、认证、标识体系的意见》、2017年《国务院办公厅关于积极推进供应链创新与应用的指导意见》等文件中已经提出要培育具有绿色消费知识和技能的人才，加强节能科研技术创新，培育绿色流通的供应链体系，建立统一的绿色产品标准、认证、标识体系，以健全国内绿色消费市场。从这些政策规定中可以看出，其既是对之前国家出台的法律法规和政策文件的细化和进一步落实，又是对未来绿色消费全市场要素所需的各项制度的进一步具体和完善。

从国务院发布的政策法规和规章文件的类别来看，对绿色消费涉及领域的主题进行分类，可得到如图8-4所示涵盖9大主题共45份政策文件的主题分类饼状图谱。根据图8-4所示主题分类饼状图可知，9大主题类型中以"城乡建设、环境保护"和"商贸、海关、旅游"主题中关于绿色消费内容的文件数最高，分别为12件和11件；"国民经济管理、国有资产监管""工业、交通"和"市场监管、安全生产监管"主题占比居中，分别为6件、5件和5件。以"国土资源、能源""人口与计划生育、妇女儿童工作""财政、金融、审计"和"综合政务"主题占比最少，为2件及以下。

第八章 消费绿色化的理论基础

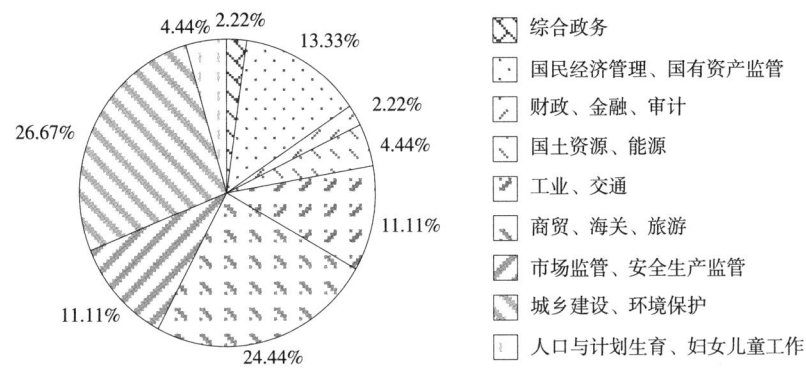

图 8-4 政策文件主题分类饼状图

在"城乡建设、环境保护"主题板块分布绿色消费规定条款最为密集，分布有 12 份政策文件，占比约 26.67%。该主题主要涵盖的规定内容包含城乡建设（含住房）、环境监测保护与治理、节能与资源综合利用三个子主题。关于城乡建设（含住房）子主题方面的文件是 2013 年《国务院办公厅关于转发发展改革委住房城乡建设部绿色建筑行动方案的通知》，在其保障措施规定中强调了要"采用多种形式积极宣传绿色建筑法律法规、政策措施、典型案例、先进经验，加强舆论监督，营造开展绿色建筑行动的良好氛围"。"提高公众对绿色建筑的认知度，倡导绿色消费理念，普及节约知识，引导公众合理使用用能产品。"在节能与资源综合利用子主题方面的文件是针对"十一五""十三五"和"十四五"节能减排工作方案的内容，这三个文件中关于绿色消费的规定均是以开展全民行动、推行绿色消费、加大绿色低碳产品推广力度等内容为载体，加快形成有利于节约资源和保护环境的消费模式等内容规定。而在环境监测、保护与治理子主题方面则是包括了水污染防治行动、蓝天保卫战、新污染物治理等环境保护规划和清洁生产的规定，以及《国务院关于印发 2030 年前碳达峰行动方案的通知》等生态战略内容规划的要求等。在"商贸、海关、旅游"主题板块分布的绿色消费规定条款也很密集，分布有11份政策文件，占比24.44%。该主题下可细化为对外经贸合作、国内贸易（含供销）、旅游和其他四个子主题。其中，旅游子主题的相关规定主要是关于"十三五""十四五"旅游业发展规划的通知，关于绿色消费的规定则重点体现在发展生态旅游，形成健康消费生活方式。对外经贸合作子主题中的相关文件是《国务院关于印发中国（陕西）自由贸易试验区总体方案的通知》，在其"打造绿色丝绸之路"内容中规定了"制定鼓励绿色消费的经济政策，落实绿色产品认证制度，建立政府监督、企业自律、公众参与的环节监督机制"。在国内贸易（含供销）子主题的政策文件中，2016年《国务院办公厅关于深入实施"互联网+流通"行动计划的意见》明确要大力发展绿色通道和消费，"推广绿色商品，限制高耗能、高污染、高环境风险、过度包装产品进入流通和消费环节"。

在"国民经济管理、国有资产监管"主题板块分布有宏观经济、经济体制改革和其他三个子主题，占比13.33%。其中，宏观经济子主题关于绿色消费的政策文件主要包括2005年《国务院关于加快发展循环经济的若干意见》、2003年《国务院关于印发中国21世纪初可持续发展行动纲要的通知》和2012年《国务院关于落实〈政府工作报告〉重点工作部门分工的意见》。该主题内容下各文件体现绿色消费规定的内容大都体现出培育绿色消费专业人才、推进绿色消费、完善循环经济发展的制度要求，并强调建设资源节约型、环境友好型的生态经济持续发展的规划目标城市。经济体制改革子主题关于绿色消费的政策文件主要包括2010年《国务院关于加快培育和发展战略性新兴产业的决定》和2016年《国务院关于印发"十三五"国家战略性新兴产业发展规划的通知》。在"工业、交通"主题板块下分布有机械制造与重工业、信息产业（含电信）和其他三个子主题，占比 11.11%。其中，关于绿色消费的政策文件主要包括针对新能源汽车、建材工业、信息产业等的规划通知等内容。例如，如 2015 年《国务院关于印发〈中国制造 2025〉的通知》和 2020 年《国务院办公厅关于印发新能源汽车产业发展规划（2021—2035 年）的通知》，其中，关于绿色消费的规定则重点体现在构建"绿色制造体系"上，引导绿色生产和绿色消费，建设绿色工厂、发展绿色园区、打造绿色供应链、壮大绿色企业等。在"市场监管、安全生产监管"主题板块下分为标准和食品、药品监管两个子主题，占比 11.11%。其中，在食品、药品监管子主题中，有关绿色消费规定的四个政策文件均在 2008 年出台，且重点均围绕在绿色产品认证、绿色消费理念和食品药品安全的规定之中。而 2016 年，在标准子主题中首次明确出台了《国务院办公厅关于建立统一的绿色产品标准、认证、标识体系的意见》，明确指出建立统一的绿色产品标准、认证、标识体系的重大意义，其不仅将满足推动绿色低碳循环发展、培育绿色市场的必然要求，而且将成为引领绿色消费、保障和改善民生的有效途径，还将成为履行国际减排承诺、提升我国参与全球治理制度性话语权的现实需要。

在"国土资源、能源"主题板块中关于绿色消费规定的文件最早是 2013 年的《国务院关于加快发展节能环保产业的意见》，在其基本原则中规定，"营造绿色消费政策环境""释放节能环保产品、设备、服务的消费和投资需求，形成对节能环保产业发展的有力拉动"。这也是首次以节能环保产业专门化规定的形式要求营造"绿色消费政策环境"。2022 年，《国务院办公厅转发国家发展改革委、国家能源局关于促进新时代新能源高质量发展实施方案的通知》在创新新能源开发利用模式规定中，提出"引导全社会消费新能源等绿色电力"，并强调建立完善新能源绿色消费认证、标识体系和公示制度。不仅加大了认证采信力度，引导企业使用新能源等绿色电力制造产品和提供服务,还鼓励各类用户购买新能源等绿色电力制造的产品。在"人口与计划生育、妇女儿童工作"主题板块中,2011年和2021年先后发布同名文件——《国务院关于印发中国妇女发展纲要和中国儿童发展纲要的通知》,2011年的通知仅在提高妇女环境保护意识和环境保护知识的普及率中倡导绿色消费,而2021年的通知则组织动员妇女参与生态建设和环境保护,促进妇女主动参与节能减排,崇尚绿色消费,践行低碳生活。在"财政、金融、审计"主题中,关于绿色消费规定的文件是《国务院关于印发循环经济发展战略及近期行动计划的通知》,其不仅在指导思想、主要目标上确立了推行绿色消费对循环经济发展战略的重要作用,还在构建循环型服务业体系如旅游业、零售批发业等方面强调绿色消费的原则,并且在推进社会层面循环经济发展篇章中设专节叙述"推行绿色消费"的具体方式和准则。在"综合政务"主题板块中,关于绿色消费的政策文件是2015年《国务院关于落实〈政府工作报告〉重点工作部门分工的意见》,在促进经济平稳健康发展条文中,将绿色消费作为加快培训消费增长点之一。

总的来说,我国政策法律文件中关于"绿色消费"的相关规定条款的出现时间较晚,且早期主要是较为笼统的原则性规定,并不适用于指导社会生产实践。相较而言,中共中央和国务院出台的行政法规、规章等文件较之更为具体并体现专业领域的细化。在法律层面关于绿色消费的法律文件可分为"环保综合规定""节能管理规定""资源管理特别规定""营商环境优化规定"和"根本性规定"五大类型,涵盖12部法律类型。而中共中央和国务院出台的政策文件则涵盖"城乡建设、环境保护""商贸、海关、旅游""国民经济管理、国有资产监管""工业、交通""市场监管、安全生产监管""国土资源、能源""人口与计划生育、妇女儿童工作""财政、金融、审计"和"综合政务"9大主题类型55份政策文件。

二、消费绿色化的法制创新需求

消费是国民经济发展的"三驾马车"之一,实现国家绿色发展战略需要加快推动绿色消费,绿色消费模式对绿色发展与可持续发展战略至关重要。[1] 我国消费绿色化的法制化建设中,应建立一套以强制性法律规范为主导、以绿色消费激励机制为补充,并具有广泛公众参与度,能有效引导公众绿色消费理念转变的法律制度与政策机制。以规范类型的角度观之,规制消费绿色化行为的法制需求大致可以分为命令控制型绿色消费强制性法律规范、基于经济激励的市场机制、基于信息运动的社会规范和基于默认规则的社会架构。

(一)消费绿色化强制性法律规范

消费绿色化的法制保障需要完善绿色消费法律体系。鉴于我国在法律层面尚无绿色消费的专门性立法,相关立法存在碎片化、规范体系协调性不足以及法律责任不完备等问题。完善消费绿色化的法律规范需要建议从制定专门立法与修订现行相关立法入手。

1. 制定"绿色消费促进法"专门性法律。消费绿色化法制体系的确立需要"绿色消费促进法"作为多方参与主体、多环节、多领域的规范与指引。该法的确立有助于弥合现行相关分散性立法的冲突与模糊性规定,并与《循环经济促进法》《清洁生产促进法》等法律规范互为补充。我国消费绿色化的法律制度中政府绿色采购法律制度、产品绿色包装激励制度和环保类标识及认证制度均应当在"绿色消费促进法"中予以细化和明确。

(1)对于政府绿色采购制度应当明确强制性政府绿色采购制度与优先性政府绿色采购制度以及二者的监管、标准的制定权限与制

---

[1] 参见秦书生、杨硕:《习近平的绿色发展思想探析》,载《理论学刊》2015年第6期。

定主体。鉴于现行法规范的不明确，需要"绿色消费促进法"的制度细化。这包括：①突出政府采购的绿色消费理念指引作用，明确区分强制性与优先性政府绿色采购的具体适用情形。②应当明确二者制度实施上的监管部门，并授权国务院等相关部门规范与标准的制定权限。③鼓励地方设立严于"绿色消费促进法"的规定，并逐步探索将强制性与优先性绿色采购制度运用于企业的绿色采购。

（2）明确企业、个人和其他组织绿色消费的义务，特别是明确消费者、销售企业在限制使用一次性塑料制品方面的义务，特定行业和领域消费型服务提供者在限制过度包装方面的义务。

第一，一部"绿色消费促进法"应囊括"限塑新政"的基本要求，即其中不应仅包括使得消费者有偿使用一次性塑料制品的"限塑令"，还应当贯彻污染者付费原则，将塑料生产企业、销售商与消费者同时纳入塑料污染责任承担主体之列，如此方能使得塑料污染的"负外部性"内化为社会多元主体责任。当前"限塑令"更为倾向于限制或禁止一次性塑料袋的使用，然而当下外卖行业、快递行业所导致的塑料废弃物污染愈发严重，因此，"绿色消费促进法"应当将其规制对象扩大化。同时，"绿色消费促进法"不仅应当局限于限制与禁止塑料制品，还应当在回收利用及循环利用环节有所回应，促进循环经济发展。

第二，一部"绿色消费促进法"应当注重产品过度包装问题，尤其对当下快递行业过度包装以及诸如高价月饼过度包装现象进行纠正。建议对运输服务业者、生产商、加工商等所应承担的限制过度包装义务进行明确，确立回收标准，细化管理机制并按时如实进行信息披露。

（3）基于绿色产品 CGP 标识，构建两类绿色标准、认证与标识制度，纳入"绿色消费促进法"。一方面，建立健全绿色产品标准、认证与标识制度。绿色产品标识制度旨在改进单一产品标准制度，有效引导绿色消费与绿色生产活动。[1] 绿色产品标识制度以市场为媒介，环保属性强烈，要求其同时具备环境、能源、资源、品质属性。当前，我国标准、认证、标识的目录范围较为狭窄，对绿色产品的标准、认证与识别尚未全面纳入其中，并且目录更新较为缓慢，加之监管部门工作职责不明晰，因此，在"绿色消费促进法"中建议覆盖对生态环境影响较大、消费数量较大、重点领域、产业关联度强的目录清单；针对绿色产品目录清单综合考量绿色产品的标准、认证与标识诸环节的特殊性。另一方面，协调现行环保标识及认证制度，建立统一的绿色属性产品标准、认证与标识制度。由于国家市场监管总局作为最主要的监管机构，尚未出台此类绿色产品标准，因此未形成统一的绿色属性产品标准，其认证与标识机制更为欠缺。在"绿色消费促进法"中规定协调统一的绿色属性产品标准、认证与标识实现其标准化管理，也有利于提高行政效率。根据不同行业发展与技术创新趋势，科学制定绿色产品标准、认证、标识体系细则，优化工作流程，增强机制本身的可行性。

2. 修订《固体废物污染环境防治法》，从而确立起生活垃圾分类制度的上位法依据。在国家立法层面，应当将《固体废物污染环境防治法（修订草案二次审议稿）》中关于生活垃圾分类制度的规定在正式的文本中固定下来，将生活垃圾分类制度从行政计划和政策上升为法律制度。除此之外，新《固体废物污染环境防治法》在最终的文本中，还应当通过明确立法加授权地方立法的形式，明确垃圾分类各具体责任的责任主体。具体而言，本书认为厦门相关经验可以被适当地吸纳进此次修法中，确立起生活垃圾分类立法与民间双线责任主体。一方面，在《固体废物污染环境防治法》中明确立法，确立垃圾分类制度的行政管理体制，形成以住建部主管，

---

[1] 参见秦鹏、杨景晖：《政策工具视角下绿色产品标识制度的构建》，载《南京工业大学学报（社会科学版）》2021年第4期。

环境、工商、建设、交通、教育部门在其职责范围内的相关协助、监督的行政管理体制。明确地方县级政府及其派出机构（镇人民政府、街道办事处）具体负责本辖区内生活垃圾分类工作的行政义务。另一方面，授权地方立法。出台各市县垃圾分类具体实施方案，将居（村）民委员会、业主委员会、物业服务企业等纳入垃圾分类责任主体范围，以明确分类投放管理责任人。

3. 修订《政府采购法》《招标投标法》《节约能源法》《循环经济促进法》《消费者权益保护法》等，作为"绿色消费促进法"的有益补充。

（1）以"绿色"的新发展理念优化《政府采购法》《消费者权益保护法》等立法，并作为立法指导原则，确立政府绿色采购法律制度、生活垃圾分类制度中绿色消费的理念指引。绿色消费是"深绿"，循环经济是"浅绿"。前者以生态文明和"绿色"新发展理念为指导，后者以可持续发展理念为指导。消费绿色化法律制度与循环经济法律制度相比，其范畴更大，也更加体系化、系统化，绿色深入消费环节，涉及与消费相关的整套法律体系的绿化。

（2）在"绿色"的新发展理念与原则的指导下，应进一步扩大政府绿色采购的具体义务、规范主体等条款。绿色消费法制的实现需要国家机关及社会公众的广泛参与。以政府为代表的国家机关是贯彻绿色采购行为与理念的示范者，并将对其他行为主体的绿色采购行为形成良好的价值风向，故绿色消费法律制度的完善应当明晰权责，并且进一步强化政府绿色消费领域的强制性义务。这主要通过完善《政府采购法》相关制度而实现。

（3）在《节约能源法》《消费者权益保护法》《循环经济促进法》中分别规定公民节能指标、消费者的绿色消费义务和企业绿色生产回收处置环节的义务。企业、个人以及其他组织等社会主体，均应当承担相应的绿色消费义务。通过产品绿色包装制度的完善，一方面需要课以产品的生产者和销售者产品包装方面的义务，另一方面为消费营造绿色消费环境，以激励绿色消费目的的实现。

4. 绿色消费的法律监督机制。政府绿色采购法律制度、产品绿色包装激励制度、环保类标识及认证制度和生活垃圾分类制度的开展与顺利进行既需要法律制度体系的完善，又需要绿色消费法律制度的内部监督机制和外部监督机制，促使各机构职能部门上下协调、形成多元共治，公众参与、多方监督的严密保障。一方面，就内部监督而言，其一，政府绿色采购法律制度的监督至关重要，成为助推绿色发展的现实需求。当下绿色消费法律制度涉及国家发改委、生态环境部、商务部、文化和旅游部等诸多监管部门，需要完善法律内部监督机制实现部门联动，提高行政效率，发挥强有力的法律监督作用。2022 年，国家发改委等部门联合发布的《促进绿色消费实施方案》规定了包含食品、衣着、交通、文旅、电力以及公共机构等重点领域绿色消费的内容及其各部门的监管职责，为绿色消费法律监督机制的完善提供了经验借鉴。其二，探索建立绿色消费统计制度，有利于消费绿色化数据的科学化监测与合理性权衡。基于此项措施可以实现不同地域间横向的对比分析和同一行业或地区的纵向对比，以绿色消费指数和评价指标实现内部监督。另一方面，就外部监督而言，需要强化公众参与，完善公民或组织违法行为的举报、控告机制。我国《政府采购法》第 70 条赋予了任何组织或个人针对政府采购活动中的违法行为的控告检举权，但具体的权利内容以及行使权利的程序亟待制度完善。实现采购、流通、使用、回收、处理等各环节的绿色化监督。在"绿色消费促进法"中确立绿色消费法律监督的主体、义务以及奖惩机制的规定，以法律层面实现多方主体的共同监督。

（二）消费绿色化经济激励机制及配套措施

主要应当从以下三个方面进行：一是建立绿色消费经济激励机

制。二是制定"绿色产品标准程序规则"。三是制定"绿色消费指南"。以"绿色产品标准程序规则"和"绿色消费指南"作为绿色消费市场激励机制的保障措施。

第一,绿色消费激励机制的核心在于促进企业、个人、其他组织绿色消费行为的激发与鼓励机制。有别于政府绿色采购法律机制,消费绿色化经济激励机制呈现如下特征:①绿色消费激励机制的调整对象是除政府、公共机构在内的其他社会主体,包括企业、个人和其他组织等。②该机制从正面与负面两方面进行激励,如税费政策、绿色信贷、税费杠杆等措施,旨在促进绿色消费行为,对不良行为进行纠偏。③绿色消费激励机制具有灵活性特征,涉及领域广泛,重点行业突出。绿色消费激励机制需要政策的引导并辅之以配套措施,以多样化手段回应社会需求。

为加快绿色消费步伐,自 2016 年起我国相继发布了《关于促进绿色消费的指导意见》《完善促进消费体制机制实施方案(2018-2020 年)》《促进绿色消费实施方案》,为促进绿色消费激励机制的形成、加快重点领域绿色消费转型、增强财政精准性扶持等方面提供了方向指引。因此,应当进一步发挥正向激励在绿色消费激励机制的重要作用,如新能源汽车补贴制度、节能电器补贴制度、阶梯式电价等。《进一步优化供给推动消费平稳增长促进形成强大国内市场的实施方案(2019 年)》规定了在推进老旧汽车报废更新,支持绿色家电、智能家电的政策方面,对购买新车的车主及绿色智能家电消费者给予相应的补贴。在地区层面,诸如北京的部分地区对节能补贴进行细化,并加大补贴范围与补贴力度,按照商品节能能效等级等确定补贴比例。

第二,"绿色产品标准程序规则"。绿色产品标准程序规则旨在以程序性规定保障绿色产品标准制定本身的科学性与权威性,从而确保与绿色产品标准相配套的经济激励措施的正当性、合理性与可行性。其制定主体建议由产品的主要监管机构——国家市场监管总局承担。以产品不同的类型化区分并规定其不同程序规则,明确审议、修改、公示等程序性规则。在以国家市场监管总局为主导的监管机制下厘清其职权分工、衔接好不同部门间的职责,确保标准制定程序的独立性,在标准起草、评估、审议等诸多环节做到权责一致。尤其在对公民、企业的经济激励具体措施的制定方面融入公众参与机制至关重要,从而实现专家、相关组织、消费者等在内的社会主体的广泛参与。

第三,"绿色消费指南"。由生态环境部制定绿色消费指南(或手册),引导消费者的绿色消费行为及表明不同消费主体的消费行为特征。指南的内容包括宣传绿色消费理念,阐释国家绿色消费激励法律和政策,普及绿色消费标识,以图文并茂的宣传册形式说明碳足迹及相关环保知识。从而搭建起政府与消费者公民、企业等组织之间的沟通平台,以绿色消费指南推动社会消费理念从消费主义向绿色消费主义转变,促进绿色消费的可持续发展。

(三) 基于信息运动的社会规范的法制保障

除强制型法律规范和基于市场的经济激励机制外,利用基于信息运动的社会规范促进公民或企业绿色消费是又一路径。社会规范与法律规范的互动有利于实现环境损害行为的自我规则。研究表明,环境描述性社会规范和环境指令性社会规范可以指引消费绿色化的最终目标。基于此,社会规范要以禁止命令或者惩戒机制和绿色消费信息披露机制为法制保障。

第一,建立环境禁止命令或者惩戒机制。政策制定者借助环境法的禁止命令或惩戒机制作为法制的工具选项激活环境社会规范,培育社会大众的绿色消费理念,实现减少环境损害的自我规制。对企业而言,因其具有利益之上的金钱动机,环境禁止命令或惩戒机制是威慑企业环境不利行为的重要手段。利用直接影响其金钱利益的惩戒机制或影响企业声誉从而间接影响企业经营的环境禁止命令作为法制保障，促使绿色消费社会规范的规制效果更加显著。就公民个人而言，以法律激活社会规范并传递绿色消费的新的社会共识，更有助于塑造个人绿色消费偏好。

第二，建立健全绿色消费信息披露机制。有意识地披露个人环境损害行为及其受到社会惩罚的信息，引导公民、企业或其他社会主体形成良好的绿色消费行为习惯和伦理道德。就企业而言，需要在立法上明确上、中、下游企业的产品绿色信息公开义务，要求披露其生产的能耗、碳足迹，引导公众有意识地对绿色产品进行选择。并且，对受到环境禁止令或惩戒的企业的相关信息依法披露。以"社会奖惩"强化绿色消费理念，威慑社会不良消费行为。从规范个人绿色消费行为而言，以垃圾分类信息的披露为例，垃圾分类信息披露需要展示与公民生活休戚相关所致的环境损害信息。而不仅仅是大家熟知的"保护环境，人人有责"，让社会大众有切身感受，而不是"事不关己高高挂起"。

（四）基于默认规则社会架构的法制保障

法律助推改变企业、个人或其他社会主体环境损害行为的方式不同以往命令控制型环境规制或者经济激励，环境默认规则以比较隐蔽的方式预防社会主体从事环境损害行为，以集体行动与法律助推减少社会主体的环境损害行为。具体而言，环境默认规则是指一种默认的使用设置，除非积极采取措施加以干预，否则不会轻易发生改变。

本书建议通过法制措施形成绿色消费的前置默认规则，形成绿色消费的社会架构。例如，在政府绿色采购方面，以绿色为采购的前置默认规则；在产品绿色包装方面，以简易化、原材料的环保性作为产品包装的前置默认规则；在私人消费产品处置方面，从生活垃圾的源头控制个人制造垃圾。我国中央层面和地方层面的立法中均应当纳入"党政机关等公共机构、宾馆和餐饮服务业等不得主动提供规定的一次性用品,政府相关部门对违反相关规定者可责令限期改正,逾期不改者将被罚款""实施过度包装的生产企业可处以罚款"等类似规定。"不得主动提供一次性用品""不得过度包装"默认了消费者垃圾减量化的支持者的规则。此类法律规定有利于间接助推各方主体绿色消费默认规则的推广,以法律促成消费绿色化的社会架构。

第九章

我国政府绿色采购法律制度研究

第一节 政府绿色采购与现行法律制度

一、政府绿色采购基本概念

政府绿色采购是指各级国家机关、事业单位、团体组织等使用财政资金采购货物、工程及服务时，充分考虑节能、环保等要求，利用生命周期法等方法，对绿色产品实施优先采购。这一概念包括"政府采购"和"绿色采购"两个关键词。

所谓政府采购，根据《政府采购法》第2条的规定，是指各级国家机关、事业单位和团体组织，使用财政性资金采购依法制定的集中采购目录以内的或者采购限额标准以上的货物、工程和服务的行为。该定义中明确了四类事项：一是《政府采购法》调整的主体为各级国家机关、事业单位和团体组织；二是采购所用资金为财政性资金；三是调整的行为方式为政府及相关部门的集中采购；四是采购的事项包括货物、工程和服务。在各地的实践中，根据地方实际情况对政府采购适用主体有一定扩大，譬如根据《海南省绿色产品政府采购实施意见（试行）》，将省属国有企业纳入政府绿色采购规范调整范围内。实践中也有学者提出，政府绿色采购的范围不宜依据主体标准划分，而应根据采购的资金来源划分。凡是利用财政性资金承担公共事务的机构和部门进行的采购活动，均应纳入政府绿色采购的范围。本书认为,《政府采购法》是对政府等公共职能部门使用政府财政资金以履行其行政职能或维持行政机关运转行为的规制,其目的是对财政资金的使用从立法上予以规制,因而资金来源确为该法规制行为的最重要因素。但是,考虑到企业不同于行政机关的法律主体身份,故不宜采取法定义务的方式对企业使用财政资金从事经营等行为进行强制性规制,而更宜通过激励、契约等其他市场化手段,参照政府采购标准予以规定。政府绿色采购概念中第二个重要概念为绿色采购,即政府等各主体的采购行为应当考虑环境保护、能源节约等因素,这是对政府采购行为提出的绿化要求。这种绿化要求具体体现为要在整个产品生产周期中体现绿色原则,以绿色、低碳、循环等理念为中心,坚持全生命周期理论。

二、我国政府绿色采购现行立法

我国《政府采购法》第 9 条规定,"政府采购应当有助于实现国家的经济和社会发展政策目标",这是我国政府绿色采购的基础性条款。依据该条款,国务院于 2015 年颁布了《政府采购法实施条例》,其中第 6 条规定,政府采购政策应当有利于实现节约能源、保护环境等目标。目前,我国的政府绿色采购现行法律制度主要体现在两个方面,即政府绿色采购节能产品和环境标志产品制度以及政府绿色采购商品包装环保需求规定。

(一) 政府绿色采购节能产品和环境标志产品

我国政府绿色采购政策主要针对节能认证产品和环境标志产品两个方面(见表 9-1):

表9-1 我国政府绿色采购规范性文件

时间	发布主体	文件	主要内容
2004	财政部、国家发改委	《节能产品政府采购实施意见》	节能认证产品优先采购
2006	财政部、原环保总局	《财政部、国家环保总局关于环境标志产品政府采购实施的意见》	采购人使用财政性资金进行采购的,优先采购环境标志产品
2007	国务院办公厅	《国务院办公厅关于建立政府强制采购节能产品制度的通知》	对部分节能认证产品实行强制采购
2019	财政部、国家发改委、生态环境部和市场监管总局	《财政部、发展改革委、生态环境部、市场监管总局关于调整优化节能产品、环境标志产品政府采购执行机制的通知》	实施政府优先采购和强制采购的产品类别,以品目清单的形式发布并适时调整
2019	财政部、国家发改委	《节能产品政府采购品目清单》	节能产品品目管理
2019	财政部、生态环境部	《环境标志产品政府采购品目清单》	环境标志产品品目管理
2020	财政部、生态环境部、国家邮政局	《商品包装政府采购需求标准（试行）》	对包装材料、包装层数作出具体规定
2020	财政部、生态环境部、国家邮政局	《快递包装政府采购需求标准（试行）》	对快递包装材料、层数等作出具体规定

在节能产品方面,我国政府采购经历了一个从鼓励优先购买节

第九章　我国政府绿色采购法律制度研究

能认证产品到节能认证产品部分强制采购的过程：从 2004 年鼓励政府优先采购节能认证产品，到 2006 年要求各级国家机关、事业单位和团体组织用财政性资金进行采购的，优先采购环境标志产品，再到 2007 年国务院发文对部分节能效果、性能达到要求的节能认证产品实行强制采购。

对于节能认证产品强制采购和环境标志认证产品优先采购，都以制定和发布产品政府采购清单的方式，依据清单和认证证书实施政府优先采购和强制采购。从 2006 年至 2018 年，我国一共发布 24 期节能认证产品政府采购清单和 22 期环境标志产品政府采购清单。2019 年 2 月 1 日，《财政部、发展改革委、生态环境部和市场监管总局〈关于调整优化节能产品、环境标志产品政府采购执行机制的通知〉》（财库〔2019〕9 号）对政府绿色采购制度作了部分调整，具体而言：清单的形式和内容发生变化。政府采购节能产品、环境标志产品，由产品清单管理改为品目清单管理。所谓品目清单管理，是指节能产品和环境标志产品清单不再列入生产企业和品牌，而仅列入要求强制或优先采购的产品品目。例如，对于强制采购的台式计算机，调整前需列明某公司、某台式电脑、产品型号等；调整后的品目清单中只列明台式电脑强制采购产品型号以及依据标准，而对于产品的生产商和型号并不作清单管理要求。

在地方性层面，部分地区政府根据地区实际情况制定了政府绿色采购地方性法规和规章。如早在 2005 年，青岛市财政局发布《绿色采购环保产品政府采购清单》，彼时我国尚未制定统一的政府绿色采购政策和实施计划，青岛市政府绿色采购清单为政府绿色采购制度的建立和完善提供了重要的地方经验。除青岛外，我国其他各地政府也颁布了相应的政府绿色采购清单，如福建省财政厅等于 2009 年发布了《福建省节能、环境标志、自主创新产品政府采购清单》，无锡市政府办公室于 2009 年颁布了《无锡市 2010 年政府集中采购目录》，等等。

(二) 政府绿色采购商品包装环保需求规定

2020年，《财政部办公厅、生态环境部办公厅、国家邮政局办公室关于印发〈商品包装政府采购需求标准（试行）〉〈快递包装政府采购需求标准（试行）〉的通知》，对政府采购产品和服务的产品包装和快递包装作出了明确的规定。根据《商品包装政府采购需求标准（试行）》，对政府采购商品使用的塑料、纸质、木质等包装材料提出环保要求。[1]除此之外，根据《快递包装政府采购需求标准（试行）》的规定，政府采购商品快递包装应当符合相应的环保要求，如规定快递包装塑料不得使用部分增塑剂、不得使用溶剂型胶粘剂、应当使用电子面单等。[2]对于上述两项规定的实施主要通过在具体的政府采购合同中予以载明，并在必要时要求中标、成交供应商在履约验收环节出具检测报告。

---

[1] 具体要求：①政府采购的商品包装层数不得超过3层，空隙率不大于40%；②商品包装尽可能使用单一材质的包装材料，如因功能需求必须使用不同材质，不同材质间应便于分离；③商品包装中铅、汞、镉、六价铬的总含量应不大于100mg/kg；④商品包装印刷使用的油墨中挥发性有机化合物（VOCs）含量应不大于5%（以重量计）；⑤塑料材质商品包装上呈现的印刷颜色不得超过6色；⑥纸质商品包装应使用75%以上的可再生纤维原料生产；⑦木质商品包装的原料应来源于可持续性森林。

[2] 具体要求：①快递包装中重金属（铅、汞、镉、六价铬）总量应不大于100mg/kg；②快递包装印刷使用的油墨中不应添加邻苯二甲酸酯，其挥发性有机化合物（VOCs）含量应不大于5%（以重量计）；③快递包装中使用纸基材的包装材料，纸基材中的有机氯的含量应不大于150mg/kg；④快递包装中使用塑料基材的包装材料不得使用邻苯二甲酸二异壬酯、邻苯二甲酸二正辛酯、邻苯二甲酸二（2-乙基）己酯、邻苯二甲酸二异癸酯、邻苯二甲酸丁基苄基酯、邻苯二甲酸二丁酯等作为增塑剂；⑤快递中使用的塑料包装袋不得使用聚氯乙烯作为原料，且原料应为单一材质制成，生物分解率大于60%；⑥快递中使用的充气类填充物不得使用聚氯乙烯作为原料，且原料为单一材质制成，生物分解率大于60%；⑦快递中使用的集装袋应为单一材质制成，其重复使用次数应不小于80次；⑧快递中应使用幅宽不大于45mm的生物降解胶带；⑨快递包装中不得使用溶剂型胶粘剂；⑩快递应使用电子面单。

第二节 政府绿色采购法律制度的功能与存在问题

一、政府绿色采购法律制度功能

我国政府采购制度借鉴西方的政府合同制度。19世纪末，在自由资本主义经济时期，商品流通以市场竞争为基础，政府以"守夜人"的角色维护社会秩序与稳定，以普通民事主体的身份参与商品交易。故彼时政府采购制度的核心在于加强对财政资金使用的监督，防止权力寻租。二战之后这种制度模式有所改变，面临重整和复苏国民经济的重要任务，政府通过一系列经济复苏计划，修建基础设施工程，购买商品和服务。政府采购成为经济复苏计划的重要工具。20世纪六七十年代，工业生产带来的环境问题凸显，减少污染、维持一定水平的生态环境成为政府的重要公共职能。各国政府也开始通过集中采购方式鼓励绿色环保产业和技术的发展，减少工业污染物排放，保护自然资源与生态环境。因此，政府采购制度本质上是政府资源的有效分配，它在政府资源分配中发挥着核心的作用。一方面，通过对政府采购行为的程序性和实质性控制，控制财政资金使用过程中的不正常偏好和权力滥用行为。另一方面，通过政府采购法律制度的构建和实施，提高财政资金的使用效率，形成中国特色社会主义市场经济下由政府利用政策工具对经济社会发展起到引导作用的局面。因此可以看出，政府采购具备经济和政治双重属性，其经济属性主要体现在对财政资金的高效利用方面，其政治属性则体现在财政资金的使用人是代表国家和社会公共利益的政府以及实现政府职能的公共部门。因此，虽然从微观层面看政府采购仅涉及单项的财政支出，但是从宏观层面来看，政府采购将微观行为与宏观调控有效结合，实现政府为广大公众提供公共产品和服务的目标。

这种经济和政治的双重属性在政府绿色采购方面体现得更加明确。政府绿色采购是指利用政府采购的规模优势，在满足采购基本要求的前提下，实现政府对节能、绿色、环保产业的扶持，以实现对经济与社会进行宏观调控的目标。政府绿色采购是政府采购制度安排作用于绿色消费领域所体现出的内在效能。政府作为国内市场上最大的消费者，其采购行为一方面会极大地影响企业等其他社会产品和服务供给主体的生产经营行为，影响其生产产品的品种、数量、质量等。当政府将某种产品认定为符合一定标准的绿色产品并增加对其的购买时，往往导致该类产品生产规模的扩大，从而在一定程度上改变该类型产品的生产结构和市场结构。另一方面，也会对个人、企业、社会组织等其他社会主体的消费行为产生一定程度的影响。除促进资源合理配置外，政府绿色采购制度更在一定程度上保证绿色产品市场竞争公平。政府采购程序的规定向符合环保资质和标准的供应商提供一视同仁的供货标准、采购需求等信息，实现参与竞标的供应商之间的公平竞争。在特殊情形下，为实现一些特殊的政策目的，政府部门可以通过绿色政府采购向特殊类型产品倾斜，实现对因环保因素处于竞争弱势的企业和产品进行保护的目的。政府绿色采购是一种有别于传统政府采购的新的采购模式，是指在政府采购活动中选购符合国家绿色产业标准、对环境的负面影响最小的产品、工程和服务的活动。绿色采购活动体现了国家保护环境、节约资源的意愿，是人类面对生存危机、针对传统采购观提出的全新的绿色采购理念。它抛弃了传统的以人类为中心的利己理论，部门利益最大化不再作为政府采购的首要目标，而是通过树立健康、绿色的价值理念，以一种环境友好、资源节约的方式开展政府绿色采购相关活动。政府的双重身份使得其不但对环境资源具有重大的影响力，同时，政府采购行为也以其风向标的作用对其他法律主体产生极大的导向性作用。

二、政府绿色采购法律制度存在的问题

（一）政府绿色采购制度立法过于原则，法律框架不完善

我国政府绿色采购制度主要依据国务院行政法规和部门规章，在立法层面法律条款过于简化。目前，多部法律中有关政府绿色采购的规定，主要包括《政府采购法》第9条规定的"政府采购应当有助于实现国家的经济和社会发展政策目标，包括保护环境"和《清洁生产促进法》第16条第1款规定的"各级人民政府应当优先采购节能、节水、废物再生利用等有利于环境与资源保护的产品"。但是，《清洁生产促进法》虽然明确提出政府有优先采购节能、节水等有利于环境保护的产品的绿色采购义务，但由于"促进法"本身更倾向于是一部鼓励性、倡导性法律，因此，整部法律中并未对各主体的清洁生产义务作出新的强制性规定，也没有包含政府在节能部分节能产品方面的强制性义务。《政府采购法》作为规范政府采购行为，明确政府采购义务与程序的专门法，其第9条虽然被学界作为引证政府绿色采购行为的依据，但是该条规定只是说明保护环境是政府采购的目标之一，并没有将政府绿色采购概念、主体范围、采购标准、法律责任等制度化。因此，根据第9条的条文表述很难将其解释为一项制度，而更像是立法上的一种倡导。2014年《政府采购法》的修订并未吸收《清洁生产促进法》中关于政府绿色采购的规定。2015年《政府采购法实施条例》也并未对《政府采购法》第9条进行细化，对政府绿色采购这一特殊的政府采购形式没有作出相应回应。可以说，在国家立法层面，政府绿色采购还仅处在原则性概念中，制度的基本框架仍未建立，不得不谓之是一种遗憾。《清洁生产促进法》与《政府采购法》中有关政府绿色采购制度最相关的法律之间缺乏协调与衔接，在立法技术上存在一定瑕疵。因此，2020年《政府采购法》的新一轮修法在完善政府绿色

采购法律制度方面被寄予了厚望，但是从财政部发布的《政府采购法（修订草案征求意见稿）》来看，也并未对上述内容予以扩充和细化。目前，我国政府绿色采购制度仍处在法律的原则性规定加一系列政策不合理的断层式法律依据体系之中。事实上，作为一项法律制度，绿色采购应当成为《政府采购法》未来规制的一个重要理念与原则，贯穿整部法律，以实现政府采购法的绿化，以实现《清洁生产促进法》在政府绿色采购领域的目标。

（二）现行法中政府绿色采购的政策定位与法律体系的绿色转向不符

2020年12月，财政部发布《政府采购法（修订草案征求意见稿）》。此次征求意见稿将原法第9条内容放在第28条政府采购政策目标中，规定："政府采购应当有助于实现经济和社会发展目标，包括节约资源、保护环境……"从法律的规范性角度来看，《政府采购法》和此次征求意见稿都将"绿色采购"作为一项政策原则予以规定，而并未从法律原则的位置予以明确。换言之，政府绿色采购仅为政策采购法中的一项政策存在，并未作为政府采购法的基本原则。这种政策性的法律定位与我国绿色发展理念下生态文明建设法治保障格局体系不符，与法律体系的整体性绿色转向的法律趋势不符。2018年《宪法》的修正将生态文明建设写入宪法序言，为我国的生态文明法律体系建设提供了宪法依据，生态文明建设与生态环境保护拥有了在宪法层面的权威。在宪法的保障下，我国各个法律部门均在不同程度上将绿色发展、生态文明等作为基本理念和价值，有研究称之为现行法律体系的绿色价值转向。《民法典》总则第9条绿色原则条款就是典型例证，该条规定："民事主体从事民事活动，应当有利于节约资源、保护生态环境。"《民法典》各分编中，直接涉及资源环境保护的条款也有18条之多。在合同编中，规定了对合同履行的绿色约束，有助于民事交易活动的绿色化转型，对于防止以"意思自治"为由污染环境和破坏生态提供了民法依据。在公法领域，由于我国并没有颁布行政法典和综合性行政法，有关绿色发展、生态文明等绿色理念主要体现在环境保护法中。但是，作为公法的政府采购法，以及政府采购所具有的经济性和政治性功能，也应当反映生态文明的价值理念，与法律体系的绿化价值转向保持一致。但是，从现行法来看，这一次修正案将政府绿色采购置于政府政策采购目标之中，法律定位过低与法律体系的生态化转向不相符合。

事实上，虽然近几年无论是中央还是地方政府层面都出台了一些关于绿色采购的实施意见和采购清单，但是实施意见仅作为一种指导意见存在，其效力并不等同于法律，不具有法律的强制力。一方面，就政府发布的采购清单来讲，其也缺乏法律的强制性，仅仅是作为一种推荐性的标准。政策与法律的主要区别在于执行力的稳定性上，政策的实施度与行政机关执法的主观意愿联系紧密，因此制度实施效果存在较大的不稳定性。另一方面，政府绿色采购地方性法律法规因其法律位阶较低、适用范围存在局限等，在制度的贯彻落实方面面临诸多障碍，如地方保护主义等诸多因素对政府绿色采购制度的阻碍。

（三）政府绿色采购涉及范围较窄

目前，我国政府采购制度实施部分节能产品强制性采购，部分节能产品和环境产品优先采购制度。但是，总体来说，政府绿色采购涉及范围仍然较窄。其一，绿色采购优先购买的范围应进一步拓宽。目前，政府采购范围主要包含产品购买、工程购买和服务购买三大类，但工程和服务领域并未涉及。其二，强制性采购范围过窄。政府强制性采购范围仅限于部分节能产品的现状也较为局限。一方面，一些特殊的采购项目未被考虑，如公务用车；另一方面，在一些领域，环保产品市场已经较为成熟，部分产品环保性能较高，如"CGP"标识产品，部分环保产品性价比与普通产品并无较大差别，也应纳入强制性采购范围。其三，强制和优先采购义务主体可进一步拓宽。在我国政府绿色采购的地方性政策实践中，已有部分省市将国有企业纳入强制性政府绿色采购的主体中。

(四) 政府绿色采购法律制度的内容缺失

在政府绿色采购法律制度具体内容方面，由于现行立法过于原则，可操作性欠佳，部分法律义务的设定缺乏必要的责任约束，因此在一些重要的制度内容方面存在缺失。首先，政府绿色产品标准存在技术问题。我国对绿色产品缺乏一个统一的概念性认识。遗憾的是，《政府采购法》也没能给出一个明确的概念界定，这就导致很难划定政府绿色采购的范围和种类。实践中，如何界定绿色产品也是一个技术性问题，需要有一系列权威性的标准来判定。但我国的现状是，在绿色产品和服务方面缺乏相关的权威认证。例如，中国质量认证中心以强制性的产品国家标准为认证标准，中标认证中心（CSC）以其自己的环保产品标准为认证标准，政府无法在绿色采购过程中以统一的标准来判断产品是否为环境友好型，从而产生利益偏好问题。其次，政府绿色采购与绿色标识制度缺乏衔接。随着国家市场监管总局推出绿色产品"CGP"标识，我国统一的绿色产品标准、标识和认证制度正在构建之中。节能产品、环保产品认证将与绿色产品认证统一，节能与环保标识已可能被绿色产品标识取代。与此相应的，政府绿色采购制度也应当与绿色产品标识制度相衔接，围绕绿色产品标识与绿色属性标识构建新的政府绿色采购标准。但从2019年财政部分别与国家发改委、生态环境部联合发布的《节能产品政府采购品目清单》和《环境标志产品政府采购品目清单》来看，目前两份清单仍然是以国家节能产品标识和中国环境标识为依据制作，并未对绿色产品标识作出回应，容易出现政府绿色采购制度与绿色产品标识制度之间的制度失配。再次，政府绿色采购相关信息公开制度存在缺失。绿色采购活动开展的第一步就需要对意向企业进行绿色评估，而关于企业用能、用水、排污等相关绿色评估数据的取得有赖于供应链上相关企业公开其环境信息。但是，信息不完全、信息不准确问题的存在导致采购方难以对上游企业的环境状况作出客观评价。形式上的混乱和内容上的不足导致依靠现有制度难以规范和指导政府绿色采购行为。最后，绿色采购违约责任的分配依据不明确。由于政府绿色采购行为多以政府采购合同的方式进行，当企业可能因资质问题、产品及包装等不符合绿色产品标准时，就可能涉及政府采购合同纠纷，此时就不能依据政策作出决断，而应当依据法律规定和法定程序解决。

第三节 政府绿色采购法律制度的域外经验与启示

一、美国政府绿色采购法律制度

美国政府绿色采购法律制度在《资源保护和回收法》（Resource Conservation and Recovery Act，RCRA）、《国家能源节约政策法》（National Energy Conservation Policy Act，NECPA）、《联邦采购法》（Federal Acquisition Regulation，FAR）等多部法律中均有原则性的规定，规则的制度化主要通过总统指令以及相关实施条例和政策实现。上述法律构成了以实务为导向的政府绿色采购法律政策体系。

《资源保护和回收法》于1976年首次颁布，并经历了1984年、1991年两次修订。其中，该法第6002节（Section 6002 of RCRA，42 USC 6962）对政府绿色采购行为作出了总体性的要求。根据该节要求，采购额超过1万美元或在一个财政年度内总采购额超过1万美元的联邦机构应当：其一，采购可回收成分最高的产品，具体产品由环保署（EPA）指定；其二，采购产品应使用一定比例的可回收原材料；其三，采购人应制订计划保证上述采购要求的执行；其四，要求联邦政府每2年要向国会就其绿色采购和执行该法情况予以报告。同时，该法也考虑到了竞争的因素，规定不采购环境保护署指定产品的例外情况，如成本不合理、存在不完全竞争、在合理的时间内不能得到所需物品、不能满足指定要求。此外《联邦采购法》第二十三章第103条也规定，政府应采购那些对人民健康和环境影响最小的产品和服务。

美国联邦各法律中有关政府绿色采购的要求，主要是依靠总统的行政命令（President Executive Order）来落实（见表9-2）。譬如1993年发布的第12843号行政命令《联邦政府关于臭氧层保护产品的采购规范》，要求联邦政府各部门应在经济可行的原则下，对破坏臭氧层第一类物质采购的最小化，最大可能地采购替代品。1993年发布的第12873号行政命令《联邦采购、资源回收与防止浪费》，要求联邦采购机构确定绿色采购计划并撰写绿色采购年度报告。再如1998年发布的第13141号行政命令《通过污染防治、资源回收和联邦采购来绿化政府》，系统地阐述了政府绿色采购的政策、组织机构设置、执行和报告要求；规定了由环保署制定详尽的采购指南，建立资料信息库并在网上公布等。

表9-2 美国联邦政府采购部分总统令

时间	令号	名称
1993	第12843号	《联邦政府关于臭氧层保护产品的采购规范》
1993	第12873号	《联邦采购、资源回收与防止浪费》
1996	第13031号	《联邦政府领导下的对交通工具使用可替代燃料的规定》
1998	第13141号	《通过污染防治、资源回收和联邦采购来绿化政府》
1999	第13134号	《广泛利用生物能源和推广生物基产品》

续表

时间	令号	名称
2000	第 13148 号	《环境经营领导政府绿化》

根据总统令，1999 年的 8 月，联邦环保署公布了政府绿色采购的基本指导原则，包括：①环境因素应成为政府采购实践考虑的重要因素之一，产品安全、价格、性能和可用性等将予以同等考量；②应在采购的初期对产品进行评估，将环境影响的负面属性降至最低；③考量产品或服务的环境适应性时，应当把生命周期成本作为众多参考要素的基础；④考虑地域的差异，不同产品或服务之间的竞争程度以及对人类健康的影响都将成为联邦机构采购的考虑因素；⑤全面而准确的环保产品或服务的信息公布是可取的且必要的。

二、欧盟绿色采购指令与实施

（一）欧盟绿色采购程序性和实体性指令

2004 年，欧盟颁布《关于协调公共工程、货物和服务采购程序的指令》（2004/18/EC）和《关于协调供水、能源、交通和邮政服务程序的指令》（2004/17/EC）两项指令，要求成员国政府在技术规范的选择、标准的授予以及采购合同的签署等方面都要对环境因素予以考虑。同时，欧盟委员会还发布《绿色采购手册》，包括制定绿色采购实施计划并进行员工培训、对采购需求予以评估、确定合同标的、选择供应商、授予和履行合同等内容，以指导供应商和承包商了解政府绿色采购需求。

2014 年，欧盟委员会再次通过两项指令，即《公共采购指令》（2014/24/EU）和《关于在水、能源、交通和邮政服务领域开展业务的实体采购指令》（2014/25/EU）。这两项指令旨在简化公共采购程序，提高其灵活性，并力求确保在采购过程中更多地考量环境保护、社会责任、应对气候变化、公共卫生和社会环境保护等公共政策提出的社会目标。欧盟委员会要求各成员国必须在2016年4月之前将这两项指令中的规则转化为国家法律。

(二) 欧盟绿色采购法律体系的特点

欧盟有关政府绿色采购行为的规范注重从程序性和实体性两个方面予以考虑,并分别从货物、工程和服务三个方面,从供水、能源、交通和邮政等各流通环节全面考量。在采购行为上,《公共采购指令》(2014/24/EU)第31条规定了一种创新伙伴关系的建立程序。具体而言,如果采购者希望购买市场上目前没有的商品或服务,它可以与一个或多个合作伙伴建立创新伙伴关系,即允许通过建立一个结构化的伙伴关系,进行研究、开发和试验,随后再购买新产品、服务或工作。同时,《公共采购指令》(2014/24/EU)第40条还规定了特别允许采购者与供应商进行初步的市场咨询,以便获得初步信息,这些信息可用于准备过程中。

另一方面,欧洲绿色采购网络组织(EGPN)专职负责收集欧盟各国绿色采购的背景和法律法规资料、编制绿色采购工作手册等。欧盟还颁布了"整体性产品政策(IPP)",采用降税、设定生态设计产品标准和使用生态标志等措施,鼓励发展和使用可减少环境污染的产品。

三、日本政府绿色采购法律制度体系

日本政府主导下的绿色采购运动可溯源至20世纪80年代后期发起的生态标识计划(Eco-Mark Program)。1994年起,一些地方政府开始尝试实施促进绿色采购的地方政策,这些政策大多通过一个政府支持下的NGO组织,即绿色采购网络(Green Purchasing Network)推行。2001年,为扩大生态标识市场,日本颁布《促进绿色采购法》。2007年又颁布《绿色合同法》以应对温室气体排放,对《促进绿色采购法》进行补充。最终形成绿色采购立法、环

第九章　我国政府绿色采购法律制度研究

境标识制度和绿色采购信息网络三个层面的日本政府绿色采购法律制度体系。

(一)绿色采购专门立法

2000年被日本称为"资源循环型元年",该年共颁布和修订了六项资源循环型社会建设方面的法案,形成了以《建立循环型社会基本法》为核心,《废弃物处理法》(修订)、《资源有效利用促进法》(修订)、《建筑材料循环法》、《可循环食品资源循环法》和《促进绿色采购法》五部专门立法的循环社会法律体系,循环社会建构体现出较强的政府主导的特点。

《促进绿色采购法》于2001年4月正式实施,全称为《国家和其他实体有关促进环保货物和服务的法律》。该法在总体上可概括为:强制性要求所有中央政府部门和承担公共职能的机构履行该法指定采购项目的采购义务;鼓励地方政府采购该法指定采购项目;通过激励措施促进企业和个人的绿色采购和消费行为。在《促进绿色采购法》中,对环境部、各采购部门、供应商以及环保、认证等第三方机构的功能均作了明确的规定。具体而言:其一,日本环境部负责制定《促进绿色采购法》中具体实施的基本政策,如绿色产品指定采购项目及评价标准。自2010年起,日本环境部每年颁布《绿色采购用户指南》以引导政府、企业的绿色采购,以及个人的绿色消费活动。其二,各中央政府部门和公共机构作为采购方参照环境部的政策制定自己单位的采购政策和计划,并形成报告,每年提交环境部。其三,供应商应当向社会公布环保产品和服务及信息。其四,环保(NGOs)和认证(NPOs)等第三方机构向采购方和供应方提供绿色产品与服务的认证信息。

对于指定采购项目等基本政策的颁布,《促进绿色采购法》作了严格的程序性要求。首先,环境部提出指定采购项目等基本政策,交由内设的不同审议委员会(The Reviewing Committee)进行审议，并与相关部门商议。其次，将提议在网上公布，由公众进行审议。再次，将修订后的提议再交审议委员会审议和部门商议。最后，向内阁提交，颁布实施。绿色采购基本政策每年进行审议和更新（如图 9-1）。

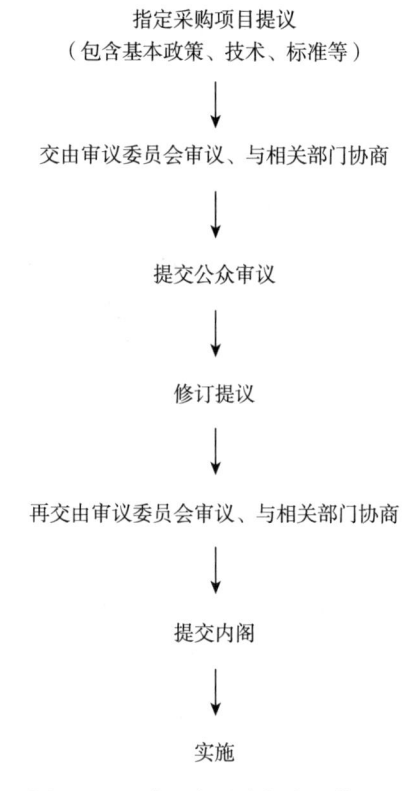

```
           指定采购项目提议
        （包含基本政策、技术、标准等）
                  ↓
       交由审议委员会审议、与相关部门协商
                  ↓
              提交公众审议
                  ↓
               修订提议
                  ↓
      再交由审议委员会审议、与相关部门协商
                  ↓
               提交内阁
                  ↓
                实施
```

图 9-1　日本绿色采购年度政策程序

对于指定采购项目标准，由环境部根据产品性能、市场成熟度、科技发展水平以及基本政策建议决定。新指定的采购项目经委员会审议、内阁批准后增加。2001 年指定采购项目共有 14 类 101

项，至 2016 年共增至 21 类 270 项。

根据日本环境部的一项调查，日本政府 2013 年实施了当年 199 个指定采购项目中的 189 个项目，实施比例为 95%。该法的实施扩大了环保产品的市场份额，政府绿色采购的二氧化碳排放量估计减少了 210 000 吨二氧化碳当量。

（二）指定采购项目标准与生态标识标准的区别

《促进绿色采购法》中指定采购项目标准与生态标识标准有一定的相似性，二者均是通过一定的标准将具备环保特性、符合绿色消费目的的商品识别出来。两个标准之间也具有较强的联系，《促进绿色采购法》中指定采购项目标准以生态标识标准为参照。但是，二者仍然存在较大的差异。其一，指定采购项目标准的制定主体环境部，是在法律的授权下制定法定标准，而生态环境标识的制定主体是日本环境协会，是自愿性的行业标准。其二，在制定目标上，指定采购项目标准旨在确定政府采购实现的环境目标，而生态标识标准旨在确立行业前 20% 领先者的水平。故绿色采购项目标准应低于生态标识标准。其三，指定采购项目对于政府部门、公共职能机构具有强制性。其四，在认证方式上，指定采购项目标准不需要第三方认证机构认证，而主要靠产品供应者的自我背书（self-declaration）。采购人员根据环境部当年基本政策选择产品，第三方认证标准可作为意见参考。

（三）法律的实施：绿色采购网络联盟

日本《促进绿色采购法》的具体实施，主要是通过绿色采购网络来实现。1996 年，日本中央政府支持下的一个非营利性组织——全国绿色采购网络联盟（Green Procurement Net，GPN）成立。GPN 实行会员制，成立初期由 73 个团体组成，由企业会员、行政会员和民间团体会员三部分构成，基本覆盖了日本的所有地方政府、大城市及诸多大型企业，其目的就在于促进日本的消费者、公司和政府组织之中的绿色采购,是目前日本最大的 NGO 组织。

GPN 的成立和发展为《促进绿色采购法》的实施作出了巨大贡献。针对不同产品的采购,GPN 制定了一系列与之相对应的绿色采购纲要和相关产品项目的环境信息手册及判断标准,为政府和政府绿色采购提供了信息与指南,同时承担着促进政府绿色采购、企业绿色采购和个人绿色消费相关的科研和宣传功能。

第四节 我国政府绿色采购法律制度完善建议

一、制定"绿色消费促进法"

为统筹各项绿色消费法律制度,考虑到绿色消费法律制度涉及多个主体、多个领域、多部法律,出台一部专门的绿色消费法律较之于修订数部法律、法规,其效率更高、立法成本更低、对于律法技术要求更低,故本书认为有必要制定一部"绿色消费促进法",为政府、企业、个人和其他组织的绿色消费行为提供更明确的指引,并与《清洁生产促进法》形成补充。在这部"绿色消费促进法"中,应当对政府绿色采购法律制度作出如下规定:其一,应当将强制性政府绿色采购制度与优先性政府绿色采购制度在条文中予以明确,规定"采购人及其代理商实施绿色采购,对法律、法规规定的强制采购的绿色产品,在采购时应当采购;对法律、法规和国家政策规定的优先采购的绿色产品,在采购时优先采购。"其二,应当授权国务院及相关职能部门针对强制性政府绿色采购制度与优先性政府绿色采购制度的具体实施,制定行政法规、部门规章及相关标准。其三,授权地方立法机构和地方政府颁布严于国家规定和标准的地方性法规。其四,授权国务院及相关职能部门通过目录或清单的方式,参照政府绿色采购制度,逐步纳入国有企业实施强制

第九章 我国政府绿色采购法律制度研究

性绿色采购和优先性绿色采购制度。

二、对《政府采购法》部分内容进行修订

本书认为，对于《政府采购法》的修订，主要的方向是将《清洁生产促进法》中对政府绿色采购提出的目标和倡导在《政府采购法》中予以落实，以实现《政府采购法》的"绿化"。这种"绿化"应当主要体现在：

第一，应当将绿色发展作为《政府采购法》的重要理念和指导原则，与公开透明原则、公平竞争原则、公正原则和诚实信用原则并列，贯穿于整部法律。换言之，应将《政府采购法》第3条修改为"政府采购应当遵循公开透明原则、公平竞争原则、公正原则、诚实信用原则和绿色发展原则"。

第二，在政府绿色采购、绿色发展原则的指导下，应进一步扩大政府绿色采购规范的主体范围。根据《政策采购法》，我国目前政府绿色采购的主体主要指国家机关、事业单位和团体组织。本书认为，应当以财政性支出为标准，进一步扩大政府绿色采购制度的调整范围，将在教育、医院、卫生、社会福利、城市供水、供电、机场、铁路、城市交通和港口等领域承担公共事业建设的国有企业纳入法律调整的政府采购部门的范围之内。事实上，学界对于扩大政府绿色采购主体主要持肯定意见，其分歧在于主体扩大方式的选择上。有研究认为，应当修订《政府采购法》第2条，将国有企业纳入调整主体范围。但是，这种观点的缺点也是明显的。将政府绿色采购主体的范围扩大到承担公共事业建设的国有企业，在实践中的操作难度极大。因为将半公共半私人的部门纳入《政府采购法》的调整范围，可能会造成政府对市场活动的不应有的介入，导致其营利性在政府过度干预的情况下受损。如何区分承担公共事业建设的国有企业与半公共半私人部门，在具体操作方面难度较大。本书提供一种较为灵活的解决方式，即鉴于国有企业的企业性质，以及

国有企业与政府等公共机构在生态环境保护义务上存在的较大差异，本书主张不宜通过修订《政府采购法》课以国有企业强制性义务，可以通过颁布相应的政策，以协议的形式或者其他市场化的工具，使得国有企业采购行为能够参照政府采购标准。

　　第三，增加政府绿色采购协议条款。政府绿色采购当事人的权利义务以及责任在实践中是以政府绿色采购合同的形式予以体现的。在研究政府绿色采购合同中双方权利义务配置、责任分配问题时，解决合同的定性问题是前提。政府绿色采购合同的性质应当与政府采购合同的性质是一致的。关于政府采购协议的性质，目前理论上仍有争议，存在民事合同说、行政合同说和混合合同说。本书认为，政府采购协议兼具民事法律关系与行政法律关系的性质。一方面，政府采购是政府参与市场活动的行为，政府以与相对人订立采购合同的形式参与市场经济活动，理应遵守市场经济中的公平竞争规则，只有与相对人平等地履行合同义务，享受合同权利，才能保证政府不利用其强势地位破坏市场竞争。另一方面，出于对财政性资金的有效使用以及政府采购中公共政策目标的实现，政府采购合同订立时在程序上具有严格性，在内容上权利义务的配置具有倾斜性。因此，对于政府绿色采购协议，虽然我国《政府采购法》第43条规定政府采购合同适用合同法调整，但是单纯的民事法律规范不足以对采购当事人的违约行为提供有效的矫正机制与救济方案。民事责任以财产责任形式为主，主要体现为一种弥补损失关系，遵循"无损害就无赔偿"的原则。政府采购当事人违约侵犯的法益涉及公共财政资金，普通的返还财产、赔偿损失、赔礼道歉等民事责任不足以弥补被侵害的公共利益。只有结合撤销违法行政行为、罚款、剥夺政府采购供应商资格、吊销营业执照等行政责任才能更好地规范合同双方的行为，使得以政府采购权利义务为内容的法律规范更好地发挥指引作用、教育作用与强制作用。

第四,应当在《政府采购法》中,就"绿色消费促进法"中有关政府绿色采购的规定作出补充,以维持绿色消费法律体系的一致性。具体而言,其一,在第二章政府采购当事人中增加一条,"其他法律对政府采购的采购人作出特殊规定的,依其规定"。其二,在第四章政府采购程序中增加一条,"政府采购应当在其招标书、招标邀请书等文件中,载明政府采购的货物、工程和服务的绿色属性要求。在谈判过程中,对供应商及相关产品的绿色资质与认证进行备注,并作为其成交的参考依据"。其三,在第五章政府采购合同中增加一条,"依据法律或政策规定实施的政府强制或优先采购的货物、工程和服务,应当在合同条款中列明合同标的的绿色属性;在政府采购合同中,可以对标的物的绿色属性作出要求"。其四,明确采购人违反政府绿色采购的监督与法律责任,增加一条,"供应商违反合同义务,提供产品、工程或服务不符合法律、政策规定或合同约定的环保要求,依照我国民法规则追究当事人责任。采购人违反国家强制性绿色采购或优先采购法律、政策的,追究其行政责任,构成犯罪的追究其刑事责任"。

三、完善政府绿色采购制度政策的建议

在政府绿色采购制度方面,应当授予地方政府制定严于国家政府绿色采购标准的权力。鼓励地方人大和政府根据地方实情,在绿色采购方面进行制度创新。如海南省在绿色产品政府采购方面,就发挥出许多创造性的制度。2019年9月,海南省财政厅发布《海南省绿色产品政府采购实施意见(试行)》(琼财采规〔2019〕3号),推动建立海南特色的绿色政府采购制度。根据实施意见,海南省政府绿色采购制度的特点在于:其一,政府采购主体范围拓展。实施意见拓展了国务院《政府采购法实施条例》的主体范围,将省属国有企业纳入绿色采购范围之中,故海南省范围内,政府绿色采购的主体包括各级人民政府、海南省直属财政预算单位和省属国有企业。其二,强制性绿色采购范围拓展。海南省政府强制性绿色采购制度主要体现在两个方面,一是绿色产品政府采购的"双强制"制度,二是公务用车强制清洁采购制度。具体而言,一方面,自 2020 年 1 月 1 日起,海南省绿色产品政府采购实施"双强制"制度,所谓"双强制",是指对环境标志产品和节能产品(含二级能效指标)均采取强制采购,并建立绿色产品库,对绿色产品库内的产品实施强制采购。另一方面,实施公务用车强制清洁采购制度,即党政机关公务用车统一组织,集中采购和配置,除特殊情况外,在购置公务用车时应 100%选用国产清洁能源汽车。其三,绿色采购优先购买范围拓展。

四、政府绿色采购监督制度

政府绿色采购的开展和顺利进行需要完善的法律制度体系,也需要一系列与政府绿色采购主体相关的配套措施,更需要在这些措施之后建立一定的内部和外部监督体系,使各政府绿色采购主体与政府有关职能部门上下协调、各司其职、相互监督。

第一,完善内部监督体系。根据我国现行的政府绿色采购制度,政府绿色采购清单的发布主体有财政部、国家发改委、原环境保护部,而根据《国务院办公厅关于建立统一的绿色产品标准、认证、标识体系的意见》,我国于 2016 年 12 月开始建立的绿色产品标准体系重视部门之间的联动配合,涉及的成员单位包括质检、发展改革、工业和信息化、财政、环境保护、住房城乡建设等十多个有关部门。无论是正在实施的绿色清单,还是尚未建成的绿色产品标准体系,所涉及的行政机关均呈现多元化特征,体现了政府绿色采购管理体系的复杂性。部门联动容易造成管理过程中监督职责越位或者缺位的现象,以各个联动部门为元素,建立政府绿色采购联合监督委员会是完善财税体系的制度要求,也是推动绿色发展的现实需求。

第九章 我国政府绿色采购法律制度研究

第二,该管理机构还应当建立一套行之有效的关于各个政府机关绿色采购的绩效报告与考核、评比、奖励制度。政府绿色采购联合监督委员会可以于每个会计年度内对各个行政机构进行政府绿色采购绩效评估,该数据作为考核先进机构以及先进个人的标准之一,对采购机构及其工作人员进行奖惩。外部监督体系源于我国《政府采购法》第70条,该条赋予了任何组织或个人针对政府采购活动中的违法行为的控告检举权,但没有规定具体的权利内容以及行使权利的程序。我国应当将政府绿色采购制度的外部监督权利细化。如规定行使监督权的途径,接受检举控告的具体监督部门,处理检举控告的期限以及群众履行检举控告权不能时的救济途径。除此之外,还可以在一定程度上探索扩展外部监督的方式,进一步拓宽政府绿色采购角色过程中的公众参与。

第十章

我国绿色消费补贴法律制度研究

第一节 我国绿色消费补贴机理及其法制现状

近年来，针对各类消费主体在消费活动全过程贯彻绿色低碳理念的消费行为，我国出台了部分法律和政策来普及绿色消费理念并大力支持市场主体的绿色消费行为。其中，绿色消费补贴是促进消费绿色化的重要动力，也是有效刺激消费的经济激励方式之一。

一、绿色消费补贴机理

绿色消费补贴是指通过政府财政直接补贴、间接补贴及其他补贴等方式激励绿色消费行为，促进绿色产业及发展清洁能源产业，逐步淘汰化石燃料，遏制气候变化，促进可持续生产和消费等行为的正向经济激励形式，也是最为直接的调控手段。众所周知，人类活动已经给地球带来了巨大的能源负担。而全球激增的能源消耗不仅会在未来导致严重的能源短缺危机，而且还会以温室气体排放的形式危害环境。因此，在能源危机和环境保护的双重压力下，全球众多国家均对绿色产品给予了高度重视，并通过减税降费、财政补贴等举措回应能源危机。

绿色消费补贴除"绿色""可持续性"特征外，还具有补贴的基本特征：一是补贴是一种政府行为，此处的政府行为是广义概念，不仅包括中央和地方政府的补贴行为，而且还包括政府干预的

第十章 我国绿色消费补贴法律制度研究

私人机构的补贴行为。二是补贴是一种财政行为,即政府公共账户存在开支。三是补贴必须授予被补贴方某种利益,一般认为这种利益是受补贴方从某项政府补贴计划中取得了某些它在市场中不能取得的价值。四是补贴应具有专向性。专向性补贴是指政府有选择或有差别地向某些企业提供的补贴。

绿色消费补贴优势有:

第一,从长远角度来看,绿色消费补贴有利于扩大绿色产品市场,提高社会福利。许多国家不遗余力地推动技术的发展,鼓励企业改进生产技术,目的是生产更高性能的产品,扩大绿色产品市场。例如,对于汽车行业来说,减少排放的一个有效途径是使用生物燃料等清洁能源,这已经引发了全世界的关注。此外,汽车行业正在实施的另一个建设性办法是大力推广电动汽车,以逐步减少现有高排放汽油车和柴油车的市场。

第二,绿色消费补贴有利于弥补绿色产品或能源短期内成本收益率低等缺陷。在绿色能源的早期推广中,政府补贴发挥了至关重要的作用。从消费者的角度来看,消费者可在绿色和传统替代品之间进行选择。如果没有政府补贴,消费者可能不会选择绿色产品,因为绿色产品通常比传统替代品更昂贵。例如,在我国岸电的早期推广中,岸电的利用率不足,不到潜在使用量的20%,因为航运公司更喜欢在辅助发电机中燃烧燃料油。而从制造商的角度来看,由于需要大量的早期投资,在没有补贴的情况下提供绿色产品可能没有多少动力。

第三,绿色消费补贴有利于推动能源行业或产品的绿色低碳转型步伐,加快能源革命与消费革命步伐,响应国家双碳"1+N"政策。借由科学标准(如碳足迹)衡量企业或个人等行为主体的行为对环境的影响,并将其影响程度与绿色补贴的资金支持力度挂钩。以资金支持有效激励能源行业,如发电行业的绿色低碳转型,不仅提升了绿色生产技术水平，也减轻了对环境的污染。

第四，绿色消费补贴有利于在各领域全链条，全体系地深度融入绿色理念，全面、完整、准确贯彻新发展理念，推动经济的高质量发展。绿色消费补贴是正向经济激励的代表，这也有利于不断提升食品消费、衣着消费、用品消费绿色化水平，推广建筑、交通、电力等领域的绿色化潜力。同时，对于企业、机构投资者而言，获得绿色消费补贴也是对公司绿色形象的有益宣传，从而树立企业积极承担社会责任的企业形象。长远来看，这也更加吸引投资。

二、我国绿色消费补贴的法制现状

当前，我国尚未出台与绿色消费或绿色消费补贴有关的专门性立法，有关绿色消费补贴的国内立法散见于其他领域的立法文本之内，并且其中涉及绿色消费补贴的法律条文较少。我国绿色消费补贴规范以"软法"居多，政策导向型特征较为明显，多以国务院及其各部委或部委管理的国家局发布的行政规范性文件的形式存在（见表10-1）。

表10-1 我国国家层面绿色消费补贴法律规范一览表

序号	名称	发布机关	发布/修订（正）日期	效力位阶
1	《环境保护法》	全国人大常委会	2014年	法律
2	《节约能源法》		2018年	
3	《循环经济促进法》		2018年	
4	《清洁生产促进法》		2012年	
5	《长江保护法》		2020年	
6	《大气污染防治法》		2018年	

续表

序号	名称	发布机关	发布/修订（正）日期	效力位阶
7	《"十二五"国家战略性新兴产业发展规划》	国务院	2012年	行政规范性文件
8	《循环经济发展战略及近期行动计划》	国务院	2013年	
9	《化学品环境风险防控"十二五"规划》	原环境保护部	2013年	
10	《国务院关于加快发展节能环保产业的意见》	国务院	2013年	
11	《国务院关于积极发挥新消费引领作用加快培育形成新供给新动力的指导意见》	国务院	2015年	
12	《"十三五"国家战略性新兴产业发展规划》	国务院	2016年	
13	《"十三五"节能减排综合工作方案》	国务院	2016年	
14	《中共中央、国务院关于全面加强生态环境保护坚决打好污染防治攻坚战的意见》	中共中央国务院	2018年	
15	《国务院关于印发打赢蓝天保卫战三年行动计划的通知》	国务院	2018年	
16	《中共中央、国务院关于完善促进消费体制机制 进一步激发居民消费潜力的若干意见》	中共中央国务院	2018年	

续表

序号	名称	发布机关	发布/修订（正）日期	效力位阶
17	《生态环境部关于生态环境领域进一步深化"放管服"改革，推动经济高质量发展的指导意见》	生态环境部	2018年	行政规范性文件
18	《国家发展改革委、中央宣传部、教育部等关于促进消费扩容提质加快形成强大国内市场的实施意见》	国家发展改革委 中央宣传部 教育部等23个部门	2020年	
19	《新能源汽车产业发展规划（2021—2035年）》	国务院办公厅	2020年	
20	《国务院关于加快建立健全绿色低碳循环发展经济体系的指导意见》	国务院	2021年	
21	《"十四五"节能减排综合工作方案》	国务院	2021年	
22	《国家发展改革委关于做好近期促进消费工作的通知》	国家发展改革委	2022年	
23	《国家发展改革委、国家能源局关于完善能源绿色低碳转型体制机制和政策措施的意见》	发展改革委 国家能源局	2022年	
24	《工业和信息化部办公厅、住房和城乡建设部办公厅、农业农村部办公厅等关于开展2022年绿色建材下乡活动的通知》	工信部、住建部等6部门	2022年	

第十章　我国绿色消费补贴法律制度研究

续表

序号	名称	发布机关	发布/修订（正）日期	效力位阶
25	国务院办公厅《关于进一步释放消费潜力促进消费持续恢复的意见》	国务院办公厅	2022年	行政规范性文件
26	《关于促进新时代新能源高质量发展的实施方案》	国务院办公厅	2022年	
27	《重点用能产品设备能效先进水平、节能水平和准入水平（2022年版）》	发展改革委工信部财政部等5部门	2022年	

1. 中央层面。从法律层面来看，我国 2014 年的《环境保护法》第 22 条和第 36 条规定了国家对公民、法人及其他组织减少污染排放，使用环保节能产品、可再生产品的行为给予财政资金等政策支持。2018 年的《循环经济促进法》在其第五章规定了"激励措施"，对符合条件的循环经济技术和产品予以财政性资金支持。2012 年的《清洁生产促进法》第 16 条规定，各级政府应当通过措施，鼓励公众购买节能环保产品。

然而，我国法律中仅《节约能源法》、2021 年施行的首部流域立法——《长江保护法》以及《大气污染防治法》的少数条文中有绿色补贴的明确规定。2018 年的《节约能源法》第 61 条规定，对节能产品的推广与使用进行财政补贴。2021 年的《长江保护法》关注到长江流域港口、航道与船舶的绿色化，加快推进港口船舶岸电的广泛普及以及船舶燃料新能源和清洁能源的使用，在第 73 条中规定了国务院和长江流域县级以上地方人民政府对其港口船舶岸电建设、改造及使用等绿色化行为的资金补贴等政策支持。《长江保护法》设立专章对"绿色发展"作出规定，鼓励绿色设计及居民绿色消费行为，倡导"绿色"新发展理念。2018年的《大气污染防治法》第32条规定了推进清洁能源，减少煤炭使用，实现减少大气污染的原则性规定，加大对清洁农业化机械的财政补贴力度，由国务院有关部门和地方各级人民政府负责以财政补贴等措施支持农村集体经济、合作经济的发展。

从国务院及其相关部委等发布的行政规范性文件层面来看，我国自2012年起开始关注绿色消费补贴，并在二十余部政策文件的条文中有所体现。2012年，国务院出台了《"十二五"国家战略性新兴产业发展规划》，规划在第三部分明确了"十二五"时期的重点发展方向和主要任务，将新能源汽车产业作为重要组成部分。规定在新能源汽车产业的重大行动中推动创新能力建设，实施关键技术研发，进行产业化推广，开展私人购买新能源汽车补贴试点。同时，在规划第四部分规定的重大工程中，纳入新能源汽车工程，扩大私人购买新能源汽车补贴试点城市的范围和规模，推进相应网络与充电基础设施配备。

2013年，国务院出台了《循环经济发展战略及近期行动计划》，计划认为循环经济发展面临着资源约束强化、环境污染严重、应对气候变化压力加大和绿色发展成为国际潮流的严峻形势，走绿色低碳循环发展道路成为我国的必然选择。需要指出，在构建循环型工业体系、循环型农业体系、循环型服务业体系，推进社会层面循环经济发展，实施循环经济"十百千"示范行动过程中，需要完善经济政策作为保障措施。《循环经济发展战略及近期行动计划》第八章保障措施规定了产业政策、投资政策、价格和收费政策、财政政策、税收政策和金融政策。有关绿色消费补贴主要体现在其财政政策上，即由中央和省级人民政府以设立专项基金形式支持循环经济发展，有力完善并落实废弃电器电子产品处理基金征收补贴政策。考虑实施激励循环利用产品、包装物的经济政策，加大资金支持。同时，在产品流通环节，对于符合已报废老旧农机补贴条件的农民消费者，优先给予农机购置补贴。不断完善经济激励政策，对各类循环经济发展项目给予资金支持。

2013年，原环保部出台了《化学品环境风险防控"十二五"规划》。规划着力健全对相关领域重点环节的环境管理，规定了加强对危化品储运过程和消费产品的监管。规划不仅关注到消费产品中高环境风险化学品对环境和人类健康的影响，而且提及了绿色消费补贴，以补贴、标签等举措，积极倡导绿色消费，践行环保与节能理念。2013年，国务院发布的《国务院关于加快发展节能环保产业的意见》指出，推广节能环保产品，扩大市场消费需求。意见着眼长远，强化政府引导，完善政策机制。其补贴基本举措包括：首先，继续采取补贴等形式，扩大节能产品市场消费，推广能效较高的照明、电机等产品。其次，试点私人购买新能源汽车、新能源出租车、物流车补贴，扩大绿色消费市场内需，拉动环保产品及再生产品消费。最后，拉动环保产品及再生产品消费，着力推广再制造发动机、电动机等，开展"以旧换再"试点行动，针对试点消费群体给予一定比例的补贴。

2015年，国务院发布的《国务院关于积极发挥新消费引领作用加快培育形成新供给新动力的指导意见》指出，我国消费升级的重点领域和方向主要包括服务消费、信息消费、绿色消费、时尚消费、品质消费和农村消费，其中绿色消费是重要一环。意见在第七部分规定了"优化政策支撑体系"，完善消费补贴政策，加快培育形成新供给、新动力。

2016年，国务院发布了《"十三五"国家战略性新兴产业发展规划》，规划将新能源汽车、新能源和节能环保产业作为国家战略性新兴产业的重要组成部分。要推动产业走可持续发展模式，需要以绿色低碳技术创新和应用为重点，推动新能源产业发展，创造适应新能源高比例发展的制度环境，完善可再生能源发电补贴政策的适应性管理，适时动态调整。加大金融财税支持，创新财税政策支持方式，健全光伏、风电、生物质等可再生能源发电补贴政策，有效发挥财政资金的引导作用。对于已在前述诸多政策中规定的新能源汽车补贴等激励政策持续优化与完善。

2016年，国务院出台了《"十三五"节能减排综合工作方案》，方案对完善节能减排支持政策作出规定。根据方案内容，我国应当完善财政税收激励政策，充分发挥财政资金的杠杆作用，为加大节能减排力度，要取消不合理的化石能源补贴。

2018年，中共中央、国务院出台了《中共中央、国务院关于全面加强生态环境保护 坚决打好污染防治攻坚战的意见》。改革完善生态环境治理体系需要健全生态环境保护经济政策体系，要使资金流向资源节约和生态环境保护领域。采取直接投资、运营补贴等方式，支持相关项目。同年，国务院发布《国务院关于印发打赢蓝天保卫战三年行动计划的通知》，行动计划第八部分规定了要"健全法律法规体系，完善环境经济政策"，加大经济政策支持力度。研究能源经济激励政策，旨在使得企业进一步增加清洁能源冬季供应量，将致密气纳入中央财政开采利用补贴范围，同时完善非常规天然气补贴政策，落实能源绿色消费补贴。

其后，中共中央、国务院发布的《中共中央、国务院关于完善促进消费体制机制 进一步激发居民消费潜力的若干意见》围绕吃穿用住行和服务消费。健全消费市场，探寻消费新增长点。促进吃穿用消费、住行消费、信息消费、绿色消费类型的实物消费不断提档升级。在住行消费中，实施好新能源汽车购置补贴等财政优惠政策，但对于如何开展，如何落实缺乏指引。

第十章　我国绿色消费补贴法律制度研究

2018年，生态环境部发布了《生态环境部关于生态环境领域进一步深化"放管服"改革，推动经济高质量发展的指导意见》，指导意见在第六部分对健全生态环境经济政策等内容作出一般规定。根据意见精神，推动高质量发展要创新绿色金融政策，落实价格财税政策，创新环境经济政策，要配合好相关部门制定有益于生态环境的补贴政策。创新经济政策，促进绿色生产与绿色消费，探索建立生态环保"领跑者"制度，确立起支持该机制的财政补贴等政策。

2020年，国家发改委、中宣部等二十三部门联合出台了《国家发展改革委、中央宣传部、教育部等关于促进消费扩容提质加快形成强大国内市场的实施意见》。意见指出，加快构建"智能+"消费生态体系，鼓励使用绿色智能产品。根据意见，各负责部门（发展改革委、工信部在内的十一部门）要落实好中央财政新能源汽车推广应用补贴政策等，对于地方资金支持，要从购置阶段转向营运阶段，重点关注城市公交。对于机动车、家电、消费电子产品等鼓励"以旧换新"，促进机动车报废更新，推广电子产品智能化更新。2020年，国务院办公厅发布了《新能源汽车产业发展规划（2021—2035年）》，在新能源汽车产业发展的保障措施中，要深化"放管服"行业管理改革，完善新能源汽车相关管理办法，有效承接财政补贴政策。

2021年2月，国务院出台了《国务院关于加快建立健全绿色低碳循环发展经济体系的指导意见》。意见指出，健全绿色低碳循环发展的消费体系。鼓励地方以补贴、积分奖励，推广绿色电力证书交易等途径促进绿色产品消费，增强企业及居民对绿色产品的认可度与吸引力。

2021年12月，国务院发布了《"十四五"节能减排综合工作方案》。方案指出，实施重点节能减排工程，健全节能减排政策机制。其中，完善的经济政策是健全节能减排政策机制的重要举措。根据方案，为推动"十四五"时期节能减排工作，为如期实现碳达峰、碳中和奠定基础，各级财政应加大对节能减排的支持力度，为减少化石燃料的使用，逐步规范和取消低效化石能源补贴。

2022年1月，国家发改委发布了《国家发展改革委关于做好近期促进消费工作的通知》。通知文件指出，积极发展绿色消费。鼓励有条件地对地方的绿色消费产品进行适当补贴，其中，绿色消费产品主要包括低碳节能产品、绿色建材产品等。倡导企业开展"以旧换新"等活动。

2022年1月，国家发改委和国家能源局联合出台了《国家发展改革委、国家能源局关于完善能源绿色低碳转型体制机制和政策措施的意见》。意见第三部分规定了完善引导绿色能源消费的制度和政策体系的内容，有关补贴的内容在完善工业领域绿色能源消费支持政策之内有所涉及。国家鼓励对余热余压余气等进行充分利用，并对其实行发电减免交叉补贴支持政策。在能源领域，完善建筑绿色用能和清洁取暖政策，完善交通运输领域氢能、生物质能、LNG等能源清洁替代政策等。

2022年3月，工信部、住建部等六部门联合发布了《工业和信息化部办公厅、住房和城乡建设办公厅、农业农村部办公厅等关于开展2022年绿色建材下乡活动的通知》。通知为促进绿色建材消费，加强绿色建材市场建设，积极引导生产商、线上销售平台、线下销售实体参与其中。在绿色建材下乡活动中，鼓励有条件地区以适当补贴或贷款贴息等途径，助力绿色消费和美丽乡村建设。

2022年4月，国务院办公厅发布了《国务院办公厅关于进一步释放消费潜力促进消费持续恢复的意见》。为进一步夯实消费高质量发展基础，需要以财税等经济激励政策作为保障措施。实现消费高质量发展，绿色是其中重要一环。意见提出，鼓励有条件地区以补贴等经济刺激手段支持绿色产品消费。例如，针对智能家电、建材产品、能耗较低的照明设备及其他节能产品进行绿色消费补贴。

2022年5月，国务院办公厅发布了《关于促进新时代新能源高质量发展的实施方案》。以风电、光伏发电以及太阳能发电为代表的新能源的迅猛发展成为新时代高质量发展的基础。为支持新能源产业的健康有序发展，充分发挥新能源的生态环保效益，需要优化财政资金的使用，完善金融相关支持措施，利用好现有财政补贴等资金渠道，支持新能源的高质量发展。释放金融机构的灵活性，在依法依规的前提下，对确定已纳入可再生能源发电补贴清单的项目发放补贴确权贷款，推动可再生能源发电延续补贴资金年度收支平衡。

2022年11月，国家发改委、工信部、财政部等部门联合发布了《重点用能产品设备能效先进水平、节能水平和准入水平（2022年版）》（已失效），着重提升重点用能产品设备能效水平，鼓励消费者扩大绿色产品消费，推进节能降碳工作。根据文件，我国要大力推广高能效产品设备，出台政策提高能效先进水平产品设备的应用比例。为促进绿色消费，鼓励各地政府采用补贴等形式，针对企业开展的以旧换新、积分奖励等活动予以资金倾斜，引导居民践行绿色消费理念，选购先进能效优越的产品。补贴一般不包含能效较低的产品设备。

2. 地方层面。在国家大力推进高质量发展，践行习近平生态文明思想，深入贯彻新发展理念，鼓励绿色消费的新时代背景下，我国地方层面也出台了相应的支持政策。从全国范围来看，多数省市均已出台了激励绿色消费的相关政策，也在部分条文中原则性规定了绿色消费补贴。补贴政策多围绕新能源汽车购买、绿色智能家电购置、节能产品及绿色建材的推广。

多地出台政策以发放绿色消费券等补贴形式，鼓励消费者购买绿色节能产品，扩大绿色消费市场，提振消费信心。例如，北京市于2022年发布了《关于实施促进绿色节能消费政策的通知》，对绿色消费券的发放对象、产品适用类别、发放方式和标准、参与企业及程序作出规定。

多地关注到新能源汽车发展，出台了相应的补贴支持政策。上海市于2020年发布了《关于促进本市汽车消费若干措施》，措施要求落实财政补贴，支持新能源汽车消费，加大公共领域燃油车置换为新能源汽车的力度，推进老旧汽车报废更新工作，给予相应的财政补贴；完善充（换）电基础设施配套，并按照相关标准给予财政补贴；每年建设一定数量的出租车充电示范站，对其给予财政补助等。同时，要出台促进燃料电池汽车加快应用，优化新能源汽车推广应用的政策。2020年，《关于提振消费信心强力释放消费需求的若干措施》对有序推进老旧汽车报废更新，鼓励消费者使用新能源汽车的补贴政策作出规定。天津市于2020年出台了《天津市促进汽车消费的若干措施》，措施支持、鼓励新能源汽车消费；积极组织并落实相关企业、消费者等申领国家有关新能源汽车购置财政补贴资金，对符合条件的新能源小客车给予相应金额的充电消费券。2022年江苏省发布的《省政府关于加快建立健全绿色低碳循环发展经济体系的实施意见》指出，大力推广应用新能源汽车、购置补贴等政策措施。同时，关注到新能源汽车的充电、换桩等环节。深入开展新能源下乡等活动。山东省于2021年出台了《山东省人民政府关于印发2022年"稳中求进"高质量发展政策清单（第一批）的通知》，执行补贴政策，支持促进新能源汽车消费，鼓励公共领域新能源汽车和非公共领域新能源汽车的推广使用。

实施绿色智能家电补贴政策，恢复和提振消费水平。上海市于2022年出台了《上海市加快经济恢复和重振行动方案》，实施"促进绿色智能家电消费补贴政策",支持线上线下企业以补贴等方式开展家电以旧换新、绿色智能家电和电子消费产品促销等活动。2023年,上海市发布的《上海市提信心扩需求稳增长促发展行动方案》也规定了消费者购买绿色智能家电的,实施绿色智能家电消费补贴。为落实绿色消费补贴政策,2022年贵州省出台了《2022年下半年经济工作有关专项行动方案》。方案要求积极开展"绿色智能家电下乡"等活动,扩大农村地区绿色消费市场。2022年,深圳发布了《深圳市消费电子和家用电器购置补贴申请工作指引》,规定了参与活动的消费电子产品和家电的补贴条件、补贴标准、活动周期、申请流程等事项。

此外,多地出台综合性政策,加快促进食品消费绿色化、绿色衣着、绿色居住、绿色交通、绿色用品、能源转型等重点领域消费转型。有关绿色消费补贴的内容体现在完善绿色消费激励约束政策,提高财政支持精准性的规定上。福建省于2022年印发了《福建省促进绿色消费实施方案》,规定由市发展改革委等部门按职责分工负责,鼓励有条件的区县以发放优惠券、补贴等方式进行绿色低碳产品促销活动。2022年,重庆市发改委等部门印发了《重庆市促进绿色消费实施方案》,鼓励有条件的地区对智能家电予以适当补贴等。此外,贵州省、江苏省等省市也发布了《贵州省促进绿色消费实施方案》《江苏省促进绿色消费实施方案》等,推进消费领域的绿色变革,将补贴作为促进绿色消费的一项可行的经济激励保障措施,实现绿色消费领域的高质量发展。

第二节 我国绿色消费补贴的法律规范问题

我国当前绿色消费补贴法律规范框架由《环境保护法》《节约

能源法》《循环经济促进法》《清洁生产促进法》的原则性规定，其他法律如《长江保护法》《大气污染防治法》中规定的绿色消费补贴的部分条文以及与绿色消费补贴内容密切相关的行政规范性文件构成。绿色消费补贴上位法立法不足，绿色消费补贴法律规范层级低、整体效力较弱，绿色消费补贴监管机制不明确，绿色消费补贴法律规范针对性不强、缺乏操作性指引等问题仍客观存在。

一、绿色消费补贴上位立法不足

我国在绿色消费领域专门性立法缺失，顶层设计有待完善。当前，我国尚未出台"绿色消费促进法"作为绿色消费补贴的上位立法依据。绿色消费补贴是促进绿色消费的重要激励手段，"绿色消费促进法"中应当有所体现，以指引绿色消费补贴的标准、补贴的对象、补贴商品的属性、补贴金额的区间认定等。且在当前法律中尚未专门规定绿色消费补贴制度，对其概念、内涵、内容等的认识较为主观，没有达成一致共识。

在其他领域立法中，绿色消费补贴立法过于原则，且数量偏少。我国绿色消费补贴上位立法，如《环境保护法》《循环经济促进法》《清洁生产促进法》的几项相关条文，均为原则性规定，且《循环经济促进法》《清洁生产促进法》本身也属于促进型法律，具有较强的倡导性。法律条文的原则性与笼统性对实际的法律适用不利，可操作性不强。《环境保护法》仅第 22 条和第 36 条两项条文提到了对节能减排产品的鼓励，给予其资金支持。《长江保护法》仅 1 项条文涉及港口船舶岸电使用等的绿色消费补贴。《大气污染防治法》也仅有 1 项条文，内容有关加大清洁农业化机械的财政补贴。

二、绿色消费补贴法律规范层级低、整体效力较弱

我国绿色消费补贴法律规范主要集中于诸多政策、行政规范性文件之中。而政策或行政规范性文件的层级低、整体效力较弱，缺乏强制性与稳定性。我国尚未形成针对绿色消费的法律法规、政策、标准以及监管等构成的完整体系。从国务院及其各部委等发布的行政规范性文件来看，我国绿色消费补贴政策数量也较少，中央层面的行政规范性文件仅二十余件，且涉及的具体条文数量更是少之又少，给政策落实的稳定性增加了难度。自"十二五"规划以来，国家相继出台了《"十二五"国家战略性新兴产业发展规划》《"十三五"国家战略性新兴产业发展规划》《"十三五"节能减排综合工作方案》《"十四五"节能减排综合工作方案》《关于促进新时代新能源高质量发展的实施方案》等政策。它们均属于效力较低的行政规范性文件，不具有强制拘束力，多为倡导性"软法"规范。

从地方层面来看，全国多数省市出台的政策文件均涉及绿色消费补贴措施。绿色发展已成为实现高质量发展的主流与共识。各地绿色消费补贴政策虽有些许差异，但多为原则性规定，如重庆、贵州、江苏、山西、福建等地均出台了相应的"促进绿色消费实施方案"，其条款多表述为鼓励有条件的地区对智能家电等节能产品予以适当补贴或贷款贴息。深圳市于2022年发布《深圳市消费电子和家用电器购置补贴申请工作指引》，明确了工作细则，但工作指引也未明确补贴是针对购置节能减排产品等绿色消费品。多数地区对于如何补贴、补贴范围、补贴额度等缺乏具体规范指引。

三、绿色消费补贴适用商品或服务类别少，绿色消费推动力不足

当前，我国绿色消费补贴法律规范以健全节能减排机制，加快新能源汽车产业、绿色建材及绿色智能家电发展等，作为开展绿色消费补贴政策的主要目标。从补贴商品的类别来看，这主要包括购置新能源汽车、绿色智能家电、绿色建材。例如，《"十二五"国家战略性新兴产业发展规划》《中共中央、国务院关于完善促进消费体制机制进一步激发居民消费潜力的若干意见》《新能源汽车产业发展规划（2021—2035 年）》等文件中均规定了新能源汽车购置补贴，将新能源汽车产业作为国家战略新兴产业，要求实施好税收优惠及购置补贴等政策。因此，近年来，我国不断加大对新能源汽车的支持力度，绿色消费补贴政策也多针对购置新能源的企业进行。

绿色消费补贴不仅应当包含消费者的实物消费，也应当关注其服务消费。但生态旅游、环境服务等方面缺乏绿色消费政策指引。我国绿色消费补贴着重于衣食住行之中的"住"与"行"，前者主要包括绿色智能家电、绿色建材及其他节能产品。就绿色智能家电、绿色建材补贴而言，《国务院办公厅关于进一步释放消费潜力促进消费持续恢复的意见》《国家发展改革委关于做好近期促进消费工作的通知》均有提及，鼓励有条件的地区对其进行补贴和贷款贴息。全国各地也出台了不少规定绿色智能家电的补贴、以旧换新活动等的政策文件。而后者主要指新能源汽车的购置补贴。此外，当前针对实物的绿色消费补贴中，仅新能源汽车补贴和绿色智能家电补贴政策数量较多，针对绿色建材及其他节能减排产品等的政策也较少，未来需要加以重视。

四、行政履职缺乏有效监督机制

绿色消费补贴的有效落实需要行政履职监管机制发挥作用。现行绿色消费及绿色消费补贴法律规范仍以行政规制为主，行政机关是否依法全面履职，是否严格执行政策决定了绿色消费补贴的实际效果。实际上，在绿色消费补贴机制的运行过程中，如若监管不到位，"骗补"、权力寻租等现象将不易杜绝。

绿色消费补贴政策的多变性与不确定性，使其很难得到有效的监督。我国绿色消费补贴的职责部门主要包括发展改革委、财政部门、住房和城乡建设部门、商务部门、工业与信息化部门、宣传部门、教育部门等。根据三定方案及相关政策文件的规定，可大致确定部门的职责与分工，但是大部分行政职责缺乏相应的监督与责任追究机制。例如，2023年上海市发布的《上海市提信心扩需求稳增长促发展行动方案》规定，促进汽车、家电等大宗消费，实施绿色智能家电与新能源车辆消费补贴，并进一步明确了补贴金额等事项，并注明了其责任单位包括市商务委、市发展改革委、市交通委和市财政局。但没有规定相应的法律责任和监督机制。绿色消费补贴机制不可避免地存在大量的行政自由裁量权并涉及行政调控职能，而多数涉及绿色消费补贴的条文也多为鼓励性、倡导性的规定，政策及管理碎片化问题较为突出。主管部门行政裁量空间大、灵活性高，监督与责任追究机制对行政机关是否依法、全面、正确履行职责至关重要。此外，公众监督是有效避免滥用或者怠于履行绿色生产和消费行政职权的重要途径，而我国尚未出台公众监督绿色消费补贴的规定，社会监督机制有待完善。

第三节 域外绿色消费补贴法制及其启示

一、日本绿色消费补贴法制概况及其启示

作为资源和空间均较为狭小的岛国，日本凭借其超前的节能理念，带动了节能技术的进步与能源法律及政策的发展与完善。日本是全球循环经济发展的典范，也是全球范围内绿色消费立法较为体系化的国家之一。

日本早已形成了以2000年《循环型社会推进基本法》（以下简称《循环基本法》）为绿色消费法律规范体系的基本法，以《资源有效利用促进法》为代表的综合性法律，以2000年《绿色消费法》、2004年《汽车再生利用法》、2013年《小型家电再生利用

法》等专门性法律构成的较为完备的绿色消费法律规范体系。[1]其中,《循环基本法》为其形成"循环型社会"奠定了基础,属于宏观层面的立法。综合性法律则关注中观层面废物处理与资源利用。专门性法律针对具体汽车产业、家电产品、食品行业等不同行业特性进行了充分考量,以消费补贴带动绿色消费,为日本政府实施绿色消费补贴等经济激励政策提供法律依据。

为促进日本国内产业结构调整,围绕《绿色消费法》出台的绿色消费政策主要包括:绿色财政政策、绿色税收政策、绿色采购政策与绿色激励政策。其中的绿色财政政策主要指财政补贴资金资助,如绿色汽车购买补贴制度,节能型能源消费设备购买资助,以及废旧物资回收利用补贴制度。可见,日本的绿色消费政策中,财政补贴是发展绿色经济、循环经济,提升产品国际竞争力的重要手段。自2009年起,日本实施的绿色汽车购买补贴制度,使得新一代汽车购买量在短期内猛增。[2] 此外,绿色激励政策主要包括:购买环境产品积分可抵值消费的环保积分制度和符合节能法标准的新建或改建住宅发放生态返点可兑换商场代金券的绿色住宅生态返点制度。

向公众普及绿色消费理念,将绿色消费理念融合于立法中,不过,使得社会形成亲环境的社会规范及习惯并非是一蹴而就的。相较于绿色消费高度体系化的日本,我国与之形成了较大差距。例如,在可操作性上,存在激励规则制定较为原则,内容多有重叠等问题;在激励标准上,存在一般性激励标准模糊、激励力度不足、激励落实不均衡等问题。未来可在制定绿色消费专门立法,确立体

---

[1] 参见施锦芳、李博文:《日本绿色消费方式的发展与启示——基于理念演进、制度构建的分析》,载《日本研究》2017年第4期。

[2] 参见於素兰、孙育红:《德国日本的绿色消费:理念与实践》,载《学术界》2016年第3期。

系化规范体系等方面加以完善。

二、德国绿色消费补贴法制概况及其启示

德国是欧洲第一大经济体，已形成了较为完善的循环经济和绿色发展法律体系。该体系由《德国基本法》《促进循环经济和确保合乎环境承受能力废弃物管理法》等绿色消费基本法，联邦、州所制定的专门立法，如电子废物、废旧汽车等废弃物的处理条例和各类政策或指南等组成。德国在其能源立法中较早开始关注以能源补贴等多种形式促进本国绿色能源发展，促进节能环保与新能源消费市场的扩大。1991 年，德国施行的《电力输送法》成为德国可再生能源立法的开端，规定政府向电网运营商进行必要的财政补贴，并对补贴比例、补贴金额作出规定。

2000 年，德国出台了《可再生能源法》（EEG），确立了固定电价机制。其后，《可再生能源法》进行了数次修改，不断强化可再生能源发电的激励政策，通过将固定电价机制具体化，形成完备的可再生能源法律规制框架，并进一步完善电价补贴机制。然而，2017 年德国修订的《可再生能源法》大幅取消了可再生能源电力补贴，导致国内可再生能源市场出现短暂性低迷，投资大幅减少。2020 年，德国《可再生能源法》又一次进行修订，重新恢复了可再生能源补贴措施，加快推进欧盟碳减排目标的实现。[1] 德国的《电力输送法》《可再生能源法》从法律层面对补贴机制进行规范性指引，确立起绿色电力补贴的上位法依据。此后，德国也出台了一系列生质燃料、太阳能等有关的可再生能源激励法律规范。

完备的法律制度规范体系是实现绿色发展、高质量发展的前提。德国在绿色消费立法领域起步较早，并出台了不少法律支撑绿色消费发展，也经历了增强绿色消费补贴到大幅减少补贴，再到重

---

〔1〕 参见王永杰、王若男：《德国〈可再生能源法〉（EEG-2021）的最新进展及对我国的启示》，载《中外能源》2021 年第 6 期。

新恢复补贴的历程。实践表明,绿色消费补贴已得到政府及社会的高度重视,是行之有效的经济激励措施。在完善的道路上,可以创新补贴形式、补贴类别,增强立法的可操作性。

第四节 我国绿色消费补贴法制完善建议

绿色消费补贴法制的完善需要从理念、绿色消费专门性立法、修订已有法律条文明确补贴的类别、对象,扩大商品及服务适用类别与建立健全绿色消费补贴管理及监管机制等方面着手,确立起行之有效的法制框架。

一、贯彻绿色消费理念

绿色消费理念是贯彻新发展理念、生态文明的重要体现,也是中国传统文化中人与自然和谐相处的生态理念的重要衍生内涵。将绿色消费理念贯彻于立法之中,全面建立资源高效利用制度,有助于不断完善绿色消费补贴机制,有利于加快全社会形成亲环境的社会风尚,形成绿色消费习惯和绿色生活方式。

第一,将"绿色"作为与"公平、效率、秩序、安全"等同的绿色消费法制价值追求。绿色消费理念蕴含文明消费、适度消费、简约消费的思想意识。当前我国社会面临基本矛盾已发生转变的现实,人类应当更加关注经济、社会与资源环境的可持续发展,追求更高质量的发展目标。长期以来,公众普遍低估自身在环境污染和生态破坏中的消极影响,认为企业才是"元凶"。从企业的角度看,基于成本收益的考量,也往往仅以价格衡量,对节能减排产品望而却步。绿色消费补贴机制则以财政资金形式为公众或企业等减少成本。在法律规范中规定绿色消费补贴机制兼顾了绿色、公平、秩序等秩序价值,促使消费者贯彻绿色消费理念,企业积极承担社会责任，加快绿色转型步伐。

第二，强调在商品流通或服务的全过程贯彻绿色发展理念。20世纪60年代的日本曾提出"生活者"消费理念，以"生活者"替代消费者，使得生活者理念和节能理念深入人心。[1]贯彻绿色消费理念的消费法律规范应当从侧重于污染防治向全面关注的过程转变，即生产源头预防、流通过程控制以及末端治理多阶段并重。同时，强调商品或服务全过程的绿色发展理念要求节约能源、清洁生产、循环经济、环境保护并重，衔接以政府主导与相关企业、社会组织、个人为基础的法律规范。

二、制定专门的"绿色消费促进法"

在绿色消费法制领域，我国尚未颁行从理念、立法目的、基本原则、基本制度上来统领绿色生产与消费法律体系的专门性法律。为明确绿色消费法律制度所涉及的多个主体的权利义务，厘清交通运输、能源消耗、土地使用、农业、渔业等诸多领域的绿色发展与绿色消费要素，我国有必要颁行一部行之有效的专门性"绿色消费促进法"，为政府、企业、个人和其他组织的绿色消费行为提供更明确的指引，也为绿色消费补贴机制提供上位法依据。"绿色消费促进法"应当具有调整内容广泛、调整主体多元、调整手段综合多样、调整目的具有公益性的特征。进而言之，针对绿色消费补贴机制，"绿色消费促进法"应当规定如下内容：

第一，明确绿色消费补贴的对象与补贴标准。当前绿色消费补贴政策规定的补贴对象及补贴标准各异，不利于绿色消费补贴机制的实际落实。"绿色消费促进法"的明确规定有助于解决原有行政规范性文件权威性不足及相关行政规范性文件内容模糊化、碎片化的问题。例如，可以考虑根据绿色消费的领域或种类确定补贴对

---

[1]参见施锦芳、李博文：《日本绿色消费方式的发展与启示——基于理念演进、制度构建的分析》，载《日本研究》2017年第4期。

象,确定商品补贴、服务消费补贴等领域的补贴对象和补贴标准。

第二,规定绿色消费补贴申领的一般性程序规则。设置统一的补贴程序规则有利于维护程序正义,为机制的实施提供指引,优化地方层面政策制定工作。绿色消费补贴程序应当具有足够透明的公开性,如事前听证、征求行业协会、企业及公众的建议。在事中阶段,就补贴的实际效果、调整方法等问题设置有关程序。在事后阶段,设置绿色消费补贴后评估程序等。

第三,明确绿色消费补贴的责任主体承担方式。不同于"管理型立法","促进型立法"较多地关注政府的服务功能。[1] 因此,在法律条文设置上主要包含大量的任意性规范以及倡导性规范。然而,"绿色消费促进法"对相关主体的道德责任与综合素质有较高要求。义务性强制规范也不可或缺,专门立法中应当以明确法律责任主体承担方式来体现法律的强制性功能。[2] 此外,应当授权地方立法机构或地方政府颁布更加符合本地经济社会发展条件的相关政策。

三、修订《环境保护法》等有关法律条文

绿色消费补贴机制除应当在专门性立法——"绿色消费促进法"中明确外,还应当加强与其他相关法律中经济激励措施的协调与衔接。

第一,在《环境保护法》中强化行政机关对绿色消费补贴的引导和监督职责。建议《环境保护法》第6条第3款和第4款对单位和个人的环保义务的规定中加入激励公民绿色消费的内容,积极贯彻绿色消费理念。此外,在监督管理的部分,明确生态环境保护部门在绿色消费补贴机制运行中的职能定位。

---

[1] 参见李艳芳:《"促进型立法"研究》,载《法学评论》2005年第3期。

[2] 参见岳小花:《绿色消费法律体系的构建与完善》,载《中州学刊》2018年第4期。

第二,在《循环经济促进法》中突出作为企业、个人、社会组织等消费者的绿色消费义务,明确激励措施。在 2018 年的《循环经济促进法》第五章中增加规定,国家鼓励、支持和引导公民、法人或其他组织积极践行绿色生产与消费理念;对于落实"减量化""再利用"和"资源化"要求的行为,政府在财政、价格等方面给予补贴、税收优惠等。

第三,在《节约能源法》中增加绿色消费补贴的一般性规定,不应仅在其第 61 条作出规定。具体而言,建议在《节约能源法》第五章"激励措施"中增加一项一般性规定,如规定国家实行有利于节约能源资源的财税政策,鼓励、支持和引导公民、法人或其他组织积极践行绿色理念,对于符合"绿色消费促进法"补贴标准的行为,以财政补贴等形式兑现。或保持原有条文数量,修改该法第 62 条和第 63 条,在内容中增加"财政补贴"等政策的表述。

四、扩大绿色消费补贴商品及服务适用类别

从广义上讲,绿色消费包含交通、能源消耗、土地使用、农业、渔业等诸多领域,同样,绿色消费补贴也应当涉及诸多领域。当前,我国绿色消费补贴主要集中于能源补贴领域,如新能源汽车、绿色智能家电、节能减排产品。此外,当前针对资源能源节约的财政补贴较为普遍,但减少环境污染的补贴不足。[1]

为顺应经济社会绿色消费转型升级的时代趋势,需要考虑扩大绿色消费补贴商品及服务的适用类别。应充分关注民众的吃穿用度,关注绿色食品消费、绿色居住消费、绿色衣着消费、农业绿色消费、绿色服务消费等类别。其一,要关注绿色食品补贴,大力推广绿色有机食品、农产品等,积极引导消费者树立文明健康的食品消费观念。其二,针对绿色居住消费补贴,要加大对绿色建材市场

---

〔1〕 参见崔晓冬等:《中国绿色消费的政策和实践研究》,载《中国环境管理》2020 年第 1 期。

的重视力度，细化补贴细则，加快生物质能、太阳能等可再生能源在农村的应用。其三，鼓励推行绿色衣着消费，推广应用绿色纤维制备、高效节能印染、废旧纤维循环利用等装备和技术的服装。其四，扩大农业绿色消费补贴范围，结合农药及化肥限额使用政策将农业与环保相联结，重视高效农业技术与产品创新。其五，重视绿色服务消费补贴，将补贴范围拓展至生态旅游与环境服务等服务消费领域。

五、健全绿色消费补贴监督机制

在绿色消费补贴机制的有效运行中，监管是重要一环。建议明确各方主体责任分配，坚决打击骗取财政补贴等违法行为，有效监督各方主体依法履行职责，实现各级主体有关职能部门上下协调、各司其职、相互监督。

一方面，健全内部监督机制。从我国现行的绿色消费补贴政策来看，其涉及的责任主体部门繁多，容易造成管理过程中监督职责越位或者缺位的现象。例如，2020年《关于促进消费扩容提质 加快形成强大国内市场的实施意见》规定，鼓励使用绿色智能产品，其职能部门包括发展改革委、工信部、财政部、生态环境部、住建部、交通运输部、农业农村部、商务部等十个部门，由其按职责分工负责。我国未来可探索建立政府绿色消费补贴监督委员会，明晰各主体的权责，严格监督落实各方主体责任。此外，生态环境主管部门在当前绿色消费法制监管中的地位尚不明确。可以考虑将生态环境主管部门作为统一监督管理部门，加强生态环境保护主管部门职能建设。另一方面，加强外部监督机制建设。就公众监督而言，公众具有对绿色消费补贴机制的监督权，需要保障公众对信息的知情权，建议明确参与方式，监督的程序、奖励及救济措施等内容，在机制中有效贯彻落实公众参与原则。

第十一章

个人环境保护义务规范研究

个人是否具有环境保护义务？从法律文本的角度来看，答案毫无疑问，《环境保护法》等环境资源法大多规定了这一义务。[1]让人耳目一新的是，《民法典》第9条明文规定了个人负有环境保护义务。[2]不过，与立法形成巨大反差的是，这些条文在实践中几乎失灵——个人即便不履行环境保护义务通常也不会面临法律责任的惩罚。譬如，《大气污染防治法》第7条第2款规定："公民应当增强大气环境保护意识，采取低碳、节俭的生活方式，自觉履行大气环境保护义务。"如果基于法律文本进行文义解读，那么诸如驾驶大排量机动车之类的生活方式显然背离了《大气污染防治法》第7条。但是，现实生活中尚未有人因驾驶高排放量汽车而承担法律责任的实例。这种立法和实践的背离是否意味着个人生活方式对环境的影响微不足道？现行法上的个人环境保护义务条款是否纯属多余？显然，个人生活方式对环境的负面影响不容忽视，因为"消费问题是环境问题的核心"。[3]譬如，我国生活能源消费量占能源总

---

[1] 相关规定，请参见表11-1。
[2] 《民法典》第9条："民事主体从事民事活动，应当有利于节约资源、保护生态环境。"
[3] 环境法学界对消费问题关注较早，遗憾的是相关问题没有得到深入研究，参见李艳芳：《关于制定我国反浪费法的建议》，载《法学家》1994年第3期；郑少华：《循环型社会：可持续发展观下的社会模式及建构》，载《中外法学》2005年第3期；秦鹏：《生态消费法研究》，法律出版社2007年版。

生产量的近 1/8，〔1〕中国家庭的平均碳排放量人均将近 2.7 吨，整个社会碳排放总量的 21% 来自家用能源消耗。〔2〕基于对个人消费负面影响的认知，国家审时度势，明确提出应该形成绿色生活方式，倡导低碳的生活方式。〔3〕要实现生活方式的绿色化和低碳化，环境法必须对个人环境损害行为进行有效的规制，这有赖于个人环境保护义务法制的落实。问题是现行的个人环境保护义务的规定存在严重不足，需要法律制度的进一步完善。这是一个学界虽关注但研究不够充分的议题，〔4〕相关文献对个人环境义务的研究过于抽象，缺乏落实个人环境义务的具体法律方案，本书意图有所突破。

---

〔1〕 参见吕荣胜、李梦楠、洪帅：《基于计划行为理论城市居民节能行为影响机制研究》，载《干旱区资源与环境》2016 年第 12 期。

〔2〕 参见石洪景：《低碳政策对城市居民节能行为的影响》，载《北京理工大学学报（社会科学版）》2016 年第 5 期。

〔3〕 参见习近平：《决胜全面建成小康社会 夺取新时代中国特色社会主义伟大胜利——在中国共产党第十九次全国代表大会上的报告》，人民出版社 2017 年版。

〔4〕 虽然在 1989 年《环境保护法》颁布后便有学者指出该法中的个人环保义务条款具有重要意义和作用（参见蔡守秋：《论环保法中关于单位和个人在环境保护方面的基本义务和权利》，载《重庆环境科学》1991 年第 2 期），但是相关研究主要集中在最近几年。现有研究文献指出个人消费已成为重要的环境问题（秦鹏：《生态消费法研究》，法律出版社 2007 年版，第 6 页；陈贻健：《生态马克思主义的异化消费观与环境法的反思》，载《行政与法》2009 年第 12 期），法律规范应该对此有所回应〔参见秦鹏、杜辉：《环境义务规范：消费视界中环境公民的义务建构》，重庆大学出版社 2013 年版；刘卫先：《环境义务初探》，载《兰州学刊》2009 年第 2 期；刘超：《个人环境致害行为的法律规制——兼对〈中华人民共和国环境保护法〉责任制度之反思》，载《法商研究》2015 年第 6 期；陈海嵩：《公民环境保护宪法义务的历史源流与规范意义》，载秦天宝主编：《环境法评论》（2018 年卷），中国社会科学出版社 2018 年版，第 97~114 页〕，并指出个人环境义务设置中面临的问题（参见焦艳鹏：《公民环境义务配置的依据与边界——以〈北京市生活垃圾管理条例〉为例》，载《中国地质大学学报（社会科学版）》2013 年第 6 期）。此外，环境义务理论对个人环境义务通常也有一般的论述（参见徐祥民：《告别传统，厚筑环境义务之堤》，载《郑州大学学报（哲学社会科学版）》2002 年第 2 期；胡中华：《环境保护普遍义务论》，法律出版社 2014 年版；李艳芳、王春磊：《环境法视野中的环境义务研究述评》，载《中国人民大学学报》2015 年第 4 期，关于公民环境义务的研究则集中于消费者角色；徐以祥：《环境权利理论、环境义务理论及其融合》，载《甘肃政法学院学报》2015 年第 2 期；曹炜：《环境法律义务探析》，载《法学》2016 年第 2 期；陈真亮：《环境保护的国家义务研究》，法律出版社 2015 年版）。

第十一章 个人环境保护义务规范研究

第一节 个人环保义务的逻辑起点：个人环境污染行为

一、个人环境污染行为的界定

随着第二代环境污染问题进入政策制定者的视野，[1] 环境法如何有效规制个人环境污染行为日益受到学界关注，个人导致的环境污染不该被忽视已成为人们的共识。政府如果对个人环境污染行为不加规制，个人导致的环境污染的绝对量和相对量均会出现急剧增加的势头，进而抵消政府控制企业环境污染所取得的成效。[2]

虽说个人是诸多污染物的源头，不管是资源开发还是工业污染，最终都可以归于个人消费。[3] 但是，本书所讨论的个人环境污染主要限于那些个人可自我控制行为所导致的环境污染，而不包括个人无法自我控制行为所导致的环境污染。比如，个人在雇佣状态下导致的环境污染行为不是本书所探讨的个人环境污染行为，因为这种环境污染行为不是个人可自我控制的污染行为。简言之，本书所讨论的个人环境污染行为主要是个人使用各种消费品时所导致的环境污染，而不是个人生产消费品时所导致的环境污染。

使用各种消费品所导致的环境污染，某种程度上是个人生活实践导致的环境污染。从个人的生活实践来看，个人因生活而导致的环境污染行为类型大致可以分为四类：个人选择不同消费产品会导

---

[1] 参见郭武：《论中国第二代环境法的形成和发展趋势》，载《法商研究》2017年第1期。

[2] See Michael P. Vandenbergh, "From Smokestack to SUV: The Individual as Regulated Entity in the New Era of Environmental Law", 57 Vand. L. Rev. 515, 584 (2004).

[3] 参见秦鹏、杜辉：《环境义务规范论：消费视界中环境公民的义务建构》，重庆大学出版社2013年版；Katrina Fischer Kuh, "Capturing Individual Harms", 35 Harv. Envtl. L. Rev. 155, 157 (2011).

致不同的环境污染（如购买低碳产品还是高碳产品会导致不同的环境污染）、个人不同的行为类型会导致不同的环境污染（如选择自驾还是使用公共交通上班会导致不同的环境污染）、个人不同的消费行为水平导致不同的环境污染（如使用机动车频率的高低会导致不同的环境污染）以及个人行为发生地的不同会导致不同的环境污染（如同一环境污染行为在不同的地区会产生差别不同的负面影响）。[1]

二、个人环境污染行为的影响

个人环境污染所带来的影响可以从多个角度进行评估，一是个人排放的环境污染物的类型，二是个人排放的环境污染物的数量，三是个人排放的环境污染物的媒介，四是不同污染物对生态环境造成的实际影响。从类型多少来看，个人排放的污染物主要有水银、杀虫剂、石油、低空臭氧、PM2.5和温室气体等物质。[2] 从数量大小来看，个人排放的污染物占比越来越高。[3] 从媒介类型来看，个人排放的污染物涉及水、大气和土地。从影响大小来看，个人排放的污染物对生态环境已带来较大负面影响。研究表明，个人所释放的化学物质占到烟雾构成部分的1/3，家庭向废水中所释放的汞与所有大型工业污染源的排放总量相当。就一些空气污染物而言，

---

[1] See Michael P. Vandenbergh, "From Smokestack to SUV: The Individual as Regulated Entity in the New Era of Environmental Law", 57 *Vand. L. Rev.* 515, 540 (2004).

[2] 详细论述，请参见王慧：《美国杀虫剂规制的经验及其启示》，载《中国农村经济》2008年第9期；贺克斌等：《城市大气污染物来源特征》，载《城市环境与城市生态》2003年第6期；Michael P. Vandenbergh, "From Smokestack to SUV: The Individual as Regulated Entity in the New Era of Environmental Law", 57 *Vand. L. Rev.* 515, 542 (2004).

[3] 比如，北京、广州和上海大约80%的CO和40%的NOx来自于机动车排放。参见谢绍东、张远航、唐孝炎：《我国城市地区机动车污染现状与趋势》，载《环境科学研究》2000年第4期。

第十一章　个人环境保护义务规范研究

个人释放的废物总量大得惊人。[1] 比如，因个人行为而释放的苯总量是所有大型工业污染源排放总量的 50 倍。[2]

为了更加直观地展现个人环境污染行为带来的负面影响，我们以个人导致的碳排放为例加以说明。研究表明，我国公民碳排放量的增长速度早已超过企业碳排放量的增长速度，日常生活中的碳排放总量大得惊人。[3] 从排放总量来看，我国居民消费品载能碳排放从 1992 年的 33 876 万吨上升为 2005 年的 67 940 万吨碳，增幅达 1 倍。[4] 而且，居民能源消耗碳排放量未来仍将呈现上涨趋势，到 2025 年达到 7.87 亿吨，约为 2015 年的 1.7 倍，年均增长 0.33 亿吨，年均增长率 7.13%。[5] 在经济发达国家，个人碳排放所导致的环境损害效果更加明显。比如，在美国，个人的碳排放已占到美国碳排放总量的 30%~40%，约占全球碳排放总量的 8%。[6] 鉴于相关统计数据仅仅包括那些个人可以实施直接和实质控制的碳排放行为，不包括个人因雇佣关系而实施的碳排放，可见个人贡献的温室气体排放量巨大。因此，环境法律和政策必须解决个人行为导致的温室气体排放，不然气候变化政策势必难以奏效。

---

[1] 关于个人环境行为对水和空气所造成影响的详细论述，See Stephen M. Johnson, "Is Religion the Environment's Last Best Hope-Targeting Change in Individual Behavior through Personal Norm Activation", 24 *J. Envtl. L. & Litig.* 119, 126 (2009).

[2] See Michael P. Vandenbergh, "From Smokestack to SUV: The Individual as Regulated Entity in the New Era of Environmental Law", 57 *Vand. L. Rev.* 515, 519 (2004).

[3] 参见于杰、刘颖：《我国公民碳排放规制法律制度探究与构建》，载《东岳论丛》2018 年第 9 期。

[4] 参见朱勤、彭希哲、吴开亚：《基于结构分解的居民消费品载能碳排放变动分析》，载《数量经济技术经济研究》2012 年第 1 期。

[5] 参见徐丽等：《中国居民能源消费碳排放现状分析及预测研究》，载《生态经济》2019 年第 1 期。

[6] See Jason J. Czarnezki, *Everyday Environmentalism: Law, Nature & Individual Behavior*, ELI Press, 2011, p. 34.

三、个人环境污染行为的特质

正确认识个人环境污染行为的特质是有效规制这类行为的前提。与企业环境污染行为所导致的环境损害不同，个人环境污染行为具有如下特征：[1]

第一，个人环境污染行为的形态较多元。企业环境污染损害通常是"一个污染者—多个受害者"的关系模式，而个人环境污染行为的关系模式更加多元。首先，"单一个人—本人受害"的关系模式。在这一关系模式下，一个人的行为导致损害，这种损害结果由他本人或者他的家庭成员承担。譬如，家中喷洒药水是这一模式的典型代表。之所以出现这种情况，主要因为个人不知道自己所使用的药水具有损害性，或者因为其他原因使得他必须承受这种损害。其次，"多个个人—内部化成本"的关系模式。在这一关系模式下，很多个人均实施了环境损害行为，与此同时，他们也是损害结果的承担人。譬如，一个村的村民均排放污染物，但污染损害只影响本村的村民。最后，"多个个人—成本外部化"的关系模式。在这一关系模式下，许多人的个人行为导致环境污染，且相关行为对行为人以外的人造成不利影响。譬如，上海人驾驶机动车所排放的空气污染物导致烟雾，烟雾转移到浙江、江苏和安徽等邻近区域，并对居住在三省的许多人造成负面影响。

第二，个人环境污染行为的影响更复杂。在企业导致的环境污染损害中，追责本来就相当不易，在个人环境污染中追责更是难上加难。首先，相对于数量较为有限的企业污染源，作为污染源的个人数量惊人。譬如，一个地区污染企业的数量数以千计，但造成环境污染损害的个人数量高达百万甚至千万。其次，相比于企业环境污染具有单次数量大且较为聚集的特点，个人环境污染损害行为具有长期累积性的特点，各个人共同造成的环境污染损害经过长期的

---

[1] See Michael P. Vandenbergh, "From Smokestack to SUV: The Individual as Regulated Entity in the New Era of Environmental Law", 57 Vand. L. Rev. 515, 585 (2004).

累积才能在很多年后显现。再次，相对于企业污染源污染效果较为明显的特点，个人导致的环境污染损害通常较为隐蔽，难以简单识别。最后，相对于单个企业的环境污染会导致较大的环境损害后果，单个个人环境污染行为所导致的环境损害后果通常不大。

第三，个人环境污染行为不易改变。相对于改变企业的环境污染行为，想要改变个人环境的污染行为更加不易。首先，个人通常认为自己的行为对环境造成的损害不大，倾向于低估自己的行为所导致的环境损害后果。相比之下，企业是环境污染的罪魁祸首几乎已成为一种社会共识。人们一旦将个人行为导致的环境问题小而化之，那么他们势必会将其排除在法律规制之外，因为人们倾向于将一些小问题等同于不是问题。[1] 其次，人们的认知思维通常影响他们对个人行为损害环境的判断。譬如，人们由于过于自信而大量使用杀虫剂。人们如此行事的重要根源是人的认知不一和生活习惯，前者是指人们经常会剔除那些与自己的旧想法不同的信息，后者是指生活习惯使得人们不易改变自己的成见，因为遵循习惯可以节省人的认知时间。最后，旨在改变企业环境损害行为的方法未必适用于个人的环境损害行为。针对企业的环境污染损害行为，政府通常采取自上而下的命令控制等法律规范措施，但是，个人环境污染损害行为的改变更容易受到个人规范[2]和社会规范[3]等非法律规范的影响。

总之，虽然企业的环境污染损害行为仍被视为环境问题的罪魁祸首，且是环境法规范的主要规制对象，但是个人环境污染损害行为已到了需要认真对待的阶段。科学研究表明，个人排放的某些污染物总量早已超过企业的排放总量。在我国这样一个人口大国，有效

---

[1] See Kevin M. Stack, Michael P. Vandenbergh, "The One Percent Problem", *111 Colum. L. Rev.* 1385, 1387 (2011).

[2] 个人规范是指个人应当承担一定个人责任的信念。

[3] 社会规范是指社会上其他人对某一行为持有某种看法，如果不加遵守会受到一定的惩罚。

规制个人环境污染损害行为无疑是实现环境保护的一个重要推手。不过，与传统的企业环境污染损害行为相比，个人环境污染损害行为具有诸多特质，现行环境法对此能否进行有效规制仍需进一步探讨。

第二节　现行法下个人环保义务规范的不足及其解释

在我国现行的环境法律规范体系下，针对个人环境污染可能造成的损害，多部环境法规包含了相应的个人环境保护义务条款（参见表11-1）。从环境法律规范中个人环保义务条款的形成及其基本规定来看，立法者显然认为个人（公民）是我国环境保护法中的重要义务主体，与单位（组织）并驾齐驱成为环境法的义务主体，这说明立法者认为个人环境损害有从立法层面进行规范的必要性。环境法规范中的个人环境保护义务条款似乎是宪法上个人环保义务条款的具体化，[1] 我国《宪法》第9条第2款[2]和第10条第5

---

〔1〕　大多数国家的宪法规定了公民环保义务条款，详细情况如下：阿尔及利亚（66）、安哥拉（39.1）、亚美尼亚（8）、白俄罗斯（44）、贝宁（27）、布基纳法索（29）、布隆迪（49）、喀麦隆（序言）、佛得角共和国（72.1）、乍得共和国（52）、车臣（33、55）、智利（19.24）、中国（9）、哥伦比亚（95.8）、刚果（53）、克罗地亚（69）、捷克共和国（35.3）、爱沙尼亚共和国（53）、埃塞俄比亚（92.4）、芬兰（20）、法国（环境宪章2.3.4）、冈比亚共和国（218）、加纳（41.k）、危地马拉（97）、几内亚共和国（16）、海地共和国（253）、匈牙利（21.2）、印度（51A.g）、伊朗（50）、科特迪瓦共和国（28）、哈萨克斯坦共和国（38）、吉尔吉斯共和国（48.3）、老挝（17）、立陶宛（53）、马其顿（43）、马达加斯加共和国（39）、马里共和国（44）、摩尔多瓦（37.4，46.5，59）、蒙古国（17.2）、黑山共和国（23）、莫桑比克（90.1）、缅甸（390.b）、尼日尔（35）、巴拿马（115）、巴布亚新几内亚（序言）、波兰（86）、葡萄牙（66.1）、罗马尼亚（44.6）、俄罗斯（58）、卢旺达（49）、塞尔维亚（74）、圣多美和普林西比民主共和国（49.1）、塞舌尔（40.e）、斯洛伐克（44）、斯洛文尼亚（73）、南苏丹（41）、西班牙（45.3）、苏丹（11.1）、叙利亚（14）、塔吉克斯坦（44）、坦桑尼亚（27.1.2）、泰国（69）、乌拉圭（47）、乌兹别克斯坦（50、54）、瓦努阿图共和国（7.d）、越南（29）、也门（35）。资料统计来源：James R. May, Erin Daly, *Global Environmental Constitiutionalism*, Cambridge University Press, 2015, pp. 293-303.

〔2〕　国家保障自然资源的合理利用，保护珍贵的动物和植物。禁止任何组织或者个人用任何手段侵占或者破坏自然资源。

第十一章 个人环境保护义务规范研究

款[1]一定程度上规定了个人环境保护义务。此外，借助宪法释义学方法，《宪法》第53条也可以视为个人环境保护义务的宪法依据。仅从法律文本的角度来看，个人环境保护义务不仅立法层次高，而且覆盖的法律规范范围较广。不过，宪法上的个人环保义务条款通常无法执行，它更多地具有较强的象征、激励和教育意义，劝诫每个人都应该在保护环境免遭人为损害和破坏时发挥作用。法院至今没有在司法裁决中援引相关宪法条款作为裁判依据，[2] 使得它的预设功能大打折扣。

表11-1 个人环境义务的法律规范

规范依据	条文	规范内容
《环境保护法》	6	一切单位和个人都有保护环境的义务。
《大气污染防治法》	7	公民应当增强大气环境保护意识，……自觉履行大气环境保护义务。
《水污染防治法》	11	任何单位和个人都有义务保护水环境……
《海洋环境保护法》（已修订）	4	一切单位和个人都有保护海洋环境的义务。
《森林法》	10	植树造林、保护森林，是公民应尽的义务。各级人民政府应当组织开展全民义务植树活动。
《野生动物保护法》	6	任何组织和个人有保护野生动物及其栖息地的义务……

---

[1] 一切使用土地的组织和个人必须合理地利用土地。
[2] See James R. May, Erin Daly, *Global Environmental Constitiutionalism*, Cambridge University Press, 2015, p.73.

续表

规范依据	条文	规范内容
《自然保护区条例》	7	一切单位和个人都有保护自然保护区内自然环境和自然资源的义务……
《固体废物污染环境防治法》	4	任何单位和个人都应当采取措施，减少固体废物的产生量，促进固体废物的综合利用，降低固体废物的危害性。
《环境噪声污染防治法》（已失效）	7	任何单位和个人都有保护声环境的义务……
《土地管理法》	7	任何单位和个人都有遵守土地管理法律、法规的义务……
《草原法》	5	任何单位和个人都有遵守草原法律法规、保护草原的义务……
《水土保持法》	8	任何单位和个人都有保护水土资源、预防和治理水土流失的义务……
《防沙治沙法》	6	使用土地的单位和个人，有防止该土地沙化的义务。
《循环经济促进法》	10	公民应当增强节约资源和保护环境意识，合理消费，节约资源。

从法律规范适用的角度来看，现行法中的个人环境保护义务条款基本上是极具道德说教的"象征性立法"，无法对个人环境污染行为进行有效规范（参见表11-2）。正是由于个人环保义务立法规范比较模糊，学者对个人环境保护义务条款进行了五花八门的解读。有学者认为，个人环境保护义务条款的核心不是个人义务，而

是个人的权利,特别是公益诉讼权利。[1] 有学者认为,个人环境保护义务条款仅仅约束从事环境保护职责的公职人员,对一般的社会公民没有约束力。[2] 有学者认为,法律无法对个人规定超出其活动范围的积极的直接环境义务,个人环境行为的改变的出路在于政府激励下的个人自觉。[3] 与立法规范的抽象模糊相呼应,个人环境保护义务条款的司法适用严重缺失,个人环境污染损害行为并没有成为被诉的对象,援引个人环保义务条款的法院判决屈指可数。根据中国裁判文书网的数据,在法院裁判中援引个人环保义务条款的判决发布状况如下:

表11-2 裁判文书中援引个人环保义务条款的次数及裁判数量

规范名称	条文	裁判数量
《环境保护法》	6	2
《大气污染防治法》	7	0
《水污染防治法》	10	0
《海洋环境保护法》(已修订)	4	0
《森林法》	11	0
《野生动物保护法》	6	0
《固体废物污染环境防治法》	9	0
《土地管理法》	6	0
《草原法》	5	0

[1] 参见张式军:《论公众环境诉权的实现——对完善〈环境保护法〉第6条的思考》,载《河北法学》2004年第11期。
[2] 参见胡中华:《论我国〈环境保护法〉第六条之真意——基于法律解释论的立场》,载李桂远、常纪文主编:《中国环境法治》(2008年卷),法律出版社2009年版。
[3] 参见刘卫先:《我国〈环境保护法〉第6条新释》,载《行政与法》2008年第9期。

续表

规范名称	条文	裁判数量
《水土保持法》	6	0
《防沙治沙法》	6	0

疑惑由此而生：个人环保义务的立法与实践为何背离如此之大？

表11-3 个人环境义务条款的规范类型

规范名称	条文	规范类型
《环境保护法》	6	"应当"型规范[1]
《大气污染防治法》	7	"应当"型规范[2]
《水污染防治法》	10	"不得"型规范[3]
《海洋环境保护法》（已修订）	4	"作为+不作为"型规范[4]
《森林法》	1	"应当"型规范[5]

---

[1] 参见信春鹰主编：《中华人民共和国环境保护法释义》，法律出版社2014年版，第24页。该法法律责任部分针对个人消极环保义务——该法禁止的环境污染行为，缺乏法律责任针对个人积极环保义务———一般的环境保护行为。

[2] 参见信春鹰主编：《中华人民共和国大气污染防治法释义》，法律出版社2015年版，第21页。该法法律责任部分针对个人消极环保义务——该法禁止的大气污染行为，缺乏法律责任针对个人积极环保义务———一般的大气保护行为。

[3] 参见安建、黄建初主编：《中华人民共和国水污染防治法释义》，法律出版社2008年版，第19页。该法法律责任部分针对个人消极环保义务——该法禁止的水污染行为，缺乏法律责任针对个人积极环保义务———一般的水资源保护行为。

[4] 参见张皓若、卞耀武主编：《中华人民共和国海洋环境保护法释义》，法律出版社2000年版，第9页。该法法律责任部分针对个人消极环保义务——该法禁止的海洋污染行为，缺乏法律责任针对个人积极环保义务———一般的海洋环境保护行为。

[5] 参见邬福肇、曹康泰主编：《中华人民共和国森林法释义》，法律出版社1998年版，第28页。该法法律责任部分针对个人消极环保义务——该法禁止的森林破坏行为，缺乏法律责任针对个人积极环保义务———一般的森林保护行为。

第十一章 个人环境保护义务规范研究

续表

规范名称	条文	规范类型
《野生动物保护法》	6	"禁止"型规范
《固体废物污染环境防治法》	9	"不能实施"型规范[1]
《土地管理法》	6	"守法"性规范[2]
《草原法》	5	"依法作为"型规范[3]
《水土保持法》	6	"保护+预防+治理"型规范[4]
《防沙治沙法》	6	"防止+治理"型规范[5]

第一，政府对个人环保义务重视不够。在以往的环境治理实践中，政府通常认为环境法制只需要解决大的环境问题，对小的问题无需关注。譬如，在应对气候变化的过程中，政府一直忽视个人和家庭导致的碳排放，因为政府认为两者导致的碳排放总量不大。但是，科学研究表明，个人和家庭已成为重要的碳排放源。正是基于

---

[1] 参见黄建初主编：《中华人民共和国固体废物污染环境防治法释义》，法律出版社2005年版，第23页。该法法律责任部分针对个人消极环保义务——该法禁止的固废处理行为，缺乏法律责任针对个人积极环保义务——一般的固废削减行为。

[2] 参见史敏主编：《中华人民共和国土地管理法释义》，中国法制出版社1998年版，第28页。该法法律责任部分针对个人消极环保义务——该法禁止的土使使用行为，缺乏法律责任针对个人积极环保义务——一般的土地保护行为。

[3] 参见卞耀武主编：《中华人民共和国草原法释义》，法律出版社2004年版，第11页。该法法律责任部分针对个人消极环保义务——该法禁止的草原破坏行为，缺乏法律责任针对个人积极环保义务——一般的草原保护行为。

[4] 参见李飞等主编：《中华人民共和国水土保持法释义》，法律出版社2011年版，第16页。该法法律责任部分针对个人消极环保义务——该法禁止的水土破坏行为，缺乏法律责任针对个人积极环保义务——一般的水土保护行为。

[5] 参见卞耀武主编：《中华人民共和国防沙治沙法释义》，法律出版社2002年版，第13页。该法法律责任部分针对个人消极环保义务——该法禁止的沙化加剧行为，缺乏法律责任针对个人积极环保义务——一般的沙化预防行为。

这种认识上的偏差，政府很少规制个人环境污染损害行为。正是由于政府重视程度不够，已经存在的规范个人环境污染损害行为的法律规范没有得到贯彻执行，相关条文成为"名不符实"的"僵尸条文"。

第二，个人环保义务法律规范设定不当。个人环保义务法律规范本身设计不当也是导致它差强人意的一个原因，不当的规范设计势必影响相关规范的实际效果。在现行的环境法规范体系下，环境法律责任制度对个人环境损害行为处于基本失语的状态，[1] 没有法律责任作保障的法律义务难以对义务主体的行为产生实质影响。政策制定者当初拟定个人环保义务条款时为何容忍如此重大的立法漏洞呢？一是如前所述，人们对这一问题重视程度不够，个人环境污染损害行为被视为小问题，对此进行道德说教便可；二是立法者当初对这一问题的认知水平不高，或许由于缺乏必要的社会科学和行为科学知识，他们难以设计与个人环境污染损害行为匹配的法律责任规范。

第三，个人环保义务理论研究不足。个人环保义务法律规范之所以成为"象征性"立法，与学界对相关问题缺乏深入研究密切相关。个人环保义务法律规范的设计是一个跨学科工程，需要心理学家、社会学家、经济学家和法学家等的协作，只有如此才能提出具体、简单、有实证支持和可执行的法律方案。[2] 譬如，针对个人和家庭的碳排放削减问题，有学者建议使用价格机制间接实现碳排放削减。但是，有限的信息、较高的交易成本和大量的行为导致价格难以实现改变行为的预期。想要提升价格机制在个人碳排放削减

---

[1] 参见刘超：《个人环境致害行为的法律规制——兼对〈中华人民共和国环境保护法〉责任制度之反思》，载《法商研究》2015 年第 32 期。

[2] See Michael P. Vandenbergh, Jack Barkenbus, Jonathan Gilligan, "Individual Carbon Emissions: The Low-Hanging Fruit", 55 *UCLA L. Rev. 1701*, 1752 (2008).

中的作用，需要心理学家、社会学家和经济学家一道对价格机制失灵进行有效解释，如此才能避免法律机制在规制个人环境污染损害行为时出现失灵。

第四，实现个人环保义务的技术困难不小。技术问题之所以成为落实个人环保义务的一大障碍，因为个人之间千差万别，从技术上确定个人环境污染损害行为的影响幅度较为困难。[1] 譬如，以个人碳排放规制为例，相对于规制企业的碳排放行为，规制个人碳排放行为面临个体数量巨多且较为分散的挑战。单个个人的碳排放总量微不足道，只有跟其他个人的碳排放一道才会缓慢地产生累积性效果。然而，要确保每个人为自己的碳排放承担责任，必须对每个人的碳排放进行精确的量化，如此个人环保义务才能有望在法律上落实。然而，受个人碳排放监测技术的限制，个人环境污染损害行为难以进行细化和量化。

总之，从现行环境法规范文本来看，规制个人环境污染损害行为具有法规范基础，从宪法到环境法均规定了个人环保义务条款。但是，从个人环保义务的行政执法和司法实践来看，个人环保义务条款很大程度上成为承载了环保道德劝诫的"象征性立法"。个人环保义务的立法与实践之所以出现如此大的背离，既有人们对此重视不够的一面，也有环境法律规范设计不当和理论研究不足的一面，技术手段的限制更是将相关问题予以恶化。鉴于现行环境法律规范的不足，如何完善相关法制迫在眉睫。

---

[1] See Michael P. Vandenbergh, "The Social Meaning of Environmental Command and Control", *20 Va. Envtl. L. J. 191*, 212 (2001).

第三节 完善个人环保义务法规范面临的挑战

政府逐渐认识到个人环境污染行为的危害性，并为规制个人环境污染损害行为提供了强有力的政治支持。政府之所以日趋重视个人环境损害行为，并要求个人承担环境保护义务，是因为规制个人环境损害行为有诸多好处。[1] 首先，有助于解决环境问题。比如，在愈演愈烈的气候变化背景下，完善个人环保义务法规范有助实现温室气体减排目标，因为个人导致的温室气体排放比值越来越高。其次，实现环境政策的多样化。在其他环境法律和政策执行效果不尽人意的情况下，多样化的政策能够打破制度僵局。最后，实现环境法律和政策的反馈回路。譬如，规制个人温室气体排放可以激励个人采取其他环境友好行为，进而使得个人能够支持国家气候变化应对法律和政策。而且，随着科学技术的不断发展，有效规制个人环境损害行为的技术可行性增强。譬如，无线射频识别技术等新型环境信息监测技术的快速发展，[2] 使得规制者完全可以识别和监测个人的环境损害行为。

诚然，规制个人环境污染行为既有助于解决环境问题，又可以实现环境政策的多元化，最终促进国家环境治理实现良治。不过，政策制定者在规制个人环境损害行为时势必面临诸多挑战：

第一，个人的强烈抵制。长期以来，人们普遍将环境污染归咎于企业而非个人，人们倾向于低估自身在环境污染中所扮演的负面

---

[1] See Katrina Fischer Kuh, "Using Local Knowledge to Shrink the Individual Carbon Footprint", *37 Hofstra L. Rev. 923*, 927 (2009).

[2] See Christine Overdevest, Brian Mayer, "Harnessing the Power of Information Through Community Monitoring: Ingishts from Social Science", *86 Tex. L. Rev*, 1493 (2008).

第十一章　个人环境保护义务规范研究

角色。人们之所以形成这样一种思维定式，一个重要原因是政府长期忽视了个人行为所导致的环境损害。加之政府难以识别和量化个人环境损害并采取相应的措施，使得个人不是环境损害责任人的观念更加流行，进而导致个人倾向于低估甚至否认他们导致的环境污染问题。[1] 现行环境法进一步强化了个人不是污染者的观念，因为现行环境法以规制企业污染行为为中心，缺乏个人环保义务规范。

可见，要有效规制个人环境损害行为，必须先改变个人的环境损害认知，而改变个人的环境损害认知并非易事，因为人们普遍存在认知失调的现象——人们无法同时持有相互冲突的观点，面临无法调和的认知冲突时，人们通常剔除那些让自己感觉不舒服的信息。[2] 具体就个人环境损害行为而言，人们存在较为普遍的认知失调，每个人不愿承认自己是环境污染者，[3] 更倾向于认为企业是环境污染的罪魁祸首。人们通常认为个人有义务保护环境，但是他们倾向于否认自己是环境污染者，如果两者出现冲突，人们更偏向于选择后者。

此外，即便个人接受教育改变自己的环境心理认知，接受自己是环境污染者的事实，但是，改变个人环境行为需要付出诸多成本，结果使得个人未必愿意改变自己的环境行为。[4] 正是由于个人的环境行为难以改变，个人难以将环境认知偏好变成消费偏好，

---

〔1〕 See Hope M. Babcock, "Assuming Personal Responsibility for Improving the Environment: Moving Toward a New Environmental Norm", *33 Harv. Envtl. L. Rev.* 117, 125 (2009).

〔2〕 参见［美］利昂·费斯汀格：《认知失调理论》，郑全全译，浙江教育出版社1999年版。

〔3〕 Katrina Fischer Kuh, "Capturing Individual Harms", *35 Harv. Envtl. L. Rev.* 155, 158 (2011).

〔4〕 成本不仅包括金钱，而且包括行为习惯、生活便利、舒服度和个人文化等。

个人通常不愿为了保护环境而自我牺牲。因此,政策制定者试图规制个人环境损害行为的努力通常会遭到人们的抵制,人们认为政府的规制行为干扰了个人自由。譬如,人们虽然知道机动车是重要的移动污染源,但是他们对政府为了改善空气质量而采取的机动车限行措施极其不满。[1] 作为公民的个人和作为消费者的个人存在较大的认知差别,这是规制个人环境损害行为的一大障碍。

第二,规制结构的重构。在现行环境法规范体系下,政府可通过间接方法规制个人环境损害行为。譬如,通过控制生产商的行为来控制个人的消费行为。但是,间接规制方法的效果差强人意。比如,为了削减个人的碳排放量,政府看似通过增加企业的生产成本可减少产品消费,进而达到碳排放削减目的。然而,能源价格上涨未必有助于改变人们的消费行为。研究表明,天然气价格上升等因素所导致的能源价格上升对改变消费者行为出现效果弱化的现象。[2]

可见,通过现有的环境规制方法来改变个人环境损害行为不易成功,需要规制工具的创新。将个人环境损害行为作为环境法的规制对象,除了需要创新规制工具,也需要改变规制者的知识结构及其运行模式。从规制知识结构的角度来看,为了更加有效地规制个人环境损害行为,规制者需要关注法律、经济、社会和心理等因素对个人环境损害行为的影响。从规制机构运作的角度来看,为了有效规制个人环境损害行为,规制机构需要将一定的人力和财力用来关注个人环境损害行为。譬如,为了有效规制个人环境损害行为,

---

[1] 参见王锡锌:《行政决策正当性要素的个案解读——以北京市机动车"尾号限行"政策为个案的分析》,载《行政法学研究》2009年第1期;竺效:《机动车单双号常态化限行的环境法治之辨》,载《法学》2015年第2期。

[2] See Michael P. Vandenbergh, Jack Barkenbus, Jonathan Gilligan, "Individual Carbon Emissions: The Low-Hanging Fruit", *55 UCLA L. Rev. 1701*, 1703 (2008).

规制机构需要将一定的财力用于开展环境公共信息活动。[1] 要改变规制机构的知识结构及其运作模式，需要政府组织内部进行较大的调整，其间势必面临重重挑战。

第三，个人隐私保护。要有效规制个人环境损害行为，获得相关的信息至关重要。一方面，相关信息是激发个人改变环境损害行为的前提，个人只有完全知晓其行为导致的环境损害信息，才有支持相关政策和法律的可能。另一方面，相关信息也是激活政府规制个人环境损害行为政治意愿的条件，进而确保相关立法具有可能性。[2] 从技术层面看，随着环境监测技术的快速发展，个人环境损害信息日趋容易获得，且相关信息的品质越来越高，完全可用以规制个人环境损害行为。但是，使用个人环境信息极易侵犯个人隐私，容易对个人基本权利造成侵犯。譬如，智能电表技术的发展使得政府非常容易掌握个人及其家庭的电力消费状况，进而采取相应的节能措施。然而，一个不容忽视的事实是，智能电表提供个人及其家庭能源消费数据的同时，暴露了个人及其家庭的室内活动信息，容易导致个人及其家庭的隐私信息大量外泄。当个人及其家庭的环境损害信息被披露，个人的生活决策容易受到不当干扰。[3] 在我国，在个人信息安全法制尚不完备的背景下，由于担心个人及其家庭的信息出现不当披露，人们会更加抵制规制个人环境损害行为的个人环境义务规范。

总之，个人环境损害行为虽有纳入环境法规范的必要性和正当性，但是规制个人环境损害行为挑战重重，它会遭遇个人的强烈抵

---

[1] See Michael P. Vandenbergh, "From Smokestack to SUV: The Individual as Regulated Entity in the New Era of Environmental Law", *57 Vand. L. Rev. 515*, 522 (2004).

[2] See Katrina Fischer Kuh, "Environmental Privacy", *2015 Utah L. Rev. 1*, 3 (2015).

[3] 个人知道政府监督本人的行为会影响个人的决策。

制，需要重构环境法的规制结构，面临侵犯个人隐私的指责。如何有效化解这些挑战，是完善个人环境保护义务法规范的重要议题。从国内外的相关经验来看，个人环保义务规范的实现需要解决两大任务：一是合理界定个人环保义务的边界——哪些个人环境损害行为需要并值得改变？二是实现个人环保义务的法律保障——法律如何有效促成个人环境损害行为向无害化转变。

第四节 个人环保义务规范实现的前提：合理划定个人环保义务的边界

从我国《环境保护法》第 2 条的规定来看，由于环境法所保护的环境包括大气、水、海洋、土地、矿藏、森林、草原、湿地、野生生物和自然保护区等，所以个人环保义务规范所规制的对象包括所有发生在这些自然要素之上的个人环境损害行为。但是，由于个人环境损害行为千差万别、丰富多样，规范所有的个人环境损害行为既不必要也不可行。如果改变个人环境损害行为的成本大于收益，那么改变个人环境损害行为似乎缺乏必要性。因此，想要有效规制或改变个人环境损害行为，政策制定者需要合理界定个人环境保护义务规范的范围，即哪些个人环境损害行为应当成为被规制的对象。

为了合理确定个人环保义务的范围，政策制定者应当坚持两项原则。首先，规范个人环境损害行为应当有"抓大放小"的规模意识，即被规范的个人环境行为必须是对环境负面影响较大的行为，负面影响较小的行为可以忽略。其次，规范个人环境行为应当遵从"经济效率"指导，即个人环保义务规范拟调整的个人环境损害行为一方面容易改变，另一方面改变相应个人环境损害行为所带来的

第十一章 个人环境保护义务规范研究

好处要超过国家和个人为此所付出的成本。依据这两项原则，政策制定者应采取措施改变那些能给个人带来经济好处且个人为此牺牲不多的个人环境损害行为，政府为此无需承担较大的财政支出负担，个人也不会因此承担较大的成本。只有如此，个人环保义务规范在实践中才能更加可行。

鉴于个人环境损害行为涉及的自然要素较广，下文以大气这一自然要素作为样本研究如何合理界定个人环保义务的范围。在大气这一自然要素所涉及的个人环境损害行为中，目前最为关注的议题是个人的行为方式和生活方式对气候变化的影响，[1] 所以本书着重讨论温室气体减排背景下的个人碳排放这一环境损害行为。[2] 从个人削减碳排放量进而减缓温室气体的角度来看，个人减少消费品的使用数量、减少能耗产品的使用、减少燃料消费量和减少燃油的碳足迹，均有助于实现温室气体减排。不过，基于"抓大放小"和"经济效率"原则，政策制定者适宜采用如下领域控制个人碳排放的行为：[3]

1. 减少机动车空转。研究表明，机动车空转期间，5%~8%的机动车燃油被白白浪费。人们之所以偏好机动车空转，是因为大家错误地认为机动车行车前需要预热。为了改变个人的这种认识偏差并节约机动车燃料，一些国家已采取措施予以积极应对。比如，加拿大政府采取措施来减少机动车空转导致的温室气体排放，[4] 美

---

[1] See Katrina Fischer Kuh, "When Government Intrudes: Regulatiing Individual Behabiors that Harm the Environment", *61 Duke L. J. 1111*, 1114 (2012).

[2] 目前，有关个人环境行为改变的讨论主要针对温室气体削减。

[3] See Michael P. Vandenbergh, Jack Barkenbus, Jonathan Gilligan, "Individual Carbon Emissions: The Low-Hanging Fruit", *55 UCLA L. Rev. 1701*, 1718 (2008).

[4] See Amanda R. Carrico, Paul Padgett, Michael P. Vandenbergh, Johathan Gilligan & Kenneth A. Wallston, "Costly Myths: An Analysis of Idling Belifs and Behavior in Personal Motor Vehicles", *Energy Policy* 2881 (2009).

国的一些州甚至制定了《反机动车空转法》来规范个人的环境行为。

2. 减少待机电力使用。许多人不知电器即便处于待机状态，也会消费大量的电力。研究表明，相关电力消费约占家庭电力消费总额的5%~7%。从技术角度来看，解决这一问题的办法较为简单——电器未使用期间关闭电器电源。但是，即便如此，很多人仍会让电器在未使用期间处于待机状态。为了改变个人的这种环境不友好行为，政府可以制定强制性的技术标准，并对消费者进行相应的教育。

3. 调整家庭供暖和供凉设施的温度数。研究表明，将家庭供暖和纳凉设备的温度数改变2度对环境较为友好。譬如，如果将冬天的供暖设施的温度调低2度，会降低大量的能源消耗，且不会影响家庭的保暖效果。日本是这方面的先行者，日本政府积极教育公民通过改变供暖设备的温度设定值来节能。

4. 降低水温温度。人们通常认为水温温度越高越安全，结果导致很多加热器的默认温度是60~65摄氏度。不过，科学研究表明，120华氏度完全可以满足家庭用水的水温要求。从能源消耗的角度来看，水温加热的过程导致了大量的温室气体排放。

5. 维持建议的胎压。科学研究表明，如果机动车使用者维持厂家建议的胎压值，机动车的燃料效率可以提高3.3%左右。虽然想要改变个人使用机动车的行为习惯需要一定的资源，但是维持建议胎压对机动车使用者而言较为容易。

6. 定期更换机动车过滤器。机动车过滤器直接影响机动车燃油消耗总量，过旧的过滤器通常会降低燃油使用效率。专家建议，机动车每行使19 000~24 000千米需更换过滤器，按时更换过滤器会节省7%~10%的燃料里程。

7. 推广使用紧凑型荧光灯灯泡。在家庭消费的电力结构中，家庭照明所占比例一般较大。选择不同的灯泡会直接影响家庭的耗电总数，如果每家每户用紧凑型荧光灯灯泡替换传统的灯泡会节省不少能源。

总之，个人环境损害行为的种类虽多种多样，但并非所有的个人环境损害行为均需进行规范。何种个人环境损害行为应该受到个人环保义务规范的调整？一是取决于个人环境损害行为的严重程度，只有个人行为累积的环境损害较为严重时政府才值得对其进行规制。二是取决于规制个人环境损害行为的成本收益对比。如果规制个人环境损害行为的成本大于收益，那么规制个人环境损害行为缺乏必要性。个人碳排放为此提供了较好的研究样本，说明个人环保义务规范的落地需要"精耕细作"而非"泛泛而谈"。

第十二章

个人环保义务实现的路径：
从法律规范到社会规范

确定个人环保义务规范范围之后，接下来的难题便是如何实现个人环保义务——何种手段有助于相关规范的落实。从现有的研究文献来看，学界倾向于认为强制性的命令控制和激励性的市场机制是促进个人履行环境保护义务的有效手段。但是，从个人环境损害行为的特质来看，激活环境社会规范和设计环境社会架构更有助于改变个人的环境损害行为，下文将以垃圾分类为样本对此进行详细论述。

第一节 以命令控制为中心的强制性规范

在环境法的规范体系中，以命令控制为中心的强制性规范是环境法调整环境污染的重要手段，它在促进企业改善环境品质方面扮演了重要且积极的角色。[1] 基于这一历史经验，有学者认为应该完善现行的环境法责任体系，将个人环境损害行为纳入到用来调整

---

[1] 参见〔美〕理查德·B. 斯图尔特等：《美国环境法的改革——规制效率与有效执行》，王慧编译，法律出版社2016年版。

第十二章　个人环保义务实现的路径：从法律规范到社会规范

企业污染行为的环境责任体系之中，以期有效规制个人环境损害行为。[1] 但是，能否针对个人环境损害行为采用命令控制这一规制手段存在较大的争议。[2]

鉴于造成环境损害后果的个人行为数量众多，针对个人环境损害行为实施强制性规范面临技术、行政管理和经济成本等方面的障碍。从技术层面看，对个人环境损害行为进行监测并对违法行为施加法律责任存在一定的技术难题，因为个人环境损害行为通常不易识别。从行政管理角度看，政府部门的环境行政监管无法覆盖所有的个人环境损害行为，因为执法成本过高。可喜的是，技术发展使相关成本正大幅降低。实践证明，通过命令控制型的规制手段来控制个人环境行为通常成效甚微。比如，我国地方垃圾分类立法虽然明文规定个人不履行分类投放义务（表12-1），会面临信用惩戒和罚款等不利法律后果，但是从各地的实践来看，这一制度对个人环境行为的影响微乎其微，目前还没有个人因不履行分类投放义务而课以法律责任的案件。

---

[1] 参见刘超：《个人环境致害行为的法律规制——兼对〈中华人民共和国环境保护法〉责任制度之反思》，载《法商研究》2015年第6期。

[2] 比如，针对个人消费行为导致的损害，有学者建议通过如下法律措施实现消费者社会义务：①消费者在消费活动中应当坚持自愿节约的原则，采取适度消费的消费方式。②消费者在消费活动中应当优先选购环境标志产品，使消费活动有利于生态环境的保护。③消费者应当在消费活动中减少使用或拒绝使用一次性制品，采取减少垃圾产生量的消费方式。④消费者应当将在消费活动中将所产生的垃圾按照所在地环境卫生主管部门规定的时间、地点和方式进行堆放，并积极配合有关单位进行分类收集。参见秦鹏：《生态消费法研究》，法律出版社2007年版，第240~243页；秦鹏、杜辉：《环境义务规范论——消费视界中环境公民的义务建构》，重庆大学出版社2013年版，第39页。

表 12-1　居民生活垃圾管理的强制性型规范

垃圾分类立法	个人义务	法律责任	负责部门
《上海市生活垃圾管理条例》	分类投放义务[1]	信用惩戒[2] 责令改正和罚款[3]	城管执法部门
《北京市生活垃圾管理条例》	分类投放义务[4]	书面警告和罚款[5]	城市管理综合执法部门
《广东省城乡生活垃圾管理条例》	分类投放义务[6]	责令改正和罚款[7]	县级以上人民政府环境卫生主管部门
《杭州市生活垃圾管理条例》	分类投放义务[8]	责令改正和罚款[9]	城市管理行政执法部门

命令控制型规范调整个人环境损害行为之所以不够成功，一个重要的原因是个人环境行为的违法责任难以落实。首先，与企业的环境污染行为不同，个人的生活行为导致的环境损害需要长期积累才能显现，如果想要对个人环境损害行为追责，原告需要拿出证据证明被告的行为与自己的受损存在因果关系，这无疑非常困难，法院对相关损害难以进行有效的评估。其次，在个人环境损害行为纠纷中，由于原告和被告的数量通常较大，司法机构难以按照命令控

---

[1] 参见第 24 条。
[2] 参见第 54 条。
[3] 参见第 57 条。
[4] 参见第 33 条。
[5] 参见第 68 条。
[6] 参见第 19、20、21 条。
[7] 参见第 53 条。
[8] 参见第 27 条。
[9] 参见第 65 条。

第十二章 个人环保义务实现的路径：从法律规范到社会规范

制型规范判案，因为原告和被告均面临合作难题。最后，在个人环境损害案件中，原告和被告的利益有时出现重叠，结果导致法院根本无法裁决。

不过，命令控制型的规范手段虽然难以直接改变个人环境损害行为，但是可以起到信号表达的效果，[1] 即传递了全社会已对相关行为会导致环境损害达成共识，进而作为"影子"影响有关个人环境损害行为的个人规范和社会规范。[2] 法律通过命令控制型手段来调整个人环境损害行为，使得个人认识到自己的行为会导致环境损害，这种认识改变会促成良好个人环境规范和社会环境规范的形成。假以时日，公众对命令控制型手段的反对会逐渐减弱，最终会放弃对个人环境损害行为规制的抵制。[3] 譬如，我国地方垃圾分类立法过程中，公众初期极力抵制相关立法，后期则较为配合相关立法的推进。

总之，从环境保护的角度来看，通过法律的强制性规范难以有效控制个人环境损害行为，因为这种规范在实践层面难以执行。但是，这种法律规范可以表达新的社会价值和观念：个人环境损害行为是一种社会不可欲的恶，假以时日为形成新的环境社会规范创造条件。

---

[1] See Cass R. Sunstein, "On the Expressive Function of Law", *144 U. Pa. L. Rev*, 2021 (1996).

[2] See Robert Cooter, Stephen Marks, Robert Mnookin, "Bargaining in the Shadow of the Law: A Testable Model of Strategic Behavior", *11 J. Legl Stud*, 225 (1982).

[3] See Katrina Fischer Kuh, "When Government Intrudes: Regulatiing Individual Behabiors that Harm the Environment", *61 Duke L. J. 1111*, 1148 (2012).

第二节 基于经济激励的市场机制

20世纪90年代后期，在环境法提供的各种政策工具选项中，诸如排污权交易和环境税之类的市场机制被视为最佳的环境治理手段。[1] 市场机制一方面有最小化企业削减污染控制成本的静态效率，另一方面有促进企业污染控制技术的动态效率。由于市场机制在实践中取得了一定的成功，人们对使用基于经济激励的市场机制来解决个人环境损害行为寄予厚望。基于经济激励的市场机制大致可以分为两类，一是正向的经济激励机制，其代表为环境补贴政策；二是负向的经济激励机制，其代表为环境税费制度。

就正向的经济激励机制而言，为鼓励个人少实施或者不实施环境损害行为，政府理论上可以对个人环境友好型的消费行为进行补贴。比如，为了鼓励人们购置低碳环保型的机动车，政府对购置新能源汽车的消费行为实施税收优惠等经济激励型政策。在种类繁多的经济激励措施中，环境补贴能够有效地改变个人环境损害行为。因为就个人环境损害行为而言，只有每个人觉得自己改变环境的行为不仅不会受损反而会受益时，他/她才可能有强烈的动力去改变自己习以为常的环境行为。当然，通过补贴手段来改变个人环境行为时，政策制定者面临一些障碍。[2] 首先，经济成本障碍。为了

---

[1] 参见王慧：《论碳排放权的特许权本质》，载《法制与社会发展》2017年第6期；王慧：《环境税的"双重红利"真的可能吗?》，载《当代财经》2011年第4期。

[2] 有学者认为，政府应该提供金融激励等补贴措施来改变行为，而不是强化社会规范。See Ann E. Carlson, "Recyling Norms", 89 Cal. L. Rev. 1231, 1232 (2001). 有学者对补贴倡议提出异议，认为补贴政策不容易改变社会规范。See Andrew Green, "You Can't Pay Them Enough: Subsidies, Environmental Law, and Social Norms", 30 Harm. Envtl. L. Rev. 407, 440 (2006).

第十二章　个人环保义务实现的路径：从法律规范到社会规范

确保补贴手段达到最优效果，政府需要为个人环境损害行为确定最优的补贴水平，补贴过高或过低均无法有效改变个人环境损害行为。政府在确定最优补贴水平的过程中，需要大量的相关信息，为了获得相关信息，政府需要付出大量的信息成本。其次，公众心理障碍。公众内心不大愿意接受对个人污染者进行补贴的政策，因为对污染行为进行补贴看似缺乏正当性基础。

从正向经济激励机制的实践来看，它未必能够很好地实现制度预期。譬如，为了激励居民积极主动地在源头进行垃圾分类，许多地方垃圾管理立法均规定了一定的正向经济激励措施（参见表12-2）。其中，垃圾分类积分制度是其典型代表。不过，从垃圾分类积分制度的实施情况来看，这一制度远远没有达到制度设计的预期。以上海积极推进"绿色账户"这一正向经济激励机制为例[1]，我国不难发现正向经济激励机制的局限。截至2020年1月底，上海全市共发放绿色账户卡超过663万张，覆盖户数超过754万。但是，相关账户活跃度仅为30%，[2] 这说明绿色账户激励居民对垃圾分类的作用极其有效。此外，从上海自2014年实施《上海市促进生活垃圾分类减量办法》（已失效）的情况来看，绿色账户的经济激励效果主要限于老年人人群，对其他人群影响甚微。[3] 更为致命的是，仅仅实行正向激励会阻碍负向激励政策的出台，或者使负向激励政策失效。[4]

---

[1] 绿色账户遵循"分类可积分、积分可兑换、兑换可获益"的思路。
[2] 最新数据请参见上海绿色账户官方网站，载 https://www.greenfortune.sh.cn/dist/index.html#/，最后访问时间：2020年1月21日。
[3] 参见钱坤：《从激励性到强制性：城市社区垃圾分类的实践模式、逻辑转换与实现路径》，载《华东理工大学学报（社会科学版）》2019年第5期。
[4] 参见范文宇、薛立强：《历次生活垃圾分类为何收效甚微——兼论强制分类时代下的制度构建》，载《探索与争鸣》2019年第8期。

表 12-2 居民生活垃圾管理的激励型规范

规范名称	激励措施	法律责任	负责部门
《上海市生活垃圾管理条例》	生活垃圾处理收费制度[1]	无	市人民政府
	积分兑换[2]	无	市、区人民政府及其相关部门,乡镇人民政府,街道办事处
《北京市生活垃圾管理条例》	生活垃圾处理收费制度[3]	无	市发展改革部门会同城市管理、财政等部门
	积分制度[4]	无	街道办事处、乡镇人民政府和生活垃圾分类管理责任人

就负向的经济激励机制而言,为了让个人不会实施环境损害行为,政府可以要求个人为有损环境的消费行为支付对价。不过,政策制定者难以为个人环境行为造成的损害进行准确定价。如果定价过低,无法起到激励个人改变环境行为的效果;如果定价高于实际损害,则违背基本的公平原则。随着科学技术的发展,个人环境损害行为会变得容易识别,进而有助于政府借助经济激励机制来改变个人环境损害行为。理论上,为了限制个人消费行为造成的环境损

---

[1] 参见第 7 条。
[2] 参见第 42 条。
[3] 参见第 8 条。
[4] 参见第 59 条。

第十二章 个人环保义务实现的路径：从法律规范到社会规范

害，政府可以采取一定的措施来迫使企业提高消费品的价格。但是，这种方法越来越难以奏效，因为在大多数消费产品生产已将环境成本内部化的背景下，对相关产品加价的可行性越来越低。更为重要的是，不断增多的产品消费人数会抵消限制产品消费数量所带来的好处。

从负向经济激励机制的实践来看，它面临的最大问题是执法过程中会导致不少次生问题。以生活垃圾管理为例，为了激励居民从源头进行垃圾减量和分类，不管是中央层面的《发展改革委关于创新和完善促进绿色发展价格机制的意见》，还是大多数地方的垃圾管理立法，均规定了垃圾处理收费这一负向的经济激励机制（参见表12-3）。向居民垃圾处理收费虽符合"谁排放谁付费"原则而具有正当性基础，但是它能否有效地促成垃圾减量却存在争议。首先，居民生活垃圾处理收费试点经验表明，不管对居民生活垃圾是采取"定额收费"还是"计量收费"，均存在最优收费设定难题，[1] 因为不同的居民对收费的敏感程度不同。当垃圾收费无法体现居民的收费敏感差异时，其势必无法促成垃圾减量化目标的实现，这也是垃圾处理收费制度主要针对单位而非居民的原因所在。[2] 其次，研究表明，针对居民的生活垃圾收取垃圾处理费，不仅无助于环境保护反而增加了环境损害，因为垃圾处理费诱发了更多的非法倾倒。[3] 垃圾处理收费作为负向的经济激励机制，其有效的前提是居民是遵纪守法的"道德公民"，即不会为了逃避缴纳垃圾处理费而进行非法倾倒。再次，生活垃圾收费制度短期内虽

---

[1] 参见陈那波、蔡荣：《"试点"何以失败？——A市生活垃圾"计量收费"政策试行过程研究》，载《社会学研究》2017年第2期。

[2] 比如，上海很早出台了《上海市单位生活垃圾处理费征收管理办法》，但有关居民生活垃圾处理费征收管理办法迟迟未能出台。

[3] 参见周长玲、于立杰：《中国城市垃圾处置收费制度的健全与完善》，载《法制与社会发展》2012年第5期。

然具有一定的效果,但是长期效果不够明显,因为垃圾收费占个人收入总数的比例较低,为了节省这笔开支而耗时耗力或许得不偿失。[1] 最后,生活垃圾收费制度还会导致负面的"挤出效应",[2] 即这一制度的实施会改变之前自觉实施垃圾分类主体的内心感受,收费制度实施前自觉进行垃圾分类的人会认为自己的行为富有环境道德,收费制度实施后这些人不再认为垃圾分类具有道德优越感。

总之,相对于以命令控制为中心的强制性规范,基于经济激励的市场机制对于改变个人环境损害行为理论上似乎更加有效。不过,从经济激励机制的实践来看,它能否有效改变个人环境损害行为难以一概而论,经济激励有时不仅无助控制反而加剧了个人环境损害行为。

第三节 法律激活亲环境的社会规范

如上所述,强制型规范和市场机制改变个人环境损害行为的效果不尽人意。相比之下,社会规范被认为更加有助于控制个人环境损害行为。社会规范之所以具有这种优势是因为,社会规范通过社会惩罚或奖励所创设的非正式的环境保护义务和法律的强制义务更加有助于公民形成良好的环境道德,进而形成亲环境保护的个人规

---

[1] 参见陈凯、胡静:《城市居民生活垃圾分类行为研究——以北京市为例》,载《城市观察》2018年第4期。

[2] 关于收费制度降低公民环境道德觉悟的论述,请参见 Feldman, Y. & Perez, O., "Motivating Environmental Action in a Pluralistic Regulatory Environment: An Experimental Study of Framing, Crowding Out, and Institutional Effects in the Context of Recycling Policies", *Law & Society Review*, 2012 (2); Han, H., Zhang, Z., & Xia, S., "The Crowding-Out Effects of Garbage Fees and Voluntary Source Separation Programs on Waste Reduction: Evidence from China", *Sustainability*, 2016 (7).

第十二章　个人环保义务实现的路径：从法律规范到社会规范

范——违反它会使得个人有罪恶感和焦虑感。[1] 社会规范和个人规范的良好互动培育个人保护环境的社会责任感，实现环境损害行为的自我规则。[2]

理论上，环境描述性规范和环境指令性规范均有助于控制个人环境损害行为，前者传递"大多数人如何做"的信号，后者告诫"人们应该如何做"。[3] 个人环境损害行为通常容易受到描述性规范的影响，因为个人的行为容易受到个人如何评价别人行为的影响。譬如，如果一个人认为垃圾分类是环保主义者的分内事，那么他通常比较排斥垃圾分类行为。但是，如果大家认为垃圾分类是比较普遍的社会现象，那么越来越多的人会自觉进行垃圾分类，日积月累垃圾分类会成为一种新的社会规范。一个人如果违反这种社会规范会面临社会惩罚，如遭受流言蜚语、羞愧和邻里排斥等；遵守社会规范会获得社会奖励，如别人的称赞、尊重和喜爱等。

既然环境描述性规范有利于培育个人形成良好的环境保护习惯，那么如何促成环境描述性规范？一方面，政策制定者借助环境法的禁止命令或者惩戒机制，可向社会大众传递一个新的社会意义——个人环境损害行为已是新的社会问题。[4] 譬如，垃圾管理立法中对没有遵守垃圾分类投放的行为进行处罚便向社会传递了垃圾分类已是新的社会共识，不进行垃圾分类是一种新的社会恶。另

---

[1] See Paul C. Stern et al., "A Value-Belief-Norm Theory of Support for Social Movements: The Case of Envrionmentalism", *Hum. Ecology Rev.*, 81 (1999).

[2] See Andrew Green, "Self Control, Individual Choice, and Climate Change", 26 *Va. Envtl. L. J.* 77 (2008).

[3] 详细论述，请参见陈维扬、谢天：《社会规范的动态过程》，载《心理科学进展》2018年第7期；Jed S. Fla, "Comment, Law and Norms in Collective Action: Maximizing Social Influenc to Minimize GHG Emissions", 27 *UCLA J. Envtl. L&Pol'y*, 93 (2009).

[4] See Lawrence Lessig, "The Regulation of Social Meaning", 62 *U. Chi. L. Rev.*, 943 (1995). 有人将其界定为社会含义，参见戴昕：《"守法作为借口"：通过社会规范的法律干预》，载《法制与社会发展》2017年第6期。

一方面，环境信息披露也有助于促成环境描述性规范。政府或者非政府组织通过积极的个人环境损害信息披露运动，可使得人们认识到自己的行为有损生态环境。个人环境损害信息分为叙述性信息和说服性信息，[1] 前者是指简单的数据公开但缺乏必要的类型化处理，典型代表是产品环境信息标签；后者是指政府对信息进行分类且旨在用它来改变人类行为。披露叙述性信息通常有助于改变传统的"污染者（企业）——受害者（个人）"的社会意义，长期以来环境法仅将个人视为受害者，而忽视了个人是环境污染者的一面。研究表明，"大部分居民在收到有关小区垃圾回收平均量的描述性规范信息后，其垃圾分类中的回收数量和比率均明显增加"。[2]

不过，有关个人环境损害的描述性规范在改变个人环境行为时面临一定的障碍，因为人们未必愿意成为良好的"环境公民"。首先，人们都有一种追随心理，如果别人不改变环境损害行为，自己也不大愿意改变自己的行为。其次，人们有时不大相信别人会有改变环境损害行为的意愿，甚至会质疑环境社会规范本身的合法性。[3] 当环境描述性规范无法产生预期的效果时，环境法需要采取措施激活环境指令性规范，有意识地披露个人环境损害行为及其受到社会惩罚的信息。环境指令性规范本质上是一个"名声"惩戒机制，因为我们每个人都渴望被人尊重，这种欲望强烈刺激人们遵从环境社会规范，同时避免破坏人们对自己的信任。[4]

---

〔1〕 See Cass R. Sunstein, "Social Norms and Social Roles", *96 Colum. L. Rev.*, 903 (1996).

〔2〕 参见陈思静、何铨、马剑虹：《第三方惩罚对合作行为的影响：基于社会规范激活的解释》，载《心理学报》2015年第3期。

〔3〕 See Hope M. Babcock, "Assuming Personal Responsibility for Improving the Environment: Moving Toward a New Environmental Norm", *33 Harv. Envtl. L. Rev. 117*, 151 (2009).

〔4〕 参见［美］丹尼尔·沙勒夫：《隐私不保的年代》，林铮颉译，江苏人民出版社2011年版，第35~36页。

第十二章　个人环保义务实现的路径：从法律规范到社会规范

在我国生活垃圾管理立法实践中，社会规范在激励个人进行垃圾分类时发挥了较大的作用（表12-3）。譬如，上海、北京和广东制定垃圾管理或处理条例后，都进行了大规模的垃圾分类信息教育运动，使得人们逐渐接受个人生活垃圾是重要的环境污染源。不过，我国的垃圾分类教育有待改进。当下的垃圾分类教育主要侧重于抽象的垃圾分类信息披露，如垃圾分类人人有责之类的一般声明，而不是具体的垃圾分类投放信息披露，如个人生活垃圾产生多大危害的具体信息。研究表明，"保护环境、人人有责"和"75%的人通过垃圾分类真正地做到节能环保"两种标语的效果大不相同，前者效果往往不理想。[1] 为了让垃圾分类信息披露更加有效，各地政府可以借助可视化技术向个人提供有关其生活垃圾导致环境损害的信息，[2] 尽可能让人们了解生活垃圾与环境损害存在密切的因果关系。地方政府在推广垃圾分类信息教育的过程中应该合理使用社区的力量，因为社区通常掌握个人环境损害行为的一手信息，[3] 可有效地进行垃圾分类信息的披露和教育。譬如，社区的居委会承担了垃圾分类教育手册和海报的发放和张贴工作。

---

[1] 参见王良燕、韩冰、叶子：《基于自我建构的社会规范中西差异化研究》，载《系统管理学报》2016年第3期。

[2] 提高行为的能见度对个人改变环境行为至关重要。See Jed S. Ela, "Law and Norms in Collective Action: Maximizing Social Influence to Minimize Carbon Emissions", 27 *UCLA J. Envtl. L. &Pol'y*, 93 (2009).

[3] 从我国垃圾分类的现有实践来看，社区和物业公司等发挥了重要作用。See Ying Zhuang, "Song-Wei Wu, Source separation of household waste: A case study in China", *Waste Management*, 2008 (10).

表12-3 居民生活垃圾管理的社会规范

垃圾社会规范类型	实现方法
描述性垃圾规范	生活垃圾分类教育与宣传："十、百、千、万"系列普法活动、[1]集中培训与送教上门、生活垃圾分类知识"进校园、进医院……"系列活动、家庭培训、媒体宣传
指令性垃圾规范	楼道"荣誉榜"、社区"红黑榜"、街镇"排名榜"、市区"绩效榜"、表彰大会[2]、精神文明创建评选（提高垃圾分类工作在评选指标体系中的比重）

如前所述，环境描述性规范如果配以环境指令性规范，其改变个人环境损害行为的效果更佳。在我国垃圾分类管理实践中，为了激励人们进行垃圾分类，各地先后采取了诸多环境指令性规范，如"荣誉榜"和"红黑榜"，在文明小区、文明单位、文明社区和文明村镇等精神文明创建项目的评选标准中包含了生活垃圾分类减量工作实施情况。作为环境指令性规范，诸如楼道"荣誉榜"之类的指令性规范带有一定的羞辱性，它通过曝光不遵守分类投放垃圾义务的人使他们面临痛苦和不安，为了避免这种精神折磨人们会逐渐养成分类投放垃圾的习惯。久而久之，人们遵守垃圾分类规范不仅仅因为他恐惧来自外在的羞辱，还因为他违反垃圾分类规范时会感到羞愧。

---

[1] 成立10支志愿者队伍，举办100场宣传活动，覆盖约5800个居（村）委，发放2万份普法宣传资料、800余万份宣传海报及资料。参见上海市人民政府办公厅：《关于贯彻〈上海市生活垃圾管理条例〉推进全程分类体系建设实施意见》附件一《2019年市生活垃圾分类减量推进工作联席会议成员单位工作任务清单》。

[2] 参见茅冠隽：《崇明表彰七万垃圾分类达人底气何在》，载《解放日报》2019年6月27日，第06版。

第十二章　个人环保义务实现的路径：从法律规范到社会规范

环境指令性规范的实效需要"规范警察"[1]——对违反环境社会规范的人勇敢地提出批评的"好事之人"。从我国各地的垃圾分类立法来看，在职党员和社会监督员（社区居民、新闻媒体）扮演了"规范警察"的角色，在职党员通常担任绿色账户积分志愿者、垃圾分类指导员和垃圾箱房管理员。不过，垃圾分类"规范警察"在执行社会规范时会面临一定的挑战。譬如，在《上海市生活垃圾管理条例》实施初期，有人不听垃圾分类指导员劝阻反而掐昏指导员。[2] 因此，如何保护并激励更多的"规范警察"出现是环境指令性规范落地的重要保障。

总之，环境描述性规范和环境指令性规范合力可以潜移默化地改变人的环境损害行为，促成个人养成亲环境保护的行为习惯和伦理道德。政策制定者借助一定的法律措施可以激活环境社会规范，环境法制则提供了相应的工具选项。

第四节　法律促成亲环境的社会架构

研究表明，个人大多数的不伦理行为是在无意识的情况下做出的，[3] 个人环境损害行为是典型。个人有时实施环境损害行为，不是因为他故意这样做，而是因为个人环境损害行为所处的社会架构（architecture）——人们作出环境行为时所处的社会环境（social background）——使然。社会环境之所以对个人是否实施亲环境行

---

[1]　参见［美］丹尼尔·沙勒夫：《隐私不保的年代》，林铮颎译，江苏人民出版社2011年版，第93页。

[2]　参见龙钢、袁玮：《不服劝阻还掐昏垃圾分类指导员——叶某海被行政拘留3天》，载《新民晚报》2019年7月9日，第A06版。

[3]　See Yuval Feldman, *The Law of Good People*, Cambridge University Press 2018, p. 11.

为有如此大的影响，是因为每个人都无法摆脱社会环境。[1] 为了让个人环境行为尽可能亲环境，可以为个人从事亲环境行为营造良好的社会环境。但是，个人通常无法自己改变有损环境保护的社会环境，只有通过集体行动、法律助推，才能减少个人环境损害行为。

法律助推改变个人环境损害行为的方式不同以往的命令控制或者经济激励，它以比较隐蔽的方式预防个人从事环境损害行为，环境默认规则是其典型代表。环境默认规则是指一种默认的使用设置，除非个人积极采取措施加以干预，否则它不会改变。在个人生活场景中，我们可以发现大量的环境默认规则，如计算机无人使用时会自动关闭、屋内无人时灯管会自动关闭、打印机从默认的单面打印变成默认的双面打印。从环境默认规则的实践来看，它比经济激励、道德说教或环境教育带来的正面影响更大。譬如，研究表明，将打印机的打印默认模式从单面打印改为双面打印会减少44%左右的用纸量。[2]

环境默认规则之所以较为成功地控制了个人环境损害行为，得益于以下因素。[3] 首先，暗示性支持使然。如果社会架构设定了环境默认规则，那么人们通常不会拒绝这一规则，除非他们有更可靠的信息证明现有默认规则不合理。譬如，如果打印机默认打印模式设定为双面打印，那么人们通常认为不该拒绝这一规则，因为单

---

〔1〕 参见［美］卡斯·桑斯坦:《为什么助推》，马冬梅译，中信出版社2015年版，第87页；［美］理查德·塞勒、卡斯·桑斯坦:《助推》，刘宁译，中信出版社2018年版。

〔2〕 相比之下，研究表明环境教育几乎没有效果，对纸张征税10%的经济手段也仅仅减少了2%的用纸量。See Cass R. Sustein, Lucia A. Reisch, "Automatically Green: Behavioral Economics and Envrionemntal Protection", 38 Harv. Envtl. L. Rev. 127, 133 (2014).

〔3〕 See Cass R Sunstein, Lucia A Reisch, "Greener By Default", 21 Trinity C. L. Rev. 31, 46-51 (2018).

第十二章 个人环保义务实现的路径：从法律规范到社会规范

面打印浪费较多纸张。许多人甚至认为环境默认规则是由比较明智的人基于合理的理由选择而定，[1] 所以倾向于遵守相关的环境默认规则。其次，惰性使然。为了改变既定的环境默认规则，人们需要进行积极的选择和改变。一般情况下，人们比较乐于现状，不会尝试改变已定的默认规则。如果相关问题较难且充满一定的道德争议，个人缺乏必要的专业知识和生活经验，且产品设计较为复杂，那么个人会避免主动改变环境默认规则。最后，厌恶损失法规使然。环境默认规则事实上创设了一定的基准点，即个人将默认规则所规定的行为视为现状。如果个人想要改变环境默认规则，他需要付出一定的成本。例如，改变环境默认规则需要一定的时间成本，但人们通常不愿意甚至厌恶为此作出牺牲：时间或者金钱。

我国各地在制定垃圾管理规范的过程中，地方立法者很好地使用社会架构来控制个人制造垃圾。《上海市生活垃圾管理条例》[2] 和《广东省城乡生活垃圾管理条例》[3] 等地方垃圾管理条例均规定，党政机关等公共机构、宾馆和餐饮服务业等不得主动提供规定的一次性用品，政府相关部门对违反相关规定者可责令限期改正，逾期不改者将被罚款。"不得主动提供一次性用品"的规定是典型的环境默认规则，即默认消费者是垃圾减量化的支持者。从这种社会架构在实践中的效果来看，它取得了较好的效果。

不过，设定环境默认规则也有值得警惕的问题。环境默认规则具有较强的"法律父爱主义"色彩，无形中对个人的选择自由进行了限制。加之，环境默认规则具有较强的社会分配效果，[4] 即低

---

[1] See Cass R. Sustein, "Deciding By Default", *162 U. Pa. L. Rev.*, 1 (2013).
[2] 参见第21、22条。2019年5月，上海市文化和旅游局印发《关于本市旅游住宿业不主动提供客房一次性日用品的实施意见》，对不得主动提供的产品作了详细规定。
[3] 参见第32条。
[4] See John D. Graham, "Saving Lives Through Administrative Law and Economics", *157 U. Pa. L. Rev.*, 395 (2008).

收入者比高收入者更倾向于遵守环境默认规则,因为低收入者通常没有时间和精力考虑改变环境默认规则。这使得环境默认规则可能具有累退性,如果改变它的成本较高,它对低收入群体造成的影响会较大,其正当性因此受到质疑。解决相关问题可基于大量的优质信息对环境默认规则的设计进行细致的成本收益分析,进而确保相关规则具有合理性、可行性。

总之,个人环境行为所处的社会架构对个人环境行为影响较大,通过立法来改变社会架构一定程度上可以达到控制个人环境损害行为的预期目标,其中选择并设定合理的环境默认规则至关重要。不过,环境默认规则可能限制个人的选择自由,并有影响低收入群体的累退效果,环境社会架构设计者对此必须认真对待。

第五节　个人环保义务规范实现中的个人权利保护

如前所述,不管是用传统的命令控制和市场激励来落实垃圾分类管理,还是通过社会规范和社会架构来促成个人垃圾分类管理,都会对个人一些权利带来限制乃至损害,[1] 但相关问题尚未引起人们应有的重视。限于篇幅,下文重点讨论个人环境义务规范实现中的污名化和隐私权侵犯问题。

如前所述,在各地的垃圾管理立法中,诸如"荣誉榜""红黑榜""排名榜"和"绩效榜"之类的指令性垃圾规范被广泛适用。从处罚本质来看,"荣誉榜"等是一种羞耻惩,它鼓励对那些不依法遵守垃圾管理立法的人进行污名化,使得人们将不按照规定进行垃圾分类的行为视为是可耻的行为。羞耻惩是一种重要的社会规

---

[1]　关于我国宪法有关基本权利的规定,参见韩大元:《基本权利概念在中国的起源与演变》,载《中国法学》2009年第6期。

第十二章 个人环保义务实现的路径：从法律规范到社会规范

范,"每个人都会以社会的规范与常态为观点来观看世界。而当他或她看着镜子,看到的却与前述规范不相符时,则羞耻就是可能的结果。"[1] 但是,从个人基本权利的角度来看,羞耻惩会带来以下危险:伤害个人尊严、损害个人之间的差异和自由。[2] 更为重要的是,由于受到屈辱的人会比以前更加疏离,会使得羞耻惩对他们造成的威慑力越来越弱。有人由此认为:"羞耻异己的行为,乃是社会习俗中恶毒的一面,不应该融入法律活动而被神圣化。"但是,有人反而指出:"现代社会的错误,就是没有给予羞耻宽广的空间。我们失去了道德的罗盘而四处漂流,很大程度是因为我们失去了羞耻心。"[3] 在羞耻惩这种社会规范已被广泛适用于个人环境损害行为规制的背景下,现实问题是如何防止个人环境损害行为污名化对个人权利造成过度侵害。

此外,从个人环境损害行为的特征角度来看,有效规制的前提是规制者能够获得个人环境行为及其环境损害的各种信息,相关信息的量越大且品质越高,规制个人环境损害行为的成功概率越大。得益于科学技术的快速发展,获取个人环境损害行为信息日趋便捷。譬如,受益于智能电表技术的快速发展和不断推广,规制者可以准确获得个人电力使用状况的数据,进而采取措施助推个人实施节能行为。然而,新技术如果使用不当会极易侵犯个人的隐私。同样以智能电表为例,它在提供准确的能源消费数据的同时,暴露了个人诸多室内活动信息,极易冒犯家庭的基本隐私。一般而言,识别个人环境损害行为的监测技术越是发达,个人信息大量外露的风

---

[1] 参见[美]玛莎·纳思邦:《逃避人性：恶心、羞耻与法律》,方佳俊译,商周出版社2007年版,第330页。
[2] 参见[美]玛莎·纳思邦:《逃避人性：恶心、羞耻与法律》,方佳俊译,商周出版社2007年版,第38页。
[3] 参见[美]玛莎·纳思邦:《逃避人性：恶心、羞耻与法律》,方佳俊译,商周出版社2007年版,第38页。

险越高,对个人的隐私侵蚀越大。

在个人环境损害行为规制的过程中,个人隐私在环境损害信息收集阶段、个人环境损害信息处理阶段和个人环境损害信息的传播阶段均面临外露的风险。在个人环境损害信息收集阶段,人们通常面临监视或询问,一些个人隐私较易暴露。[1] 在个人环境损害信息处理阶段,由于需要对个人信息进行识别,[2] 容易导致信息无法得到安全使用[3]和基于其他目的被滥用。[4] 在个人环境损害信息的传播阶段,容易使得相关信息被过分披露。[5] 当个人的环境损害行为信息被大量披露,个人权利会受到侵犯:个人的宁静生活容易被打破,个人的生活决策会受到很大的干扰。[6]

有人认为,由于被披露的个人环境损害行为信息通常是不良行为信息,这些信息由于具有负社会外部性使其不该享受隐私保护,更不会对个人的尊严、自由和人格等造成伤害。但是,由于个人环境损害行为信息所披露的个人生活过于全面,如果对相关的个人隐私侵犯不进行有效地应对不仅会导致个人出现心情的焦虑和内心的不舒服,对个人自由造成较大伤害,更可怕的是会阻碍个人创新思维进而影响个人的自我发展。[7] 譬如,从个人丢弃的生活垃圾中发现一个人不愿跟人分享的各种秘密:饮食习惯、阅读爱好、社交网络、银行信息、财务状况、购买习惯、卫生习惯甚至电话聊天的

---

〔1〕 要求个人提供一定的信息。比如,个人提交个人的年度温室气体排放总量。
〔2〕 信息识别将有关某一人的信息与该人链接。
〔3〕 个人信息可能被他人盗窃。
〔4〕 本来用于某一目标的信息被用于其他目标。
〔5〕 公众容易获得有关个人环境损害的公共信息。
〔6〕 个人知道政府监督本人的行为会影响个人的决策。
〔7〕 See Katrina Fischer Kuh, "Personal Environmental Information: The Promise and Perils of the Emerging Capacity to Identify Individual Environmental Harms", 65 Vand. L. Rev. 1565, 1603 (2012).

第十二章 个人环保义务实现的路径:从法律规范到社会规范

对象等。[1] 如果不对现行信息的使用进行合理规制,会对个人基本权利造成致命的伤害。

因此,在获取和使用个人环境损害行为信息的过程中,应当对个人隐私进行有效保护。譬如,为了保护个人消费行为中所涉及的隐私,立法可规定消费者事前同意权制度,即消费者的事前同意是相关主体披露个人环境损害信息的前提;可以规定消费者选择退出权制度,即消费者有权选择是否参与个人环境损害行为相关的信息披露制度。

总之,个人环保义务规范对个人施加了积极义务,这种义务虽然有助于控制个人环境损害行为,但会对自由权等个人权利造成伤害,应在"国家整体发展与人民基本权保障之观点下"进行。[2]

环境法过去主要以规制工业污染为己任,对个人环境损害行为视而不见。但是,一个无法否认的事实是,个人所致环境污染的绝对量和相对量均出现了大幅度的增加,如果对此放任自流不利于生态环境的保护。但是,由于个人环境损害行为是由数目繁多且规模不大的行为构成,如何对其进行有效规制成为一项法律难题。

从规范类型的角度来看,规制个人环境损害行为大致可以使用四种模式:命令控制、市场机制、社会规范和社会架构(参见图12-1)。从个人环境损害行为的特质来看,相比于命令控制型的法律规制模式以及基于价格信号的市场机制,基于信息运动的社会规范和基于默认规则的社会架构更加有助于个人积极履行环境保护义务。在社会规范形成和社会架构实践过程中,需要法律间接助推信息运动的开展和默认规则的推广。不过,个人环保义务规范的实现极易侵犯个人权利,立法者和政策制定者对此应当进行有效防范。

---

[1] Hope Lynne Karp, "Trash: A Matter of Privacy", *20 Pace L. Rev.*, 541 (2000).
[2] 参见陈慈阳:《环境法总论》,中国政法大学出版社2003年版,第297~298页。

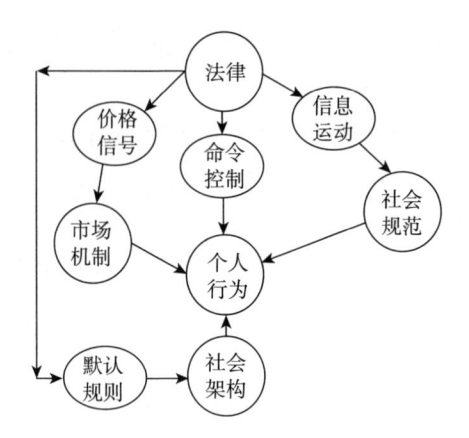

图 12-1　个人环保义务规范类型

我国近年来高度重视如何控制个人环境损害行为，将其视为关系国家环境治理体系和治理能力现代化的重要一环。[1] 不过，从我国十几年垃圾分类政策的探索来看，个人环境损害行为规制绝非易事。虽然垃圾管理立法等已将垃圾分类规定为公民应尽的责任和义务，但是居民的分类参与率和有效分类率普遍不高，不少地方甚至不足 10%。[2] 那么，如何才能有效落实个人环保义务规范呢？本书尝试提出一个初步的法律框架，认为有效规制个人环境损害行为除了传统的命令控制和市场机制，更需要通过法律激活亲环境的社会规范和促成亲环境的社会架构。此外，在实现个人环保义务规范的过程中，应当警惕对个人权利的侵害，不该以损害个人的尊严、自由等权利为代价来落实个人环保义务。

---

[1]　参见《中共中央关于坚持和完善中国特色社会主义制度推进国家治理体系和治理能力现代化若干重大问题的决定》《关于构建现代环境治理体系的指导意见》。

[2]　参见杨雪锋、王森峰、胡群：《垃圾分类：行动困境、治理逻辑与政策路径》，载《治理研究》2019 年第 6 期。